建筑房地产案件代理

实操与技巧

HANDS-ON SKILL

——评析30案

陈晓忠——编著

法律出版社 | LAW PRESS

序　言

我与陈晓忠律师都是浙江青田人，基于同乡情缘及我对陈律师的了解，他是一位立足专业之基本、凝聚智慧而谋求突破，一直坚持工匠精神的专业律师。因此，当陈律师拿着他的新书《建筑房地产案件代理实操与技巧——评析30案》找到我，请我为之作序时，我欣然接受。

通读本书，以下几点给我留下深刻印象：一是案件提示高度提炼，观点明确，让读者可以一目了然；二是案件评析条理清晰，以案例为对象进行法律实证研究，深入浅出，有助于读者对法律适用的理解；三是理论与实践相结合，对建筑房地产行业实务中出现的法律问题进行总结和分析，并提出了解决问题的相应策略；四是从书中的案件诉讼历程来看，陈律师在调查取证、尊重客观事实的基础上，运用诉讼技巧，有力维护了当事人的合法权益。

本书的一点一滴、一字一句，积累了一篇又一篇内容丰富的案例，记录了一个又一个印象深刻的故事，这的确是陈律师的心血之作！本书的成稿，离不开他多年办案经验的积累，也离不开他伏案而作、坚持不懈的努力，更离不开他勤于思考、善于总结的治学精神。本书体现了陈律师扎实的法律理论功底和丰富的建筑房地产领域的实践经验。

律师著书立说，需要大量的诉讼案例素材；这与我们人大代表提出议案需要进行专题调研一样。诉讼是律师尽情发挥其才智的主要舞台，在这个舞台上，各位律师更能深入地理解法律条文和规则。专题调研是人大代表知情知政、深入实地联系群众和了解真实民情的主要方式;通过这种方式，才能梳理提炼出高质量的议案和建议。

实践出真知。本书是陈律师在工作之余将其经办的建筑房地产案例进行总结归纳、梳理分析后的研究成果,具有较强的实用性和可读性,读者在看了本书后更懂得如何运用法律维护自己的合法权益。当然,本书还存在着一些不足;但陈律师毕竟还年轻,还有今后长期的实践积累,我期待着陈律师将更多的实战经验升华为理论成果,出更好的作品!

第十二届、十三届全国人民代表大会代表

浙江省归国华侨联合会副主席　陈乃科

国和控股集团有限公司董事长

2020年4月

自　序

英国经济学家亚当·斯密在其名著《国富论》中写道:“我们把健康托付给医生,把自己的财富、名誉甚至生命托付给律师。”由此来看,医生、律师在人们日常生活中的重要性可见一斑。随着现代经济的快速发展,民商事纠纷日益增多,且趋于复杂,有时一些民商事案件还涉及他人利益和公众利益,背后可能牵涉许多群体的就业乃至生计问题。从这个角度来讲,民商事案件代理的重要性并不逊于刑事案件的辩护。

改革开放以来,建筑业、房地产业一直在国民经济中起着至关重要的作用,已经成为国民经济的重要支柱产业。人们的生活和工作都离不开房屋及配套的基础设施,建筑业、房地产业的发展关系千家万户的生命和财产安全,乃百年大计。由于建筑业、房地产业的法律关系错综复杂,矛盾纠纷层出不穷,因此,建筑房地产领域中的法律事务,已成为律师民商事案件中的支柱业务。

建筑房地产法律业务涉及面广,主要围绕不动产标的开展法律服务。对于律师而言,建筑房地产法律业务是一项性价比高又有技术含量的法律业务。说性价比高,是因为建筑房地产业是资金密集型产业,投资规模大,建设周期长,能源消耗高,标的额一般来说都很高;标的额高,律师代理费相对就高;再加上该行业受国家法律的规范和宏观政策的调控广,其面临的法律风险也相对较多,整个市场对律师必然有刚需。说有技术含量,是因为建筑房地产法律关系不仅受到《合同法》的规制，还受到《建筑法》《招标投标法》诸多强制性规定的限制，往往不能单纯地以契约自由论之；再加上因建筑房地产领域实务性强，涉及造价、质量、工期等专业问题，较于普通民事案件，该类案件有专业性强、案件事实周期长、案情错综复杂、标的额较大、办理难度高等特点，是项“技术活”。

律师要想致力于建筑房地产法律业务，应当不断提高自己的业务能力，不仅要精通相关建筑房地产法律法规和政策，还要懂得基本的专业和行业规则，通过解决重点难点问题来制定案件的代理思路和代理方案。综观我办理过的近500起民商事案件，许多案件都涉及建筑房地产，因此我将办理该类案件的心得体会进行总结，通过这种以案说法的方式，认真深入地剖析这些案例，将胜、败、得、失的原因都清楚地展现给读者。这样，既达到我对多年来代理建筑房地产类纠纷案件这项工作进行总结的目的，同时也可供读者借鉴或参考。这正是我写本书的初衷。

本书分为三大部分，分别为建设工程篇、房地产篇、与房地产相关的权利转让篇。在建设工程篇中，我精选了9个案件作为分析对象，就建设工程纠纷中涉及的挂靠、违法转包、工程造价鉴定、工程增量优惠、工程管理费、工程款利息、施工合同的解除、延期完工违约金的调整、工程质量合格的认定、施工水电费的结算、工程签证行为的效力、实际施工人的权利保护等法律问题进行剖析、论述。在房地产篇中，我精选了14个案件作为分析对象，包括新房买卖、二手房买卖、房屋所有权确认、房屋租赁、车库使用权保护等类别，就房地产领域纠纷中涉及的逾期付款违约责任、延期交房违约责任、房屋买卖合同的解除、房屋权属的确认、房屋闲置损失的赔偿、建筑物的区分所有权等法律问题进行剖析、论述。在与房地产相关的权利转让篇中，我精选了7个案件作为分析对象，包括因债权转让、股权转让、委托持股、个人合伙、继承、竞买等原因引起的物权权属变动，就与房地产相关的权利转让纠纷中涉及受让债权真实性的审查、债权转让的通知、合同性质的确定、事实合伙的确认标准、遗嘱的效力、优先购买权的实现等法律问题进行剖析、论述。

在这精选的30起案件中，每一个案件都包括本案提示、案例索引、诉称辩称、事实查明、法院审判（或仲裁裁决）、本案代理思路评析。本案提示，提出本案可以启发思考的有关法律问题，扼要说明最终结论，是对该案例代理思路的精简概述；案例索引，让读者了解本案裁判文书编号和裁判年份，方便读者检索裁判文书原文；诉称辩称，让读者知悉本案各方的观点，进而归纳本案的争议焦点；事实查明，使读者了解法院（或仲裁机构）所查明的案件法律事实；法院审判（或仲裁裁决），让读者了解法院（或仲裁机构）的裁判观点；本案代理思路评析，让读者知悉我的办案历程和释法说理过程。经过前述6个板块对每个案件进行介绍、剖析，让读者了解我如何分析案件的性质，如何运用代理策略把握问题的关键，如何运用诉讼技巧获得当事人预期乃至超过预期的诉讼（仲裁）结果。

但法律包罗万象，司法实践观点也在随着社会的发展不停地变化，本书只是一个时期阶段性的成果。本书涉及的一些观点仅是我执业经验的总结，难免有不当之处，欢迎广大读者多提宝贵意见和建议、交流切磋，让我们更好地总结经验、提高水平。路漫漫其修远兮，唯有不忘初心，砥砺前行。是为序！

陈晓忠

2020年4月

目 录

第一部分　建设工程篇

第二部分　房地产篇

第三部分　与房地产相关的权利转让篇

第一部分 ● 建设工程篇

01 实际施工人如何保护自身合法权益

——吴某某诉台州市某某水利水电工程有限公司、台州市路桥区某某养殖场开发有限公司建设工程合同纠纷案

法律的基本原则是：为人诚实，不损害他人，给予每个人他应得的部分。

——古罗马·查士丁尼

【本案提示】

建筑施工企业的内部承包模式是江浙一带建筑企业采取的常见模式。由于实际施工人与发包人之间不存在直接的合同关系，在承包人怠于向发包人主张工程款的情况下，实际施工人应尽快启动诉讼程序。笔者代理的吴某某诉台州市某某水利水电工程有限公司、台州市路桥区某某养殖场开发有限公司建设工程合同纠纷一案中，涉案工程早已交付使用长达 6 年时间，但发包人因内部原因迟迟不予结算，而承包人因与发包人存在长期业务关系而怠于行使权利，吴某某无奈之下只得诉诸法院。

根据法律规定，实际施工人可以突破合同相对性原则起诉发包人，但因很多证据被发包人和承包人掌控，实际施工人难以自行取得。况且，由于内部承包与挂靠两者之间具有很大的相似性，在实际施工人并非承包人在册职工的情况下，内部承包合同基本会被认定无效。内部承包合同无效后，内部承包合同约定的管理费如何处理？发包人与承包人约定的工程增量优惠

对实际施工人是否具有约束力？在承包人已举证实际施工人出具领款凭证的情况下是否还需要进一步承担现金交付的举证责任？这些问题使本案变得更加错综复杂。

所幸的是，因本案工程系当地政府重点工程，纳入财政预算，诸如工程验收、完工后的土地租赁权拍卖等资料已公布在相关政府官网上。此外，经过笔者对案件事实的梳理、代理思路的整理，以及研究司法实践中类似案例的裁判要旨，最终取得了令当事人满意的诉讼结果。

【案例索引】

一审：浙江省台州市路桥区人民法院（2016）浙1004民初3575号民事判决书（2017年10月24日）

二审：浙江省台州市中级人民法院（2017）浙10民终2564号民事判决书（2018年3月19日）

【诉称辩称】

原告：吴某某

被告：台州市某某水利水电工程有限公司（以下简称某某水利水电公司）

台州市路桥区某某养殖场开发有限公司（以下简称某某养殖场公司）

原告诉称：2009年10月30日，作为发包人的某某养殖场公司与作为承包人的某某水利水电公司签订了《建设工程施工合同》。该合同约定：某某水利水电公司为某某养殖场公司修建台州市路桥区某某养殖场土地开发改造工程，合同总金额为16,451,816元；合同签订后7天内凭监理工程师及发包人的签证支付当月实际完成工作量70%的工程进度款；合同约定的项目工程全部完成后，经竣工验收合格，经审定后，发包人将在28天内支付审定价的95%，留下的5%工程款作为保修期的质量保证金，保修期满后不计息退回。上述合同签订后，某某水利水电公司又将工程交给原告和徐某某施工，双方于2009年11月2日签订了《项目施工责任书》。该责任书约定：本工程合同价款为16,451,816元，原告一方需完成企业管理费、企业利润、企业所得税、城市维护建设税、教育费附加、水利建设专项基金、印花税、地方教育附加、个人所得税合计为结算造价的17.5%，由某某水利水电公司从工程付款中按比例分期扣除，最终以结算造价同比例调整。上述《项目施工责任书》签订后，徐某某没有参与施工，本案工程实际上全部由原告修建完成。2009年11月18日，原告组织人员进场施工；2010年8月25日，本案工程修建完成；2010年8月31日，本案工程顺利通过由台州市国土资源局和台州市农业局组织的竣工验收。工程竣工验收合格后，原告即以某某水利水电公司的名义向某某养殖场公司提交了结算书，但是由于某某养殖场公司的领导人员的更换，直至2015年5月才出具《台州市路桥区某某养殖场土地开发改造工程投资变化申请报告》。该报告审定：技术联系单共12张，减少造价5,739,787元；施工联系单共8张，增加造价5,963,257元。至此，本案工程的最终审定造价为16,675,286元。然而，某某养殖场公司仅向某某水利水电公司支付工程款13,161,000元，余款3,514,286元至今未付；而某某水利水电公司仅向原告支付了9,849,484.57元工程款。鉴于原告和某某水利水电公司约定的上述17.5%税管费中减去3.22%税收部分后的管理费违反法律规定，某某水利水电公司不应收取。2017年1月12日，经原告申请后由法院委托的浙江天易工程咨询有限公司出具了《司法鉴定意见书》，该意见书的鉴定意见为：案涉工程造价10,348,994元，该工程造价未包含工程联系单造价5,909,012元。鉴于工程联系单有监理单位的签字盖章确认，且工程联系单上的项目均已实际发生并施工完毕，故案涉工程的实际造价应为16,258,006元。据此，某某养殖场公司欠付某某水利水电公司工程款为3,097,006元，某某水利水电公司欠付原告工程款为5,885,013.64元。为此，原告请求法院判令：(1)被告某某水利水电公司支付原告工程款人民币5,885,013.64元及自2010年9月1日起至款项清偿之日止按照中国人民银行同期同档次贷款基准利率计算的利息；(2)第一项诉讼请求中的款项由被告某某养殖场公司在欠付被告某某水利水电公司工程款3,097,006元及该款自2010年9月1日起按照中国人民银行同期同档次贷款基准利率计算至实际付清之日止的利息之和范围内直接支付给原告；(3)本案鉴定费用140,678元及诉讼费用由被告承担。

被告某某水利水电公司辩称：一是认可徐某某为案涉工程的实际内部

承包人,原告的诉讼主体不适格,应当驳回原告的起诉。二是《项目施工责任书》系合法有效,故相应税管费在应付工程款中应予扣除。三是已付工程款为11,308,810元,包括工程进度款、工程暂借款、代付材料款、代付诉讼费,在应付工程款中予以扣除。四是原告主张的利息损失计算标准与起算点没有事实与法律依据,应自某某水利水电公司收到某某养殖场公司的款项之日起的合理时间内开始计算利息损失。

被告某某养殖场公司辩称:一是案涉工程的承包主体为某某水利水电公司,根据合同相对性原告诉讼主体不适格,依法应予驳回。二是案涉工程至今未结算审定,故根据某某养殖场公司与某某水利水电公司签订的《建设工程施工合同》的约定,付款条件不成就,原告主张某某养殖场公司支付工程款及利息的要求于法无据。三是对八份工程联系单的增量不予认可,即便存在,也应当按照合同约定0.887的综合优惠率予以计算。四是案涉工程于2010年8月31日竣工验收,原告与某某水利水电公司自2011年1月18日起至原告起诉止一直未向某某养殖场公司主张过付款要求及结算申请,故本案已超过诉讼时效,依法应予驳回。

【事实查明】

台州市路桥区人民法院经审理查明:2009年10月30日,作为发包人的某某养殖场公司与作为承包人的某某水利水电公司签订《建设工程施工合同》,合同约定某某水利水电公司为某某养殖场公司负责修建台州市路桥区某某养殖场土地开发改造工程,合同总金额为16,451,816元;合同3.32工程进度付款中约定,每月25日由承包人自检,编制工作结算单,报监理及发包人现场管理人员复核,发包人在7日内支付当月实际完成工程量的70%进度款。合同约定的项目工程全部完成后,经竣工验收合格,经审定后,发包人将在28天内支付审定价的95%,留下5%工程款作为保修期的质量保证金,保修期满后不计息退回给承包人;合同3.38变更中约定,本合同在实施过程中,如遇到设计及业主变更出现新增项目时,则按所增项目的基础价格按发包人编制的标底价格进行估价,并按承包人报价综合优惠率进行优惠,综合优惠率 = 中标合同价/工程预算标底价,其中中标合同价为

16,451,816元,工程预算标底价为18,547,707元,故综合优惠率为0.887。但在增加的部分工程联系单中载明,增量产生的费用按实结算,结算时不再优惠,工程联系单上建设单位未盖章。

上述合同签订后,某某水利水电公司与原告及案外人徐某某于2009年11月2日签订《项目施工责任书》,约定本案工程转由原告及徐某某进行施工,并约定工程合同价款为16,451,816元,某某水利水电公司收取17.5%的税管费,从工程付款中按比例分期,最终以结算造价同比例调整扣除。工程完工后,双方未组织审定结算。2010年9月1日,路桥区水利海洋渔业局官网发布消息称路桥区某某养殖场土地改造工程顺利通过台州市国土资源局和台州市农业局组织的竣工验收。某某养殖场公司向某某水利水电公司实际支付了工程款13,161,000元。2017年1月12日,浙江天易工程咨询有限公司出具了天易咨询(2017)014号司法鉴定意见书,认定台州市路桥区某某养殖场土地开发改造工程造价为10,348,994元,另认定八份建筑工程联系单所载工程总造价5,909,012元(未计入上述工程造价10,348,994元之内),对工程联系单总价是否应计入总工程造价未给出相应鉴定意见。

【法院审判】

台州市路桥区人民法院认为,原告及案外人徐某某与某某水利水电公司签订的《项目施工责任书》虽名为内部承包合同,但某某水利水电公司并未提供确切证据证明原告及案外人徐某某系其公司在册职工,且后徐某某自愿出具声明证明该工程实际系由原告单独负责修建完成,对该声明经与其本人核实后予以采信,不再另行追加徐某某为本案共同原告,认定原告为本案工程实际施工人。鉴于原告未取得相应的施工资质,故原告与某某水利水电公司签订的《项目施工责任书》实为建设工程的违法转包,依法应认定为无效合同。原告作为工程的实际施工承包人,虽然该建设工程施工合同因非法转包而无效,但经路桥区水利海洋渔业局官网证实,该水利工程已竣工验收合格,故其享有对该工程价款的请求权。

本案争议焦点之一在于实际已支付工程款的问题。原告诉称某某水利水电公司在工程竣工后向原告支付了工程款9,849,484.57元,而某某水利水电公司辩称已支付款项11,308,810元,双方争议主要在于2011年1月24日的一笔工程款1,429,325.43元是否已实际交付以及诉讼费30,000元是否应计入已付工程款。该院认为,某某水利水电公司虽辩称其已于2011年1月24日向原告现金交付工程款1,429,325.43元,且提供了收款人为其员工许某某的800,000元现金支票存根、原告吴某某签名的领款凭单,以及公司银行日记账与现金日记账。但现金支票存根无法证明该笔款项领取后的用途;银行日记账与现金日记账均为某某水利水电公司自行制作,无法证明该笔款项确已交付;根据双方以往交易习惯及建设工程司法实践中的交易惯例,领款凭单通常由领款人先行签字,再凭单据领取钱款,亦无法证明钱款确已交付;再者,直接交付1,429,325.43元现金与双方之前的付款方式以及一般生活常理并不符合,对于已付工程款的举证责任已分配至某某水利水电公司,但上述证据不具备足够的证明力,故对某某水利水电公司的该辩称不予采纳。对于诉讼费30,000元是否应当计入已付工程款的问题,该院认为,就本案此前原告于2016年3月3日自愿向法院申请撤回起诉,并根据(2016)浙1004民初715号民事裁定由吴某某负担案件受理费29,965元,吴某某领取30,000元的领款凭据虽有载明系退回诉讼费,但该意思表示系吴某某单方所作,在双方并未另外达成协议约定由某某水利水电公司承担上述诉讼费的情况下,其主张由某某水利水电公司承担上述诉讼费于法无据,不予支持,故某某水利水电公司支付的30,000元应计入已付工程款内。综上,该院认为,某某水利水电公司已付工程款为9,879,484.57元。

本案争议焦点之二在于某某水利水电公司已付工程款中应扣除的税管费如何确定。原告与某某水利水电公司签订的《项目施工责任书》中约定税管费为工程造价的17.5%,但《项目施工责任书》因非法转包而无效,故合同项下关于税管费为工程造价的17.5%的约定亦为无效约定,故对某某水利水电公司所述的税管费以17.5%计算并应在工程款中予以扣除的辩称,不予采纳。但考虑到水利工程特殊的政策性与较强的技术性,没有某某水利水电公司投入的人力、物力等诸多管理成本,工程确难以完工,某某水利水电公司称其在工程中投入了较多的技术人员及劳力人员,对此原告并未明确表示异议。鉴于原告对其中3.22%的税收部分亦予以认可,结合合同的实际履行情况,衡平双方利益,酌定工程税管费为工程总造价的8%,由某某水利水电公司在应付工程价款中扣除。

本案争议焦点之三在于工程增量是否应予认定,以及总工程款的确定问题。案涉工程经鉴定机构鉴定,工程增量造价为5,909,012元,但八份工程联系单均只有施工单位与监理单位盖章认可,而没有建设单位的签字盖章认可。对此,该院认为,八份工程联系单上虽然没有建设单位的盖章确认,但监理单位系由建设单位委托,均已明确陈述增量属实,在施工过程中,建设单位亦未明确反对八份赶工联系单,另通过对工程联系单的审查可知,增加的工程量主要是为了达到相应农田、土地等验收标准,属必要的、合理的工程增量,且工程已实际施工,投入成本已经实际产生,故对该八份工程联系单对应的工程增量,依法予以认定,工程总造价为鉴定机构鉴定的总造价10,348,994元加上工程增量5,909,012元为16,258,006元。对承包单位某某水利水电公司与原告而言,双方并未约定增量的优惠率,故应据实计算,为16,258,006元。而对建设单位某某养殖场公司与承包单位某某水利水电公司而言,其在合同中约定了优惠率,工程联系单虽有部分载明据实计算,但未有某某养殖场公司盖章确认,故应按优惠率折算后计入总价为15,590,287.64元。

本案争议焦点之四在于未付工程款的利息从何时开始计算。原告主张应从2010年9月1日(路桥区水利海洋渔业局官网确认的竣工验收日次日)起计算未付工程款项的利息。根据《最高人民法院关于审理建设工程施工合同纠纷案件适用法律问题的解释》①第十八条的规定,利息从应付工程价款之日计付。当事人对付款时间没有约定或者约定不明的,建设工程已实际交付的,为交付之日。鉴于原告与某某水利水电公司之间的《项目施工责任书》无效,双方之间对于工程价款的支付日期亦没有约定,且原告并未提供相关证据证明工程在竣工验收之后确已交付,故对原告主张的利息起算时间不予认可。根据2011年4月27日登载于《今日路桥》上的拍卖公告

---

① 本书中,"诉称辩称""事实查明""法院裁判(或仲裁裁决)"中的法律文件为案例发生时有效文件,"本案代理思路评析"中的法律文件为成书时现行有效的版本,下同。

可知,某某养殖场公司定于2011年5月18日上午10时公开拍卖路桥区某某养殖场土地的租赁权。据此可知在公告拍卖之时某某养殖场公司已经取得该工程的处分权,工程已然交付。故该院认为,在无法确定工程具体交付时间的情况下,以某某养殖场公司确实取得该工程独立控制权,即《今日路桥》登载的工程土地租赁权的拍卖公告发布时间即2011年4月27日为计息起算点较为妥当,但利息的计算基础应为工程审定价的95%即14,810,773.26元,扣除已付工程款13,161,000元后为1,649,773.26元。

综上,对某某养殖场公司而言,总工程价款为15,590,287.64元,现已支付13,161,000元,故尚需支付2,429,287.64元及利息,在该欠付范围内直接向原告支付。对某某水利水电公司而言,总工程价款为16,258,006元,扣除8%税管费1,300,640.48元后应向原告支付14,957,365.52元,现已支付9,879,484.57元,故尚需支付5,077,880.95元,扣除由某某养殖场公司直接支付的2,429,287.64元后,应付2,648,593.31元。该院依照《合同法》第二百六十九条、第二百八十六条,《最高人民法院关于审理建设工程施工合同纠纷案件适用法律问题的解释》第一条、第二条、第十七条、第十八条、第二十六条之规定,判决:(1)被告某某养殖场公司于判决发生法律效力之日起十日内偿付原告工程款人民币2,429,287.64元及自2011年4月27日起至判决确定的履行之日止以1,649,773.26元为基数按照中国人民银行发布的同期同类贷款利率计算的利息损失;(2)被告某某水利水电公司于判决发生法律效力之日起十日内支付原告工程款人民币2,648,593.31元及自2011年4月27日起至判决确定的履行之日止以2,648,593.31元为基数按照中国人民银行发布的同期同类贷款利率计算的利息损失;(3)驳回原告的其他诉讼请求。

某某水利水电公司、某某养殖场公司均不服一审判决,向台州市中级人民法院提起上诉。

台州市中级人民法院认为,2009年11月2日徐某某、吴某某与某某水利水电公司签订一份《项目施工责任书》,该责任书虽然记载合同相对方为台州市某某水利水电工程有限公司、某某养殖场土地开发改造工程项目部,但该项目部自始至终没有盖章,某某水利水电公司对案涉工程款也是向吴某某支付,徐某某出具声明称吴某某为实际施工人,其未参与工程施工,责任书、支付工程款凭证及徐某某的声明能够相互印证,证明吴某某为案涉工程实际施工人。鉴于吴某某未取得相应施工资质,一审法院认定某某水利水电公司与吴某某签订的项目施工责任书为无效合同亦得当。一审法院根据《今日路桥》登载的拍卖公告,认定某某养殖场公司于2011年5月18日已取得该工程处分权,工程已然交付得当。吴某某作为工程实际施工承包人,在该工程通过竣工验收合格后,其享有对该工程价款的请求权。故吴某某可直接要求某某养殖场公司向其支付工程余款。吴某某主张某某水利水电公司已付工程款9,849,484.57元,某某水利水电公司主张向吴某某支付了11,308,810元,双方存在争议的是2011年1月24日这笔1,429,325.43元某某水利水电公司有无向吴某某支付。某某水利水电公司在一审时提供吴某某出具的收款收据、80万元现金支票存根、银行日记账和现金日记账,主张其于2011年1月24日向吴某某支付工程款1,429,325.43元。二审中,某某水利水电公司提供郑某某银行账户交易明细,用以证明郑某某分别于2010年8月11日、17日、25日转账给吴某某100万元,支付工程款。某某水利水电公司二审提供的证据,实际推翻了其一审主张的事实和证据。那么某某水利水电公司在二审提交的100万元系郑某某个人汇款,不是某某水利水电公司汇款,主体不同,且对1,429,325.43元工程款支付在一、二审中陈述完全不同。某某水利水电公司虽持有吴某某出具的这笔1,429,325.43元的收款收据,但因这笔工程款金额巨大,某某水利水电公司应提供相应的交付依据,否则,不能成立,一审法院未予采信得当。某某水利水电公司与吴某某虽约定税管费为工程造价17.5%,但因双方签订的项目施工责任书无效,故亦不能以此约定为据计算税管费。一审法院综合考虑双方利益,确定按工程总造价的8%计算税管费合理,该院予以支持。案涉工程造价经鉴定机构鉴定,鉴定工程增量造价为5,909,012元,八份工程联系单虽未经建设单位盖章确认,但监理单位系由建设单位委托,明确增量属实,在施工过程中,建设单位亦未明确反对八份联系单,另通过对工程联系单的审查,增加的工程量主要是为了达到相应农田、土地等验收标准,属必要的、合理的工程增量,且已实际施工。故一审法院对八份工程联系单对应的工程增量予以认定,并无不当。一审法院对工程款优惠率按合同相对方约定确定亦并无不当。某某养殖场公司称八份联系单不属于独立的工程增量范围,不得计入工程总造价中,不能成立,该院不予支持。一审法院按某某水利水电公司与吴某某约定,对工程增量按实计算工程款得当。某某水利水电公司称按优惠率计算工程款,缺乏依据,该院不予支持。根据《最高人民法院关于审理建设工程施工合同纠纷案件适用法律问题的解释》第十八条的规定,一审法院根据案涉工程在《今日路桥》登载的工程土地租赁权拍卖公告发布时间2011年4月27日,确定讼争工程款计息起算点并无不当。

综上所述,上诉人某某水利水电公司、某某养殖场公司的上诉请求不能成立,应予驳回;一审判决认定事实清楚,适用法律正确,应予维持。该院依照《民事诉讼法》第一百七十条第一款第(一)项规定,判决如下:驳回上诉,维持原判。

【本案代理思路评析】

当前,建筑工程领域长期存在大量的工程款拖欠现象,而拖延工程造价审计时间是被发包人作为拖延支付工程款的一种重要手段。诸如本案,吴某某早已于2010年下半年完工并交付工程给某某养殖场公司,但由于某某养殖场公司内部领导人员更换,“新官不理旧账”,迟迟不予工程审价、结算,导致工程款被拖欠长达6年之久。而在诉讼过程中,由于工程联系单只有监理单位盖章签字而没有某某养殖场公司的盖章,某某养殖场公司对这部分工程增量不予认可。此外,由于某某水利水电公司与吴某某在此之前关系融洽,存在较多的业务往来,出现签署领款凭证但未实际拿到款项的现象,这为双方结算工程款埋下了很大的隐患。对此,笔者就各方主要争议焦点评析如下:

一、关于增量工程如何确定的问题

增量工程的确定往往牵涉工程签证是否有效的问题。工程签证是指按建设工程施工合同约定,一般由承发包双方代表就施工过程中涉及合同价款之外的责任事件所做的签认证明;因涉及合同价款之外的款项,其是法人代表授权行为的具体实施与体现。由于工程签证行为的这些特点,它可以通过委托代理人签认证明的形式,高效解决施工过程中在限额范围内各种行为的涉款事件,促进了各种不同的有争议施工行为的高效协调和快速解决。

是否进行工程签证,涉及工程安全性、合法性以及发包人对工程造价的预期负担能力。实践中,未形成签证单形式的工程变更一般不被认可;而形成了签证单形式,但在内容或签字等方面存在瑕疵的往往容易引发争议。本案中,工程联系单均有施工单位和监理单位盖章认可,但没有建设单位的签字盖章认可,鉴定单位在出具鉴定报告初稿时将该八张工程联系单价款计入工程总价中。而在出具正式报告时,鉴定单位虽然对八张工程联系单的工程造价数额没有改动,但对八张工程联系单是否计入本案工程由法官裁定。

《最高人民法院关于审理建设工程施工合同纠纷案件适用法律问题的解释》第十九条规定:"当事人对工程量有争议的,按照施工过程中形成的签证等书面文件确认。承包人能够证明发包人同意其施工,但未能提供签证文件证明工程量发生的,可以按照当事人提供的其他证据确认实际发生的工程量。"《建筑法》第三十二条第一款规定:"建筑工程监理应当依照法律、行政法规及有关的技术标准、设计文件和建筑工程承包合同,对承包单位在施工质量、建设工期和建设资金使用等方面,代表建设单位实施监督。"据此,尽管工程联系单上没有某某养殖场公司的签章,但是有其代表监理单位的签章,故应按照监理单位签字盖章确认的工程量核算相应的工程造价。鉴定单位在鉴定时,对八张工程联系单进行了审核,确认总造价为5,909,012元;这些增加的工程量主要是为了达到相应农田、土地等验收标准,属必要的、合理的工程增量,该等工程造价已实际发生,故应计入案涉工程总造价之内。

二、关于增量优惠如何确定的问题

增量优惠是投标单位在投标时承诺按定额价格下浮一定比率进行结算,是投标单位给予招标单位的让利下浮。根据合同相对性原则,该等优惠承诺对实际施工人没有法律约束力。然而,因承包单位转包工程时往往仅收取管理费,如果下浮部分全部由承包单位来承担,那么在实际收取的管理费少于下浮优惠金额时，承包单位就会面临亏本的状况，而实际施工人却因合同无效而获利。如何抉择，司法实践中也有不同意见。由于每个案件情况不同，笔者认为本案中的增量优惠应全部由某某水利水电公司承担，主要基于以下考虑：

（1）某某养殖场公司与某某水利水电公司签订的施工合同专用条款第3.38条款中约定新增项目的单价按承包人报价综合优惠率进行优惠；但在增加的工程联系单中载明增量产生的费用按实结算不再优惠。鉴于专用条款第3.38条已约定新增项目单价经监理人审核后作为该项承包单价，且某某养殖场公司委托的监理单位在工程联系单上已盖章确认，这对委托人某某养殖场公司具有法律约束力。然而，某某水利水电公司未进行相应抗辩，视为其默认增量优惠并让利给某某养殖场公司。

（2）某某水利水电公司与吴某某签订的《项目施工责任书》约定了工程总造价，且第六条第二款第二项条款中的“最终以结算造价同比例调整”实指双方之间的工程造价结算，并没有约定增量优惠率。况且，某某水利水电公司在一审庭审时对工程总造价16,258,006元是认可的。据此，双方按此总造价进行结算符合约定。

三、关于已出具领款凭证但未收到款项而产生争议如何分配举证责任的问题

“领款凭证”，系建设工程施工过程中领款人向其上一家发包人申请领款的凭证，一般的流程是领款人填写单据后由发包人的负责人批准同意，再到财务领款。因此，“领款凭证”既不是实际支付凭证，也不等同于普通发票或借据。仅仅凭借领款凭证，一般是无法证实大额款项已经交付的事实。本案中，一审法院没有采信某某水利水电公司有关争议款项已交付的主张，除了前述因素外，还基于以下考虑：

（1）某某水利水电公司以现金形式交付巨额工程款不符合双方已形成的交易习惯。原告到其开户行打印其与某某水利水电公司之间的款项往来流水清单，在双方以往款项往来中，基本是通过银行交易完成的，这已形成双方款项往来的惯例。尤其在双方争议的另一笔某某水利水电公司于2010年8月4日应付原告24.7万元，其中12.7万元是以收款人为某某水利水电公司财务罗某某的现金支票，罗某某取现后直接存到原告账户上；并非如某某水利水电公司辩称“罗某某取现后拿到公司，与自有现金 12 万元在办公室一并交付给原告”那样。对于该笔 142 万余元的大额款项，更应通过银行交付，某某水利水电公司的辩称违背了双方已形成的交易习惯。

(2)以现金形式交付巨额工程款不符合常理。某某水利水电公司辩称员工许某某先从银行取现 80 万元后拿到公司，连同公司保险箱内的自有现金 62.9325 万元在办公室一并交付给吴某某，这显然与常理不符。因为到银行取现 80 万元后拿到办公室再交给吴某某，不如直接取现后当场办理存现到吴某某账户简便、快捷。更何况，即便按照某某水利水电公司自制的现金日记账来看，在同一天的序号 48、49 支付 × × 新区防洪工程款、支付小额 66,830 元工程款且当时记载库存现金有 767,162.91 元时，某某水利水电公司都是以开具现金支票(号码为 6843)形式支付，更何况该笔 1,429,325 元的账款呢?

(3)某某水利水电公司员工许某某与吴某某的短信往来记录，直接否定了某某水利水电公司有关 1,429,325 元的交付经过。某某水利水电公司员工许某某在 2015 年 11 月 22 日回复吴某某有关 80 万元现金支票时说，“想不起来，这个罗姐写的可能就把我这边过账过下的吧”“可能直接在我这边挂个名，就是我给公司一张领款的证明然后还给公司什么的”。由此看来，某某水利水电公司将该现金支票写在许某某名下仅仅挂名、过账而用，且许某某也给某某水利水电公司出具过领款证明。该笔争议款项确实未交付给吴某某。

二审中，某某水利水电公司对该笔争议工程款 1,429,325 元的组成、交付经过又进行了变更陈述，与其一审陈述完全矛盾，这恰恰证实一审判决未采信某某水利水电公司的证据及陈述是正确的。

四、关于管理费如何确定的问题

建设工程转包、违法分包合同被确认无效后，对于已经收取的管理费及尚未收取的管理费如何处理，最高人民法院基于不同的价值考虑，产生了不同的裁判标准，具体分为如下五种情形：

(1)管理费全额返还给实际施工人。在最高人民法院(2014)民抗字第

10号案件中,最高人民检察院提起抗诉,理由为,《最高人民法院关于审理建设工程施工合同纠纷案件适用法律问题的解释》第四条规定:"承包人非法转包、违法分包建设工程或者没有资质的实际施工人借用有资质的建筑施工企业名义与他人签订建设工程施工合同的行为无效。人民法院可以根据民法通则第一百三十四条规定,收缴当事人已经取得的非法所得。"《建筑法》第六十七条第一款规定:"承包单位将承包的工程转包的,或者违反本法规定进行分包的,责令改正,没收违法所得,并处罚款,可以责令停业整顿,降低资质等级;情节严重的,吊销资质证书。"收缴或者没收非法转包、违法分包的非法所得,充分体现了法律对非法转包、违法分包行为的否定性评价,立法目的在于规范建筑业市场,保证建筑工程质量,进而保证人民群众生命、财产安全。具体到本案,某化建公司依据无效的《设备租赁合同书》取得的105万元管理费,系违法分包所得,是典型的非法所得,无论是判归某化建公司还是返还胡某,都没有法律依据,应当予以收缴。最高人民法院审理认为,根据《最高人民法院关于审理建设工程施工合同纠纷案件适用法律问题的解释》第四条的规定,上述司法解释通过对"非法转包"等无效行为取得的"非法所得"规定"可以"进行收缴,目的在于平衡当事人之间的利益关系,及时制裁违法行为,进一步规范建筑市场,保证建筑工程质量,进而保证人民生命、财产安全。对建设工程施工合同中的民事违法行为是否惩罚应根据案件实际情况及当事人违法情节而定,不能因为适用惩罚措施而导致当事人利益严重失衡。最高人民法院根据本案实际情况,判决某化建公司全额返还已收取的管理费。

上述案件中,最高人民法院在认定建设工程合同无效后,依据《最高人民法院关于审理建设工程施工合同纠纷案件适用法律问题的解释》第四条的规定,将非法转包人已经取得的管理费,认定为"非法所得"。但是对该"非法所得",最高人民法院没有采取收缴的方式,而是根据案件实际情况,以公平公正原则为基础,以平衡各方利益为标准,做出了符合"个案平衡精神"的合理判决。

(2)法院酌定管理费支付比例。在最高人民法院(2014)民申字第1277号案件中,最高人民法院审理认为,本案中所涉及《工程施工合同》因属非法转包而无效,合同自成立时起不具有法律约束力,因此该合同中约定腾达公司转包后可向实际施工人姚某昭、姚某林收取施工管理费的条款亦无效,故腾达公司根据合同中约定请求姚某昭、姚某林支付管理费用,不予支持。腾达公司在施工过程中派出了工作人员参与管理和协调,原审判决酌情确定姚某昭、姚某林向腾达公司支付施工管理费 55.6241 万元,并无不当。在最高人民法院(2014)民申字第 1635 号案件中,最高人民法院审理认为,原审判决鉴于教育公司对工程进行了施工管理和组织工作,依照公平原则,酌定以工程款 8,236,363.09 元为基数,参照教育公司发包小额工程按照造价 2% 收取管理费的实际情况,按照工程价款 1.5% 的比例确定管理费公平合理。

上述两个案件中,最高人民法院在确认建设工程合同无效后,根据无效合同的处理原则,认定合同中的管理费条款亦无效。但是上述案件中,违法分包人或非法转包人实际上进行了施工管理和组织工作,依据民法中的公平原则,酌定实际施工人管理费支付比例。最高人民法院并未将管理费视为工程价款的一部分,从而参照合同约定确定管理费数额,而是将管理费确定为违法分包人或非法转包人实际进行的管理和组织工作的劳务费用,从而酌定实际施工人管理费数额。

(3)根据过错原则确定管理费数额。在最高人民法院(2014)民申字第 861 号案件中,最高人民法院审理认为,2009 年 12 月 30 日《工程施工承包协议》约定:乙方(余某坚、黄某喜)按工程实际结算总价的 22% 扣缴甲方(中太公司)的工程管理费、税金。如前所述,2009 年 12 月 30 日《工程施工承包协议》性质为转包合同,应认定为无效,中太公司与余某坚、黄某喜对合同无效均有过错。此笔管理费、税金的法律性质主要是转包诉争工程渔利费用,属违法所得,不宜认定为合同无效后应当据实结算的工程款;尽管此约定是当事人真实意思表示,但合同被认定为无效后,如何分配此笔费用属审判权即自由裁量权调整范畴;一、二审判决根据案件实际情况决定各半分配并无不当。中太公司再审主张按照无效合同约定收取此款,法律依据不足,该院不予支持。

我国《合同法》第五十八条规定:“合同无效或者被撤销后,因该合同取得的财产,应当予以返还;不能返还或者没有必要返还的,应当折价补偿。有过错的一方应当赔偿对方因此所受到的损失,双方都有过错的,应当各自承担相应的责任。”上述案件中,非法转包人和实际施工人对案涉承包协议的无效均有过错,最高人民法院根据过错责任原则,依据法院自由裁量权确定管理费数额。

(4)根据合同履行情况结算。在最高人民法院(2014)民申字第1078号案件中,最高人民法院审理认为,从二审查明的案件事实来看,双方在有关会议纪要中明确路航公司按工程造价的5.5%比例向谢某标收取管理费。对此,实系路航公司为履行合同所产生的必需的开支,属于工程价款的一部分,即使合同无效,双方亦应根据合同情况按实进行结算。因此,二审判决认定谢某标应按工程造价的5.5%比例向路航公司支付管理费,并无不当。

上述案件中,最高人民法院在认定建设工程合同无效后,认定案涉管理费属于工程价款的一部分。《最高人民法院关于审理建设工程施工合同纠纷案件适用法律问题的解释》第二条规定:“建设工程施工合同无效,但是建设工程竣工验收合格,承包人请求参照合同约定支付工程价款的,应予支持。”上述案涉合同虽然无效,但是路航公司实际履行了管理义务,该管理义务对应工程款中的一部分。案涉工程竣工验收合格,双方参照合同结算工程价款时,亦应当参照合同约定按实结算管理费。

(5)尚未支付的管理费无须再支付。在最高人民法院(2012)民申字第1522号案件中,最高人民法院审理认为,《最高人民法院关于审理建设工程施工合同纠纷案件适用法律问题的解释》第四条规定:“承包人非法转包、违法分包建设工程或者没有资质的实际施工人借用有资质的建筑施工企业名义与他人签订建设工程施工合同的行为无效。人民法院可以根据民法通则第一百三十四条规定,收缴当事人已经取得的非法所得。”根据上述规定,人民法院收缴当事人非法所得的前提条件为当事人已经实际取得。该案中,因当事人未实际取得分包合同中约定的10%管理费,且华隆公司未能提交对此项工程进行过管理并支付相应管理费的证据,二审法院对此处理并无不当。

对比上述五种情形,本案中某某水利水电公司收取17.5%的费用远远高于其履行合同后所预期得到的利润率 5%（据《鉴定报告》单价计算表确定的利润 5%、税金 3.22%），故该约定不仅无效且利益严重失衡，某某水利水电公司不能向原告收取企业管理费、企业利润及因企业利润产生的税费，笔者认为第一种情形与本案更加类似，应参照适用。一审审理期间，法院曾组织双方对管理费率进行协商，以确定一个双方均能接受的比例。然而，因工程总价很大，双方无法协商一致。最终，法院基于某某水利水电公司在案涉工程中投入了技术人员及劳力人员的前提下，酌定税管费为 8%，这还是相对合理公平的。

02 发包人已给予承包人退场后的补偿款无权要求返还

——浙江宏某建设工程有限公司应诉嵊州市福某置业有限公司建设工程施工合同纠纷案

法律的真谛，就是没有绝对的自由，更没有绝对的平等。

——中国·郭道晖

【本案提示】

工程索赔是在建设工程承包合同履行过程中，当事人一方由于另一方未履行合同所约定的义务而遭受损失时，向另一方提出赔偿要求的行为。施工单位在合同履行过程中，已按照发包人的指令和通知进入施工现场后，一旦遇到了不具备开工条件或开工条件具备但发包人要求退场，或工程量增加，或设计变更，或合同约定的可以调整单价的材料价格上涨等情形时，在发包人拒绝工程签证的情况下，施工单位应在合同约定的期限内按照索赔程序进行工程索赔。同时，索赔协议是当事人多次协商谈判确定的成果，是施工单位今后主张权利的来源和依据，故索赔协议签订的有利与否与施工单位切身利益息息相关。笔者代理的浙江宏某建设工程有限公司应诉嵊州市福某置业有限公司建设工程施工合同纠纷一案，嵊州市福某置业有限公司在与浙江宏某建设工程有限公司约定解除 B 标工程施工合同并进行补偿后，又以签订的协议存在重大误解、显失公平为由，要求退还补偿款，这一主张因缺乏相应依据而被法院驳回。

【案例索引】

一审:浙江省嵊州市人民法院(2013)绍嵊民初字第 399 号民事判决书(2013 年 8 月 16 日)

二审:浙江省绍兴市中级人民法院(2013)浙绍民终字第 1122 号民事判决书(2013 年 10 月 11 日)

再审:浙江省高级人民法院(2014)浙民申字第 345 号民事裁定书(2014 年 9 月 26 日)

【诉称辩称】

原告:嵊州市福某置业有限公司(以下简称福某公司)

被告:浙江宏某建设工程有限公司(以下简称宏某公司)

原告福某公司诉称:原告开发的香缇墅商品房 A 标工程由被告承包施工。原、被告于 2011 年 5 月 12 日又签订《建设工程施工合同》(预约合同),约定由被告承包原告香缇墅商品住宅 B 标工程,合同价暂定 8500 万元。由于 A 标工程施工至 2012 年 3 月,被告仍有大量工程未完工,眼看不能按期竣工与按期交房,原告催促被告,被告以 A 标工程款支付有短缺及 B 标工程长时间拖延仍不能开工而损失巨大为由,继续拖延施工。因原告房屋如不能在 2012 年 6 月 30 日交房,需每日承担已收房款万分之三至万分之四的违约金,如因不能按期办证还需承担加倍的违约金,照此预算如逾期原告将需支付购房户每日约 10 多万元的违约金。

鉴于对购房户的违约赔偿即将发生,为尽量避免或减少损失,原告与被告商谈 A 标工程款的支付及抢工问题,被告借机提出必须一并商谈 B 标施工合同的解除与赔偿问题,否则不予施工。原告为赶工期,只得一并商谈 A 标的工程款支付、抢工及 B 标合同解除等事宜,其中涉及 B 标施工合同履行问题,明确在 2012 年 3 月 14 日协议书第二条,主要内容为:双方解除 B 标工程预约施工合同并由原告一次性补偿被告 500 万元,包括香缇墅 B 标工程的前期准备施工费用,被告垫付的原告委托他人在工行贷款 1500 万元的利息等(贷款用原告土地证抵押,被告实际给原告用款1000万元,该利息系另案关系,计利息119,671元,可由原告支付被告)。协议签订后,原告已向被告支付1250万元,其中500万元作为B标工程合同解除的补偿款。

时至2012年12月原告在嵊州市人民法院知悉,香缇墅B标工程早已由被告于2011年6月10日全部转包给上虞人金某某,被告通过金某某的代理人章某某收取了金某某的转包合同履约保证金400万元,金某某为索还保证金向嵊州市人民法院提起诉讼。原告至此才明白,被告欲以转包渔利,被告对B标工程无任何所谓的前期投入,亦不存在其他损失,反而收取了他人的400万元履约保证金。

原告认为,原、被告在2012年3月商谈A标工程问题时,被告利用自己优势,非得将B标合同一并处理,原告为避免A标交房损失产生或扩大,只得就范。特别是被告隐瞒了B标工程已被其非法转包的重大事实,虚假告知自己有前期投入和损失产生,致他人作出错误的意思表示,且协议的结果显失公平,被告不但没有损失,还获得400万元保证金利益。在被告非法转包的情况下,原告有合法的合同解除权,并不需承担违约解除或补偿责任。被告违背诚实信用原则,协议中被告有欺诈行为,协议结果显失公平,协议内容应当撤销。现原告起诉要求:(1)依法撤销原、被告于2012年3月14日签订的《协议书》第二条约定的内容;(2)判令被告返还补偿款计人民币485万元(其中15万元作为被告垫付利息支付);(3)判令被告赔偿原告利息损失(以485万元为基数,自2012年3月15日起至判决生效之日止按同期银行贷款年利率6%计算)。

被告宏某公司辩称:原告诉称与事实和法律不符。理由如下:一是被告没有胁迫原告解除合同,也没有胁迫提出补偿。双方签订的协议书是双方经过多次、反复、友好协商得出的结果,就A标、B标及诉讼内容协商后签订,反映了双方的真实意愿和互谅互让的精神。二是在协议中没有原告所谓的欺诈。原告明知B标工程由章某某作为项目承包人具体施工,且在签订协议之前就已经与第三人因为债务纠纷发生矛盾,解除合同的原因是原告出于第三人的债权纠纷而单方提出解除B标合同,并同意给予补偿。三是原告诉请撤销的协议没有显失公平。双方签订协议均由专业人员参加,谈判过程和结果都是公平的，且在被告全部完成A标工程后，原告仍承认补偿被告B标500万元，更说明被告没有胁迫、要挟原告。500万元补偿款包含了B标工程前期准备施工费用、垫付的银行利息、预期利益损失和第三人的争议。原告补偿被告500万元的结果是被告承担了相应的超负荷义务和责任，该结果是有利于原告，故原告请求撤销2012年2月26日签订的协议第二条内容及返还补偿款的诉请不能成立，请求驳回原告的诉讼请求。

【事实查明】

嵊州市人民法院经审理查明：原告开发的香缇墅商品房A标工程由被告承包施工。2011年5月12日，原、被告签订《建设工程施工合同》，约定由被告承包原告香缇墅商品住宅B标工程，原告另行分包的项目包括土石方等，合同价暂定8500万元，开工日期未作约定。

2012年年初，原告（甲方）与被告（乙方）签订了协议书一份，载明：双方于2010年开始合作，由乙方施工甲方开发建设的嵊州香缇墅楼盘，后因甲方资金紧张引发纠纷，经多方多次协调，双方已统一思想，互谅互解，搁置争议，继续完成该楼盘的A标工程。为了保障乙方承建的A标工程能于2012年4月30日前顺利完工，现双方在平等、自愿、互谅的基础上达成如下协议，以资信守："1. 甲方须于2012年3月15日前支付乙方工程款1000万元，B标工程补偿款500万元，于2012年4月15日前支付乙方工程款1500万元，否则施工工程迟延或停工引起的后果由甲方承担，与乙方无关……2. 双方同意在签订本协议之日即解除双方的香缇墅B标工程的预约施工合同，因乙方对该工程作出了实际投入，甲方同意一次性补偿乙方500万元作结（包括香缇墅B标工程的前期准备施工费用、乙方垫付的原甲方委托他人在工商银行嵊州支行1500万元的利息等），乙方投入部分设施归甲方所有。对香缇墅B标工程乙方不对甲方另行主张权利并且香缇墅B标工程预约合同所引发的乙方与第三人的争议由乙方负责解决，与甲方无关，因乙方的原因造成甲方损失，由乙方承担。3. 在上述资金到位的情况下，乙方努力争取于2012年4月30日前完成自己承包的工程……以便甲方于2012年6月30日前向购房者交房。4. 因工程时间紧迫，为保障于2012年4月30日前如期完工,甲方同意加付乙方抢工费50万元……5.因香缇墅的土地使用权被乙方申请法院查封,而甲方需以香缇墅的土地使用权作抵押向银行贷款用以支付本协议第一条约定的3月15日前应支付的工程款1500万元和B标工程补偿款500万元,故双方约定乙方向法院申请撤诉、解封,如乙方无故不撤诉、解封,本协议不发生效力。6.甲方应支付乙方迟延支付进度款的利息50万元作为一次性补偿。”原、被告在协议书落款处各加盖了单位公章,但未书写日期。2012年6月,被告完成了A标工程的施工。

2012年7月6日,原、被告对往来账目进行对账,确认2012年3月15日原告已支付被告B标补偿款500万元。同年9月26日,因原、被告发生纠纷,原告向嵊州市政府递交了情况报告一份,其中第二点的第三小点载明:今年年初,鉴于宏某公司与我福某公司签订的二期(B标工程)施工总承包合同两次转包他人,而所谓的承包人在骗取第三人280万余元后潜逃,且受害人屡次来福某公司闹事,福某公司断然提出与宏某公司终止二期施工总承包合同。但宏某公司借故停止一期工程3个月之久,以此为要挟,福某公司迫于一期交房的日益临近等压力,被迫无奈答应并支付了500万元令其处理二期因其转包人潜逃遗留的纠纷问题。但据福某公司了解,宏某公司并未实质解决二期的相关经济纠纷,给二期开发埋下了重大隐患。依据原、被告的陈述及现场勘察,B标工程施工现场确有土方开挖、基坑排水、排泥浆、塘渣填路、工棚搭建等前期施工准备。

【法院审判】

嵊州市人民法院认为,本案双方当事人争议的焦点在于案涉协议书第二条的内容是否符合法律规定的撤销权的行使条件。《合同法》第五十四条规定:“下列合同,当事人一方有权请求人民法院或者仲裁机构变更或者撤销:(一)因重大误解订立的;(二)在订立合同时显失公平的。一方以欺诈、胁迫的手段或者乘人之危,使对方在违背真实意思的情况下订立的合同,受损害方有权请求人民法院或者仲裁机构变更或者撤销……”结合本案的客观事实,对原、被告签订协议书时是否存在上述法律规定的撤销权行使条件:一是重大误解,二是显失公平,进行如下分析:

第一，原、被告订立协议书时原告是否对相关事实构成重大误解。重大误解是对与合同履行后果有密切联系的合同基本条件的错误理解，本案不构成重大误解：(1)联系案涉协议书的内容，该协议书首部阐述了该协议书签订的原因，系因原告资金紧张引发了纠纷，该协议书签订的前提是经双方多次协调后，在平等、自愿、互谅的基础上统一思想，互谅互解，搁置争议，保障被告在2012年4月30日前完成A标工程。可见，原、被告签订的案涉协议书系双方反复磋商、互谅互让的结果。(2)原告虽认为签订协议书时并未真正了解被告将B标工程非法转包的情况，而事实上另案776号案件的起诉时间是2011年12月14日，原告在向嵊州市政府的情况报告中陈述到2012年年初，其得知被告将B标工程施工合同两次转包他人，因承包人骗取第三人保证金280万余元后潜逃，受害人屡次来原告公司闹事，原告断然提出终止与被告的B标施工合同，从原告的陈述内容可知原告在签订协议书时对被告曾与他人签订过关于B标的施工合同的情况及776号案件的相关案情系明知，原告正是基于对上述情况的了解，才决定解除与被告关于B标的施工合同，并支付被告500万元令其处理因转包人潜逃遗留的纠纷问题。故原告上述关于对被告与他人签订B标工程不知情的主张与事实不符，故不予支持。(3)原告对于B标工程是否存在前期投入及是否知情的问题。从B标施工现场上可以确认搭建有建筑工棚，且工地上进行过基坑排水、排泥浆、塘渣填路等施工活动。原告虽陈述上述前期准备工作系他人完成而非被告完成，但依据前述原告所做的情况报告，原、被告真实的意思是将B标前期工程的所有权利义务和纠纷问题交由被告出面处理，故认定原告当时系认可被告对B标前期工程的相关问题具有处置的权利和义务。综上分析，原告并不存在与签订案涉协议书密切联系的基本条件的错误理解，原告认为其因重大误解与被告签订协议书的主张理由不足，不予支持。

第二，原、被告签订协议书是否存在显失公平。显失公平是指民事行为中一方当事人不适当地通过民事行为取得了过多的利益，明显损害另一方当事人的利益，当事人间的利益天平失去平衡。结合本案，(1)原、被告解除B标施工合同的同时，原告同意补偿被告500万元，综合分析协议书的内容，可知原告支付该补偿款的同时被告付出的对价实际包括：B标工程的前期施工费用、被告垫付的银行贷款1500万元的利息、被告不得因B标工程对原告再另行主张权利、因B标工程施工合同所引发的与第三人的争议由被告负责解决而与原告无关、被告向法院申请撤回(2011)绍嵊民初字第1863号关于工程进度款的诉讼案件并申请解除财产保全措施。(2)协议书中对上述具体项目未约定具体金额,从协议书的整体内容表述上可认定系原、被告自愿作出利益上的选择,系双方的真实意思表示,原告作为2008年注册成立的房地产开发公司,在进行房地产开发过程中与对方签订关于工程施工的相关合同,不应以欠缺交易经验、判断力、过于草率等原因为由主张协议书显失公平。(3)协议书除约定500万元B标补偿款外,还约定了原告支付被告A标工程抢工费50万元、迟延支付进度款的利息50万元,由此可见,原告自认在A标工程进度款支付过程中存在违约行为,原告要求被告抢工并不能认定为被告具有明显优势而导致双方作出签约的决定,对原告提出双方签订的协议书显失公平的主张不予支持。

综上,该院认为,原告要求撤销协议书第二条内容、返还补偿款485万元(原告在庭审中予以变更)及利息损失的诉请与事实和法律不符,依法不予支持。被告提出的抗辩意见可予采信。依照《民法通则》第五十九条、《合同法》第五十四条、《最高人民法院关于贯彻执行〈中华人民共和国民法通则〉若干问题的意见(试行)》第七十一条的规定,判决:驳回原告福某公司的诉讼请求。

福某公司不服一审判决,向绍兴市中级人民法院提起上诉。

绍兴市中级人民法院认为,福某公司主张撤销其与宏某公司于2012年3月14日签订的协议第二条之约定,但却未能提供充分有效的证据证明在签订该协议时存在重大误解、显失公平的情形以及被上诉人宏某公司采取了欺诈、胁迫手段或有乘人之危的行为导致其违背真实意思,故应承担法律上的不利后果。该院针对福某公司的上诉主张逐一评判如下:第一,B标工程系福某公司发包给宏某公司,而福某公司也明确该工程未发包给其他人,同时根据双方当事人陈述工程现场确已进行前期施工,故宏某公司向福某公司主张B标工程款于法有据。第二,即使宏某公司将B标工程转包他人的事实成立,则实际施工人所完成的工程款项也可以由宏某公司向福某公司主张。而福某公司付清工程款后，对宏某公司与案外人有否就 B 标工程存在转包等情形、由谁实际施工、工程款如何结算，均无须再承担责任。第三，同理，如果宏某公司存在将 B 标工程转包他人的情形，则实际施工人可依据《最高人民法院关于审理建设工程施工合同纠纷案件适用法律问题的解释》第二十六条之规定向转包人、发包人主张权利，发包人需在欠付工程价款范围内对实际施工人承担责任，福某公司提出其并非合同相对方无须承担责任的主张于法无据。因此，福某公司与宏某公司协商约定 B 标工程款项、并就此约定此后争议由宏某公司解决的内容，也是双方当事人建设工程施工合同关于权利义务设定的重要组成部分。第四，另案的撤诉、解封是双方当事人约定的合同生效条件，也是福某公司支付 B 标工程补偿款的前提条件，而双方当事人此后均按约履行，也未出现再次起诉、查封等情形，本身已体现了双方签约系真实意思表示，均无恶意。第五，协议签订过程中，福某公司明确知晓 A 标、B 标的施工情况，也明确知晓逾期完工的法律后果，为保障 A 标工程提前完工，福某公司与宏某公司经协商签订协议，系其在权衡利益后作出的处分。第六，协议书内容明确，B 标工程现场随时可供查看，而从本案的审理情况看，宏某公司并无隐瞒事实，不能认定欺诈，福某公司亦无充分有效证据证明其存在重大误解。第七，对于 B 标工程补偿款 500 万元的由来，双方当事人在协议上已明确载明。福某公司却在上诉状中主张宏某公司是以"零对价"直接获得高额利益，这一观点与协议内容相悖，不符客观事实，也违反了"当事人行使权利、履行义务应当遵循诚实信用原则"这一法律条款，该院对其提出显失公平的主张实难采信。第八，关于对账明细可证明福某公司已全面履行本案 B 标工程款，同时亦印证了签约、履约系其真实意思表示，不存在胁迫。综上，上诉人福某公司的上诉请求、事实与理由均不能成立，该院均不予支持。原判决认定事实清楚，适用法律正确，实体处理得当。依照《民事诉讼法》第一百七十条第一款第(一)项之规定，判决如下：驳回上诉，维持原判。

福某公司不服二审判决，向浙江省高级人民法院申请再审。

浙江省高级人民法院认为：第一，关于福某公司是否受胁迫而签订《协议书》的问题。福某公司申请再审认为宏某公司采用停工和诉讼手段，胁迫福某公司与其签订《协议书》,并提供了《建设工程施工合同》、进度款支付情况表、工程款支付申请表、对账明细表、以房抵债工程进度款协议书、房产买受人指定书、补充协议书、协议、承诺书、回函、停工函、宏某公司起诉状及嵊州市人民法院(2011)绍嵊民初字第1863号民事裁定书作为新的证据。因上述证据材料二审庭审结束前已存在,且福某公司亦未提供证据证明一、二审时系因客观原因无法提交,故不属于《最高人民法院关于适用〈中华人民共和国民事诉讼法〉审判监督程序若干问题的解释》第十条规定的"新的证据",不予认定。从《协议书》第六条约定"本协议与原施工合同不一致的条款,视为对原施工合同的变更""甲方应支付给乙方的迟延支付进度款(计算至本协议签订前)的利息50万元作为一次性补偿"的内容可见,福某公司存在迟延支付工程进度款的情况,福某公司主张其未迟延支付工程进度款,与事实不符。在福某公司未按约及时支付工程进度款的情况下,宏某公司停工并向法院提起诉讼,系依法行使抗辩权以维护自身权益,福某公司主张宏某公司上述行为属于胁迫,不能成立。

第二,关于宏某公司是否有权就B标工程要求补偿的问题。福某公司申请再审提供了(2012)绍嵊民初字第285号民事判决书作为新的证据,拟证明宏某公司未亲自对B标工程进行前期施工准备,故无权就B标工程获得补偿。首先,福某公司二审时已提交(2012)绍嵊民初字第285号民事判决书作为证据,故该民事判决书不属于申请再审的"新的证据"。其次,宏某公司虽陈述其"没有承建香缇墅B标工程,也没有实际去施工",但B标工程系福某公司发包给宏某公司,且确曾进行了前期施工,故宏某公司将B标工程转包他人的事实并不能否认该工程已进行了前期施工准备。至于前期施工准备是否由宏某公司亲自进行,不影响宏某公司向合同相对方福某公司要求补偿的权利,福某公司以此为由申请再审,不能成立。

第三,关于《协议书》是否显失公平的问题。福某公司申请再审提供了郦某某、金某某另案起诉状及起诉所附的工作联系单及发票作为新的证据,拟证明对B标工程实际施工的郦某某、金某某最多投入67万元,并据此认为《协议书》第二条约定福某公司补偿宏某公司485万元显失公平。因郦某某、金某某的起诉状及所附工作联系单及发票等未经生效判决认定,不能作为定案证据，该院不予认定。结合《协议书》的上下文，福某公司与宏某公司在《协议书》第二条约定由福某公司支付485万元补偿款，前提不仅包括双方对B标前期施工准备的补偿事宜达成一致，还包括宏某公司向法院申请解封查封的土地使用权、B标工程与第三人的后续争议由宏某公司全权负责等一系列事项。因此，福某公司主张宏某公司获得该补偿款不存在对价，与《协议书》的约定不符，对其以此为由主张《协议书》显失公平，该院不予支持。

综上，福某公司的再审申请不符合《民事诉讼法》第二百条第（一）项、第（二）项、第（六）项规定的情形。依照《民事诉讼法》第二百零四条第一款之规定，裁定如下：驳回福某公司的再审申请。

【本案代理思路评析】

在施工合同履行过程中，一旦出现发包人拖延支付工程款、要求退场等情况，承包人应予以高度重视并予以充分的法律风险评估，之后进行相应的索赔。本案中，宏某公司在福某公司一再拖欠工程进度款的情况下，断然采取了停工并起诉的措施；福某公司鉴于尽快出售房屋、回笼资金的需求，不得不与宏某公司协商处理。协商过程中，双方对B标工程施工合同的解除达成一致。现就本案争议的案涉《协议书》是否可撤销评析如下。

可撤销合同，主要是指意思表示不真实的合同；其有效与否，取决于有撤销权的一方当事人是否行使撤销权的合同。可撤销合同是一种相对有效的合同，在有撤销权的一方行使撤销权之前，合同对双方当事人都是有效的。依据《合同法》五十四条之规定，可撤销合同主要有以下三种情形：

（1）因重大误解订立的合同。《最高人民法院关于贯彻执行〈中华人民共和国民法通则〉若干问题的意见（试行）》第七十一条规定："行为人因对行为的性质、对方当事人、标的物的品种、质量、规格和数量等的错误认识，使行为的后果与自己的意思相悖，并造成较大损失的，可以认定为重大误解。"在这种情况下，误解是由误解方自己的过失造成的，即因其不注意、不谨慎造成的，而不是因为受他人的欺骗或不正当影响造成的。

（2）显失公平的合同。显失公平是指一方当事人利用优势或者利用对方没有经验,致使双方的权利与义务明显违反公平、等价有偿原则的民事行为。在一般的合同关系中,合同双方完全出于真实意思而达成的合同,尽管以通常的、普遍的价值标准和公平标准来评价,双方利益出现了失衡,但对合同当事人而言,只要他认为是公平的,法律就应该尊重当事人的意思自治,而不应当加以干涉。在合同关系中,公平可以理解为当事人自愿作出利益上的选择,即使一方对另一方付出的代价是低廉的,如果当事人自愿接受也是一种公平的对价。显失公平原则中所讲的"公平"应该是指当事人并不是完全出于真实意思签约而导致的利益失衡,其所以签约,是因为欠缺交易经验、判断力、过于草率或在对方有某些方面的明显优势的情况下作出签约的决定。

(3)以欺诈、胁迫的手段或者乘人之危而订立的合同。在受欺诈、受胁迫的情况下所订立的合同,明显违背我国民法的自愿原则;一方当事人乘对方处于危难之机,为谋取不正当利益迫使对方作出不真实的意思表示而签订的合同,严重损害对方利益的,用于乘人之危而订立的合同。

针对上述三种情形,利益受损害方有权请求人民法院或者仲裁机构变更或者撤销合同。

由此来看,可撤销合同的主要特征是双方意思表示不真实。作为主张合同有效的一方,其应将达成合同是当初各方的真实意思作为诉讼的主方向。本案中,《协议书》是双方就A标工程和B标工程达成的"一揽子"解决协议。其中有关B标工程补偿款的约定中有如下亮点,这些亮点也恰恰证实这些条款的达成是经过双方当事人多次筹商的结果,是双方的真实意思表示:

(1)《协议书》第二条约定:"双方同意在签订本协议之日即解除双方的香缇墅B标工程的预约施工合同,因乙方对该工程作出了实际投入,甲方同意一次性补偿乙方500万元作结(包括香缇墅B标工程的前期准备施工费用、乙方垫付的原甲方委托他人在工商银行嵊州支行1500万元的利息等),乙方投入部分设施归甲方所有。对香缇墅B标工程乙方不对甲方另行主张权利并且香缇墅B标工程预约合同所引发的乙方与第三人的争议由乙方负责解决,与甲方无关,因乙方的原因造成甲方损失,由乙方承担。"前述约定,在双方合意解除B标施工合同的同时,福某公司同意补偿宏某公司500万元,宏某公司付出的对价包括:B标工程的前期费用、垫付的银行贷款1500万元的利息、宏某公司投入部分的设施归福某公司所有、宏某公司不得因B标工程对福某公司再另行主张权利、负责处理因B标工程施工合同所引发的与第三人的争议,等等。宏某公司付出的前述某些代价,难以量化为具体金额,但事实上可能会超过得到的补偿款500万元。由此来看,双方达成有关B标补偿款的协议条款,是充分考虑了市场变化、预期收益等因素,其价格有一定的合理性。

(2)《协议书》除了上述第二条涉及B标补偿款外,在该协议书的第一条、第五条中也同样涉及B标补偿款,双方达成的每一条款内容并不孤立,而是相互补充、制约,协议条款是双方在多次的沟通筹商并综合权衡考量后达成的结果。因此,福某公司主张撤销《协议书》第二条内容后,其仍不能达到返还补偿款的诉讼目的。

(3)从《协议书》约定权利义务整体来看,如果A标停工原因在宏某公司,则宏某公司同样需为违约承担相应法律责任,宏某公司在协商过程中并不占有优势地位,而且宏某公司有无优势或有无利用优势并不是法律意义上行使撤销权的条件,故不能认定宏某公司存在乘人之危导致福某公司有违真实意思表示的行为。同理,将B标工程款一并处理亦系双方当事人的真实意思表示,福某公司在该协议中也实现了其解除B标工程预约施工合同的意愿。

由于双方对补偿款有上述详细约定,这为本案诉讼奠定了良好的基础。在市场经济条件下,要求各种交易中给付和对价给付都达到完全的对等是不可能的,做生意都存在有赔有赚的可能,从事交易必然要承担相应的风险,况且这些风险都是当事人自愿承担的,那么法律就不应加以干预。如果双方签订的合同中设定了某些看似对一方明显不利的条款,但设立该条款是双方当事人真实的意思表示,其实质也恰恰在于平衡双方的权利义务。

03 承包人的合同解除权

——杭州某盛置业有限公司应诉浙江某誉建设有限公司建设工程施工合同纠纷案

法律人的笔锋应常带理性,依法论断是非,依法实现正义。

——中国·王泽鉴

【本案提示】

建筑施工合同的解除是指依照法律规定成立的建设工程施工合同全面履行完毕之前,合同当事人依照约定或者法律规定,或者基于协商而使建设工程施工合同关系归于消灭的一种法律行为。当发包人未按约定支付工程价款,或提供的主要建筑材料、建筑构配件和设备不符合强制性标准,或不履行合同约定的协助义务,且在承包人催告的合理期限内仍未履行相应义务,致使承包人无法施工时,承包人享有法定解除权。在发包人拖欠工程款的情形下,承包人行使法定解除权是否考量被拖欠工程款金额多少?承包人发出解除合同通知后又进行施工的,此前发出的通知是否仍具有解除合同的效力?这些问题在司法实践中均存在很大的争议。

笔者代理的杭州某盛置业有限公司应诉浙江某誉建设有限公司建设工程施工合同纠纷一案中,在双方对是否拖欠工程款存在争议的情况下,作为承包人的浙江某誉建设有限公司向发包人杭州某盛置业有限公司发出解除合同通知后仍继续施工,此后诉至法院要求解除合同;诉讼过程中,浙江某誉建设有限公司申请保全超额冻结了财产。本案历经一审、二审、再审三个阶段，经历近四年才庭外和解结案。然而，本案涉及的诸多法律问题，仍值得深思和探讨。

【案例索引】

一审：浙江省杭州市中级人民法院（2010）浙杭民初字第17号民事判决书（2013年6月26日）

二审：浙江省高级人民法院（2013）浙民终字第47号民事裁定书（2013年12月18日）

再审：浙江省高级人民法院（2014）浙民申字第273号民事裁定书（2014年7月1日）

【诉称辩称】

原告（反诉被告）：浙江某誉建设有限公司（以下简称某誉建设公司）

被告（反诉原告）：杭州某盛置业有限公司（以下简称某盛置业公司）

原告某誉建设公司诉称：原被告之间经招投标，分别于2007年11月19日、2007年11月22日签订了《径山园一期工程（双溪旧城改）总承包工程合同协议书》（以下简称《总承包合同》）、《径山园一期（双溪旧城改造）安装工程总承包合同补充条款》（以下简称《补充条款》）各一份。协议书和合同补充条款规定，被告开发建设的径山园一期（双溪旧城改）工程，由原告承包施工，协议书和合同补充条款对工程承包范围、工程质量、工期、工程价款、工程款（进度款）支付、违约责任及双方权利义务等均做了约定。协议书和补充合同条款签订后，原告按约组织了施工，但由于被告一直未能解决好拆迁以及同当地政府、居民的协调问题；装修方案一直未能确定以及对原告工程联系单不按约及时签证且不按约及时支付工程进度款等原因，导致原告施工不能正常进行，严重影响了施工工期，造成了原告的人工、机械、材料待工损失和长期垫资损失。在这种情况下，原告与被告经过多次协商，于2009年8月7日又签订了《径山园一期（双溪旧城改）建筑安装工程总承包合同补充协议》（以下简称《补充协议》），为此原告作出了极大让步，免除了被告因其前期未按约履行合同义务导致原告损失的赔偿责任，同时对工程进度款的支付等做了进一步的明确约定。该补充协议签订后,原告想尽一切办法采取积极的措施进行施工建设,但被告却仍不按补充协议履行支付工程进度款的义务且仍拒不确定装修方案。对于被告的违约行为,原告虽已多次催促其纠正,但被告置之不理。由于被告未按约支付工程进度款和不确定装修方案的行为,已导致原告无法支付民工工资及材料商货款,产生了停工待工损失和长期垫资损失,施工已无法进行。为此,原告已于2010年3月17日书面通知被告要求解除双方的施工合同,根据原告方的结算,原告已完成工程量71,030,298元,扣除被告已支付的工程进度款26,000,000元,被告尚应支付工程款45,030,298元。综上,被告的违约行为已侵犯了原告的合法权益。更为严重的是由于被告不支付工程款及不确定装修方案拖延工期,已累及原告无力支付民工工资,导致民工集体向有关政府部门投诉。请求判令:(1)请求确认某誉建设公司与某盛置业公司之间的《总承包合同》《补充条款》《补充协议》已于2010年3月18日某誉建设公司送达某盛置业公司《关于要求解除施工合同的通知》时解除;(2)请求判令某盛置业公司支付工程款27,898,098元;(3)请求判令某盛置业公司赔偿损失11,902,441.24元(损失计算到2012年12月18日,对利息部分的损失以2012年12月19日为起点,计算至实际支付之日为止,按照中国人民银行同期贷款利率计算,基数为27,898,098元)。

被告某盛置业公司辩称:第一,无论在2009年8月7日签订《补充协议》之前还是之后,某盛置业公司均不存在"未按约支付工程进度款"的事实,某盛置业公司的工程进度款都是按约甚至提前支付的,某盛置业公司也不存在"不确定甲定材料和装修方案"的行为,因此某盛置业公司在双方协议履行过程中不存在违约行为,某誉建设公司要求解除双方合同和补充协议没有根据,某盛置业公司不同意解除,要求继续履行。第二,某誉建设公司要求支付工程款27,898,098元的诉讼请求不能成立。首先付款条件不成就,尚未达到合同和补充协议约定的付款时间。根据合同约定,某盛置业公司有权在应付工程款中扣除履约保函813,954.90元、工程保留金2,600,000元,合计费用为1,073,954.90元。其次金额也不对,鉴定报告中的工程造价是50,942,507元(暂按合格工程进行计算),某盛置业公司认可的工程造价是48,532,898元,已经支付2700万元,余款21,532,898元。某盛置业公司认为尚应扣除2,409,609.03元,尚欠的工程款总计为19,123,288.97元。第三,在某盛置业公司未违约的情况下,某誉建设公司在2010年3月17日通知某盛置业公司单方面提出解除合同、2010年5月13日以虚假的工程造价提起诉讼并超额保全某盛置业公司的财产、在施工过程中拖延工期、在未完工的情况下于2010年6月3日施工人员全部退场停止施工等,是一种恶意行为。综上,某誉建设公司诉讼请求不能成立,请求驳回。

某盛置业公司反诉称:第一,在双方合同和协议履行过程中,某誉建设公司没有按期竣工,尚未完全履行合同和协议约定的义务,而某誉建设公司也没有可以依法和依合同可以解除合同的违约事实。因此,某誉建设公司应当继续履行合同。第二,根据双方2009年8月7日签订的补充协议约定,双方对签订该补充协议之前工期延误造成的损失,双方互不追究,同时某誉建设公司承诺合同范围内的全部工程在2010年4月1日全部竣工并达到退场条件,如因某誉建设公司原因造成工期延误的,每延期一日按工程结算总额万分之三向某盛置业公司支付违约金。但是,某誉建设公司未及时施工,在某盛置业公司无任何违约的情况下,于2010年3月17日试图单方面提出解除合同,又在未完工的情况下于2010年6月3日施工人员全部退场停止施工,导致工程至今未竣工,某誉建设公司已经构成违约,应当按协议约定承担违约责任。第三,双方总合同第60.3条约定,在任何情况下不得发生超值查封等极端事项,否则视为违约,应承担合同价5%的违约金。但是,某誉建设公司于2010年5月13日以虚假的工程造价提起诉讼,并超额保全某盛置业公司价值1.77亿元的财产。对此,某誉建设公司理应按合同承担超值查封的违约责任。第四,因某誉建设公司虚假金额的诉讼,导致发生造价鉴定,并且鉴定结果的造价比某誉建设公司诉讼的造价足足减少了2100万元,因此支付的鉴定费、审计费理应由某誉建设公司承担。某盛置业公司提起反诉,请求判令:(1)某誉建设公司继续履行合同(包括双方签订的《总承包合同》《补充条款》《补充协议》);(2)某誉建设公司支付2010年4月2日至2012年12月22日工期延误违约金15,221,621.09元(之后产生的工期延误违约金另行主张);(3)某誉建设公司支付违约超值查封等极端事项的违约金4,056,977.45元;(4)某誉建设公司承担鉴定费、检测费456,300元;(5)由某誉建设公司承担诉讼费。

某誉建设公司对此辩称:第一,双方签订的施工合同及项下的协议已实际解除。某誉建设公司于2010年3月17日向某盛置业公司发出解除合同通知书,根据《合同法》及相关司法解释的规定,依法主张解除合同的,应当通知对方,合同自通知到达对方时解除;对方有异议的,可以请求人民法院或者仲裁机构确认解除合同的效力,当事人没有约定异议期间,在解除合同通知到达之日起3个月以后才向人民法院起诉的,人民法院不予支持。在本案中,某誉建设公司解除通知到达某盛置业公司后,某盛置业公司既没有举证证明其给予了回复,也未在法定期间内提起诉讼确认解除合同的效力,对施工队伍的停工直至撤离工地也未提出异议。故双方签订的施工合同及项下的协议已实际解除,某盛置业公司反诉要求某誉建设公司继续履行的请求缺乏事实和法律依据,不应得到支持。第二,工期违约之诉不能成立。某盛置业公司建设资金短缺,股东之间矛盾重重,使案涉项目瘫痪。因此,案涉工程已无工期可言。某誉建设公司在2010年3月,通过书面发函解除合同,对此某盛置业公司并没有提出异议。某誉建设公司为减少损失,撤离工程队伍及现场施工设施,某盛置业公司也没有提出异议。因此,在合同已解除的情况下,已不存在工期问题,更不存在工期违约之说。对于工期的约定,补充协议虽然变更了工期,但对每天延期违约金的数额及最高限额是没有变更的。《总承包合同》第七条第三款约定违约金最高限额为合同结算总价2%。某盛置业公司在本案提出反诉违约金的请求没有事实和法律依据。第三,某盛置业公司支付工程进度款存在违约。补充协议约定某誉建设公司将10号、13号、16号、17号楼地下室顶板全部完成后10日内,某盛置业公司支付350万元,某盛置业公司实际支付比协议约定延期4天。补充协议约定某誉建设公司将18号、19号、20号楼地下室顶板全部完成后10日内,某盛置业公司支付250万元,某盛置业公司实际仅支付200万元且比协议约定延期23天。《补充协议》第三项至第八项内容,某盛置业公司均未履行。第四,关于保全财产价值是否属超值查封问题。当事人一方有可能转移、隐瞒、出卖或者损毁财产等行为的,对方当事人可以申请法院采取财产保全措施,以保证判决的执行。某誉建设公司在本案中申请法院查封在建工程,没有查封某盛置业公司账户,符合法律规定。在本案施工合同纠纷中,某誉建设公司从利益最大化角度考虑提出的诉求,属于诉讼当事人正常的心态和行为,只是诉求与结果有一定差距属常见,况且本案还在审理中,结果并没有出来。某盛置业公司认为超值查封是其一面之词。案涉诉讼保全查封在建工程系不可分物,法院无法对此进行分割保全。某盛置业公司在获悉保全情况后未对查封标的的价值是否存在超额的问题向法院提出异议,也并没有提供相应担保来解除保全。第五,鉴定费、检测费应由某盛置业公司的现法定代表人应某某自行承担并且不属于本审理的范围。应某某于 2011 年 3 月 31 日向余杭法院对某誉建设公司提起诉讼,要求法院委托鉴定机构进行鉴定而产生了鉴定费和检测费。该案余杭法院最终驳回了应某某对某誉建设公司的诉讼,应某某败诉,应由其承担诉讼费用和由此而产生的鉴定费用。就主体而言,余杭法院诉讼主体是应某某个人,该鉴定费、检测费是由应某某个人支付的。本案诉讼主体是某盛置业公司,而某盛置业公司又没有支付该笔费用。不能因为应某某现为某盛置业公司法定代表人,其过去个人产生的费用都由公司来承担。就法律关系来讲,应某某向余杭法院对某誉建设公司提起的是股东派生诉讼,本案系施工合同纠纷诉讼,二案法律关系不同。况且,检测涉及的是建筑质量问题,本案不涉及质量问题。因此,某盛置业公司提出的鉴定费、检测费诉讼请求,不在本案审理范围之内。综上,某盛置业公司提出反诉请求不成立,应予驳回。

【事实查明】

杭州市中级人民法院经审理查明:某誉建设公司、某盛置业公司之间经招投标,于 2007 年 11 月 19 日订立《总承包合同》,于 2007 年 11 月 22 日订立《补充条款》,约定由某誉建设公司(作为合同乙方)承建某盛置业公司(作为合同甲方)径山园一期工程(双溪旧城改造项目),工程地点为径山镇双溪,工程内容为施工总承包。《总承包合同》约定合同总价按甲方提供的施工图按实结算,并约定了材料价格的调整方式,还对付款方式、工期、工程质量等内容进行了约定。2007 年 11 月 22 日,签订的《补充条款》,对工程范围、工期、工程结算方式、工程质量等内容进一步进行了约定。案涉工程于2008年1月2日开工。2009年8月7日,某誉建设公司、某盛置业公司签订《补充协议》。《补充协议》第一条约定,双方承诺就该协议签订之前因工程工期延误造成的所有损失一概免除,双方互不追究并免予处罚……第二条约定,双方同意总承包合同付款方式按以下方式进行:(1)协议签订后3日内乙方(某誉建设公司)完成满足该协议工期约定要求的进度计划,甲方(某盛置业公司)支付乙方工程款500万元。同时乙方承诺加快施工进度,加强现场管理,做好文明施工。(2)除汽车坡道外,10号、13号、16号、17号楼地下室顶板全部完成后10日内,甲方支付乙方人民币350万元,18号、19号、20号楼地下室顶板全部完成后10日内,甲方支付乙方人民币250万元。(3)所有工程结构封顶后10日内,甲方支付乙方人民币300万元。(4)工程二次结构全部完成后10日内,甲方支付乙方人民币150万元……第三条约定,双方同意工程主材价格按以下约定执行:(1)截至2009年2月12日(自2008年1月2日起计算至第405天)前,已完工工程主材价格按双方原约定方式执行即按2008年2月至11月杭州建筑工程造价信息的平均值计算……第四条约定……(2)消防、弱电、门窗工程由甲方直接分包,甲方支付给乙方工程配合费按分包合同额3%计算并纳入甲乙双方工程结算内……第五条约定,关于工程签证的约定:(1)甲方提交的工程签证乙方应遵照执行。(2)工程签证发生后7日内,乙方需向甲方提交书面的量、价确认单并经甲方书面确认方为有效。如乙方未在7日内提交书面确认单的,视为乙方自动放弃并不作为结算依据。第六条约定,双方同意工期按以下约定执行:(1)截至2009年11月30日主体工程全部封顶。(2)截至2010年4月1日,乙方承诺合同范围内全部工程竣工并达到退场条件。(3)如因乙方原因造成上述工期延误的,每延期一日按工程结算总额万分之三向甲方支付违约金。第七条约定,该协议为总承包合同之补充条款,与原合同具有同等法律效力,如有不一致的,以该协议为准。

2009年8月7日之前,某盛置业公司以其自身名义共计向某誉建设公司支付工程款1350万元。2008年7月11日应某某向某誉建设公司法定代表人沈某某之妻高某某个人账户汇款200万元,同日高某某将200万元汇入某誉建设公司账户;2009 年 10 月 29 日某誉建设公司支付高某某 200 万元,2009 年 11 月 2 日高某某向应某某个人账户汇款 200 万元。2009 年 8 月 13 日,某盛置业公司向某誉建设公司付款 500 万元;2009 年 10 月 27 日,某盛置业公司分两笔向某誉建设公司付款 200 万元和 350 万元;2009 年 12 月 29 日,某盛置业公司向某誉建设公司付款 200 万元。2010 年 2 月 3 日,某盛置业公司向案外人杭州余杭区某某茶场(以下简称某某茶场)出具借条,借款 100 万元;某誉建设公司对该笔借款以某誉建设公司在某盛置业公司径山园项目工程款提供担保,并注明"第一次付工程款归还"。同日,某某茶场向某誉建设公司电汇 100 万元,附加信息及用途栏注明"借款"。

案涉工程 10 号、13 号、16 号、17 号楼地下室顶板于 2009 年 10 月 14 日完成,18 号、19 号、20 号楼地下室顶板于 2009 年 11 月 27 日完成。某盛置业公司于 2010 年 2 月 1 日向杭州市余杭区建筑工程质量监督站提交甩项报告,提出因受施工场地限制并为了保证施工单位付农民工工资和平息不安定因素等客观原因,决定在局部工程(三、四区块汽车坡道等处)非关键部位作甩项处理,要求先进行主体结构中间验收。2010 年 1 月 6 日,除甩项工程外,案涉工程结构封顶;2010 年 2 月 10 日,除甩项工程外,案涉工程通过结构验收。2010 年 1 月 21 日,某誉建设公司向某盛置业公司发出《催款函》,要求某盛置业公司尽快支付进度款 350 万元以及"由于贵公司迟迟未能确定装修方案和装修材料等诸多原因造成一、二区块我司长期垫资 2000 万元以上,敬请贵司在春节前另行支付我司 1000 万元,以保证我司支付拖欠已久的人工费和材料费"。《催款函》于 2010 年 1 月 22 日送达某盛置业公司。2010 年 3 月 17 日,某誉建设公司向某盛置业公司发出《关于要求解除施工合同的通知》,该通知载明:"因某盛置业公司未能按照补充协议的约定履行支付工程进度款的义务、至今未能确定装修方案,由于贵司的违约行为已导致我司无法施工,今特此通知贵司,要求解除与贵司签订的上述合同和协议,并请收到本通知后 10 日内支付全部工程款和相关费用。"该通知于 2010 年 3 月 18 日送达某盛置业公司。

某誉建设公司于 2010 年 5 月底 6 月初全面退出案涉工程现场。某誉建设公司为案涉工程施工租赁的焊管、扣件于 2011 年 4 月 15 日拆除。

某盛置业公司股东应某某于2010年10月19日以某誉建设公司为被告、以某盛置业公司为第三人向杭州市余杭区人民法院提起与公司有关的纠纷诉讼,杭州市余杭区人民法院于2010年12月10日作出(2010)杭余商初字第1870号民事裁定,驳回应某某的起诉。应某某不服该裁定提起上诉,杭州市中级人民法院于2011年1月20日作出(2011)浙杭商终字第114号民事裁定,驳回上诉,维持原裁定。应某某于2011年9月1日以某誉建设公司为被告、以某盛置业公司为第三人向杭州市余杭区人民法院再次提起与公司有关的纠纷诉讼,杭州市余杭区人民法院于2012年12月20日作出(2011)杭余商初字第1392号民事裁定,驳回应某某的起诉。该案审理中,经应某某申请,杭州市余杭区人民法院委托浙江韦宁工程审计咨询有限公司对径山园(双溪旧城改造)工程,包括一至四区块地下室及1~20号楼排屋已完成的土建安装工程的工程造价进行鉴定,鉴定结果为已完成的土建安装工程共计50,942,507元,其中土建50,681,699元,安装631,426元,采用其他品牌钢筋价格差-228,512元,扣施工用水电费142,106元。

根据某誉建设公司的财产保全申请,该院于2010年6月13日依法查封了某盛置业公司名下坐落于杭州市余杭区径山镇双溪村的土地使用权。

【法院审判】

杭州市中级人民法院认为,某誉建设公司与某盛置业公司之间签订的《总承包合同》《补充条款》《补充协议》均系双方真实意思表示,未违反国家法律法规的强制性规定,合法有效,双方均应按约履行。因《补充协议》约定双方承诺就该协议签订之前因工程工期延误造成的所有损失一概免除,双方互不追究并免于处罚,故该院对《补充协议》签订后双方的履约情况予以审查。根据《补充协议》的约定,协议签订后乙方(某誉建设公司)完成满足协议工期约定要求的进度计划,甲方(某盛置业公司)支付乙方工程款500万元,该款某盛置业公司已于2009年8月13日支付。根据《补充协议》的约定,除汽车坡道外,10号、13号、16号、17号楼地下室顶板全部完成后10日内,甲方支付乙方人民币350万元,根据查明的事实,上述工程于2009年10月14日完成,故某盛置业公司应于2009年10月24日前支付某誉建设公司

350万元;《补充协议》约定18号、19号 、20号地下室顶板全部完成后10日内,甲方支付乙方人民币250万元,根据查明的事实,上述工程于2009年11月27日完成,故某盛置业公司应于2009年12月7日前支付某誉建设公司250万元。根据《补充协议》的约定,工程结构封顶后10日内,甲方支付乙方人民币300万元,根据查明的事实,除甩项工程外,案涉工程2010年1月6日结构封顶,故某盛置业公司应于2010年1月16日前支付某誉建设公司300万元。某誉建设公司关于工程二次结构已于2010年2月10日完成,以及某盛置业公司关于工程结构封顶于2010年3月21日完成的主张,均缺乏事实依据,该院对此不予采纳。从某盛置业公司的付款情况看,2008年7月11日应某某向某誉建设公司法定代表人沈某某之妻高某某个人账户汇款200万元,同日高某某将200万元汇入某誉建设公司账户;2009年10月27日某盛置业公司向某誉建设公司汇款200万元,2009年10月29日某誉建设公司支付高某某200万元,2009年11月2日高某某向应某某个人户汇款200万元,根据上述款项流转过程,结合(2011)杭余商初1392号案件庭审中某盛置业公司所作陈述,该院对某誉建设公司关于某盛置业公司2009年10月27日向某誉建设公司汇款200万元系支付《补充协议》签订之前工程款的主张予以采信。关于2010年2月3日某某茶场向某誉建设公司汇款100万元,根据某誉建设公司对该笔款项以其在径山园项目工程款提供担保,并注明“第一次付工程款归还”的情况,结合(2011)杭余商初1392号案件庭审中某盛置业公司及应某某所作陈述,该院对某盛置业公司关于该100万元系支付某誉建设公司工程款的主张予以采信。结合某盛置业公司2009年10月27日付款350万元,2009年12月29日付款200万元的情况,该院认为,某盛置业公司存在未及时支付进度款的违约事实。根据《合同法》第九十四条的规定,当事人一方迟延履行主要债务,经催告后在合理期限内仍未履行的,另一方当事人可以解除合同。鉴于某誉建设公司曾于2010年1月21日发函要求某盛置业公司尽快支付进度款,而某盛置业公司未在某誉建设公司催告后及时支付,某誉建设公司于2010年3月18日向某盛置业公司送达《关于要求解除施工合同的通知》具有事实和法律依据,该院对某誉建设公司要求确认《总承包工程合同》《补充协议》《补充条款》已于2010年3月18

日某誉建设公司送达上述通知时解除的诉讼请求依法予以支持。

鉴于某誉建设公司与某盛置业公司之间签订的相关建设工程施工合同已于2010年3月18日解除。双方应对工程款项予以决算并支付。鉴于某誉建设公司和某盛置业公司均在本案中提交了另案中杭州市余杭区人民法院委托浙江韦宁工程审计咨询有限公司对案涉工程造价的鉴定报告，且均在本案审理中表示对该鉴定报告结论认可，该鉴定报告认定案涉工程已完成的土建安装工程共计50,942,507元，该院对此予以确认。鉴于双方在本案审理中均认可某盛置业公司向材料供应商支付10万元屋面瓦定金，该款项应在工程款中扣除。鉴于双方在本案审理中均认可杭州德某节能有限公司在案涉工程内用工程建设方水、电14,057元，该款项应由某盛置业公司承担。关于鉴定报告中列明由合议庭庭审时解决的事项，该院除支持第五项护壁柱水平钢筋问题支付工程款46,080元、第十一项碎石垫层支付工程款154,132元外，其余部分不予调整。

综上，某盛置业公司应支付某誉建设公司的工程款总计为51,056,776元，减去某盛置业公司已支付的工程款27,000,000元，某盛置业公司尚应向某誉建设公司支付工程款24,056,776元。

关于某誉建设公司提出的要求某盛置业公司支付进度款和工程款的利息损失问题，根据2009年、2010年同期银行贷款利率，某盛置业公司应支付某誉建设公司逾期支付工程进度款的利息损失共计32,555元，逾期支付工程款的利息损失3,523,494元（24,056,776元×5.4%÷365天×990天）（计算至2012年12月18日，之后以24,056,776元为基数按同期银行贷款利率支付自2012年12月19日至本判决生效之日止）。

关于某誉建设公司要求某盛置业公司支付因某盛置业公司装修方案未定等因素导致的闲置损失。鉴于案涉工程已于2010年1月6日结构封顶，某誉建设公司于2010年3月18日向某盛置业公司送达函件通知解除合同，在本案中亦要求确认双方之间的合同已于2010年3月18日解除，故某誉建设公司在2010年3月18日后理应及时将相关设备设施、项目管理及施工人员及时撤离，对于延期撤除导致的损失，理应由某誉建设公司自负；关于2010年3月18日之前产生的部分设备设施费用，某誉建设公司未提供充分证据证明系某盛置业公司装修方案未定等因素导致,且大部分所谓费用的真实性亦缺乏充分有效证据证明,故该院对某誉建设公司要求某盛置业公司支付闲置损失的诉讼请求不予支持。

关于某盛置业公司的反诉请求,如上所述,该院已确认《总承包合同》《补充条款》《补充协议》于 2010 年 3 月 18 日向某盛置业公司送达《关于要求解除施工合同的通知》时解除,故对于某盛置业公司要求继续履行上述合同的诉讼请求该院不予支持。鉴于案涉合同系因某盛置业公司经催告未及时支付进度款而解除,某盛置业公司要求某誉建设公司支付工期延误违约金的诉讼请求无法得到该院支持。某盛置业公司要求某誉建设公司支付违约超值查封等极端事项的违约金。对此,该院认为,根据《民事诉讼法》的相关规定,人民法院对于可能因当事人一方的行为或者其他原因,使判决难以执行或者造成当事人其他损害的案件,根据对方当事人的申请,可以裁定对其财产进行保全、责令其作出一定行为或者禁止其作出一定行为;当事人没有提出申请,人民法院在必要时也可以裁定保全措施。根据上述规定,保全系诉讼过程中当事人享有的法定权利。本案《总承包合同》中约定在任何情况下不得发生超值查封等极端事项,否则视为违约。该约定对"超值查封"等概念未予明确,且对诉讼过程中当事人享有的法定保全权利予以了限制,某盛置业公司以此主张某誉建设公司需承担违约责任,该院不予支持。某盛置业公司要求某誉建设公司承担鉴定费、检测费。对此,该院认为,某誉建设公司于 2010 年 5 月 27 日起诉时主张其完成的工程量为 71,030,298 元,而应某某主张某誉建设公司已完工工程量为 48,033,519 元,双方对此产生分歧,并导致应某某在另案中申请司法鉴定并支出鉴定费 386,300 元,故该院认为某誉建设公司应按比例承担鉴定费 335,515 元。关于检测费用,鉴于本案并未涉及案涉工程的质量问题,某盛置业公司要求某誉建设公司承担该费用,对此该院不予支持。

综上所述,依照《合同法》第八条、第九十四条、第九十六条、第九十七条,《民事诉讼法》第一百条之规定,该院判决:(1)确认浙江某誉建设公司与杭州某盛置业公司签订的《总承包合同》《补充条款》《补充协议》于 2010 年 3 月 18 日解除;(2)杭州某盛置业公司于本判决生效之日起三十日内向浙江某誉建设公司支付工程款24,056,776元;(3)杭州某盛置业公司于本判决生效之日起三十日内向浙江某誉建设公司支付逾期支付工程进度款利息损失32,555元,支付逾付工程款利息损失3,523,494元(计算至2012年12月18日,之后以24,056,776元为基数按同期银行贷款利率支付自2012年12月19日至本判决生效之日止);(4)浙江某誉建设公司对24,056,776元工程款在其所承建的工程范围内享有优先受偿权;(5)浙江某誉建设公司于本判决生效之日起三十日内向杭州某盛置业公司支付鉴定费335,515元;(6)驳回浙江某誉建设公司的其他诉讼请求;(7)驳回杭州某盛置业公司的其他反诉请求。

原被告双方均不服一审判决,向浙江省高级人民法院提起上诉。

二审审理过程中,两上诉人分别于2013年12月16日和17日向浙江省高级人民法院申请撤回上诉,该院裁定准许上诉人浙江某誉建设公司、杭州某盛置业公司撤回上诉,双方均按原审判决执行。

二审裁定生效后,杭州某盛置业公司不服原生效判决,向浙江省高级人民法院申请再审。

再审审查过程中,双方于2014年6月26日达成和解协议,杭州某盛置业公司于2014年6月27日向浙江省高级人民法院提出撤回再审申请。

【本案代理思路评析】

合同解除权是合同当事人依照合同约定或法律规定享有的解除合同的权利,它的行使直接导致合同权利义务消灭的法律后果。依合同解除权产生的条件不同,可将其分为约定解除权和法定解除权。约定解除权是指通过当事人约定于一定事由发生时,一方或双方享有的解除合同的权利。约定解除权的产生是基于双方当事人的约定,而不是单方所能决定,这种约定可以在订立合同时在合同中约定,也可以在订立合同后另行约定。法定解除权是指由法律直接加以规定,当一定事由发生时,一方当事人享有解除合同的权利。根据《合同法》第九十四条的规定,单方当事人行使合同法定解除权的情形有下列五种:(1)因不可抗力不能实现合同目的的;(2)因拒绝履行主要债务不能实现合同目的的;(3)因迟延履行主要债务致使不能实现合同目的的;(4)因迟延履行或有其他违约情形不能实现合同目的的;(5)法律规定的其他解除情形。

合同解除不是合同履行的常态,司法、仲裁部门应按照法律的规定和立法的本意,鼓励交易,限制合同解除权的行使。尤其在建筑工程领域,解除施工合同对各方均不利。对承包人来说,如果解除施工合同,不仅失去一次合同交易的机会,对购买的建筑材料将面临退货承担违约责任的后果,中途退场经营损失也很大;对发包人来说,解除施工合同后,承接后续工程的施工单位对解除前的工程怎么衔接也很麻烦,还有工期延误,支出增大也是必然。为此,《最高人民法院关于审理建设工程施工合同纠纷案件适用法律问题的解释》对发包人、承包人解除合同做了实质的限制条件。结合相关法律规定,笔者就本案某誉建设公司是否享有法定解除权以及应否承担超额保全违约金等问题评析如下。

一、关于某誉建设公司是否享有法定解除权的问题,即案涉合同是否已于2010年3月18日解除

《最高人民法院关于审理建设工程施工合同纠纷案件适用法律问题的解释》第九条规定:"发包人具有下列情形之一,致使承包人无法施工,且在催告的合理期限内仍未履行相应义务,承包人请求解除建设工程施工合同的,应予支持:(一)未按约定支付工程价款的;(二)提供的主要建筑材料、建筑构配件和设备不符合强制性标准的;(三)不履行合同约定的协助义务的。"本案中某誉建设公司以某盛置业公司拖欠工程款为由解除合同,那么根据前述规定,未按约支付工程款已致使承包人无法施工时,经催告无效,承包人才可以行使解除权,该规定确定的最终标准是承包人因发包人的迟延付款行为而无法继续施工,以此作为判断违约方是否迟延履行合同主要义务的标准。

具体到本案,一审法院认定某盛置业公司应于2009年10月24日前支付350万元,于2009年12月7日前支付250万元,于2010年1月16日前支付300万元;某盛置业公司已于2009年10月27日付款550万元,于2009年12月29日付款200万元,于2010年2月3日付款100万元。对于未付的50万元,某盛置业公司抗辩系因工程中存在质量问题以及某誉建设公司未完成甩项工程而暂扣的。退一步讲，即便某盛置业公司的前述抗辩不成立，某盛置业公司拖欠工程进度款金额仅为50万元。50万元相对于合同总价款8100余万元来讲比例仅为千分之六，故某盛置业公司属于轻微违约，该等违约行为并未使某誉建设公司遭受重大损失，亦未动摇合同存在的基础。

由于合同是当事人协商一致的产物，如果解除合同过于随意，将会使合同被解除的危险增加，不利于交易的安全和稳定。而且，有可能会使解除权人恶意行使解除权，从中获取不正当利益，或者造成违约方损失过大，有违公平正义。如果允许在任何违约情况下都导致合同解除，既不符合鼓励交易的目的，也不利于资源的有效利用。从这一角度来看，不宜以拖欠少量工程款为由判决案涉合同解除。

况且，某誉建设公司在向某盛置业公司发出解除通知后，根据监理日记和水电费票据等证据证实其仍在施工，且施工期间长达3个月，产生水电费60,801元，工程产值约500万元，在本案诉讼前期还仍未退出案涉工地。某誉建设公司一边在法院诉请解除合同，一边又在工地施工，本身就自相矛盾。某誉建设公司继续施工的行为，是一种继续履行合同的明示，某盛置业公司会由此产生对某誉建设公司的信任并为继续履约作相应准备，如果此时允许某誉建设公司再行使解除权，将扩大某盛置业公司的损失，也不利于保持合同的稳定性。因此，此时应视为某誉建设公司对合同解除权的放弃，原先发出的解除合同通知已不再产生解除合同的法律效力。

退一步讲，即便某誉建设公司在施工过程中又诉请解除合同是其一项权利，那么起码案涉合同在2010年3月18日尚未解除；因为此时某誉建设公司仍在工地施工。某誉建设公司庭审中辩称，“从2010年3月18日至2010年6月3日是在进行扫尾工作”，这与监理日记记载的内容不符。即便是扫尾工作，那也是施工的一种形式；更何况根据监理日记的记载，某誉建设公司在该期间进行了钢筋绑扎、商品砼浇筑、填充墙砌筑、水电管预埋等正常工序，时间长达3个月，故并非扫尾工作。因此，如果某誉建设公司在施工后又想解约，也应重新再向某盛置业公司发出解除合同通知。

综上，由于某盛置业公司拖欠工程进度款金额为50万元，占合同总价比例很小，属于轻微违约，此时不应认定某誉建设公司享有法定解除权。如果某盛置业公司关于暂扣50万元的抗辩理由不能成立，那么鉴于某盛置业公司长期未付该50万元，即该等轻微违约长期未能消除，给某誉建设公司造成了一定的经济损失，导致最终不能实现合同目的的，某誉建设公司可行使解除权。如果某盛置业公司关于暂扣50万元的抗辩理由成立，鉴于某誉建设公司已撤出案涉工地，双方继续履行合同的基础已丧失，且继续履行费用过高，根据《合同法》第一百一十条"当事人一方不履行非金钱债务或者履行非金钱债务不符合约定的，对方可以要求履行，但有下列情形之一的除外：（一）法律上或者事实上不能履行；（二）债务的标的不适于强制履行或者履行费用过高；（三）债权人在合理期限内未要求履行"之规定，判决案涉合同解除。因此，笔者认为法院确认案涉合同已于2010年3月18日某誉建设公司送达某盛置业公司《关于要求解除施工合同的通知》时解除欠妥，应以不能实现合同目的或双方继续履行合同的基础丧失为由判决案涉合同解除为宜。

二、关于超额财产保全违约金问题

超额保全赔偿系因财产保全而引发的财产损害赔偿纠纷，根据《民事诉讼法》第一百零五条"申请有错误的，申请人应当赔偿被申请人因保全所遭受的损失"之规定，申请人申请财产保全是否存在错误，本质上属于是否构成民事侵权行为。根据《侵权责任法》第六条第一款"行为人因过错侵害他人民事权益，应当承担侵权责任"之规定，该项民事侵权行为属于以过错责任为归责原则的一般侵权行为。最高人民法院民一庭编著的《民事审判指导与参考》（2013年第2辑）中的《因财产保全引起的损害赔偿案件，应当如何认定申请人申请财产保全错误》一文中明确：因财产保全引起的损害赔偿案件，应当适用侵权责任法规定的过错责任归责原则。由于某盛置业公司与某誉建设公司签订的合同中已经就超额保全进行了约定，某盛置业公司既可以选择侵权之诉主张权利，也可以选择合同违约之诉主张权利。

本案中，案涉《总承包工程合同条款》第60.3条约定，"双方明确，为解决争议而采取的法律或其他手段所产生的影响不应妨碍、干扰业主对工程及设备的正常使用；不得超过双方争议的合同价值，在任何情况下不得发生超值查封等极端事项。否则,则被视为违约。本项的违约金约定为合同价款的5%,且与第60.2条分别使用。业主有权从支付给承包商及分包商的款项中扣除该部分的违约金”。因该条款已明确了“超值查封”的范围为“限于双方争议的合同价值”,《民事诉讼法》第一百零二条也明确规定“限于请求的范围”,故本案中对于超值查封的概念是明确的,都是为了防止随意扩大保全范围将给另一方造成不必要的损失,并没有限制某誉建设公司的保全权利。笔者认为某誉建设公司申请保全的金额已远超出其诉讼请求时的金额,已构成违约,故应承担相应的违约责任,理由为:

(1)某誉建设公司在申请财产保全时就直接要求查封某盛置业公司全部房地产,将保全金额51,986,461.92元与土地使用面积69,994平方米及地上建筑物的价值等同,这明显错误,也明显存在超值查封。根据《土地估价报告》显示,仅土地使用价值已达到1.77亿元,加上地上建筑物的价值,某誉建设公司申请财产保全价值已远远大于其诉讼请求(保全价值超出诉请近2.5倍)。

(2)某誉建设公司于2012年12月10日向一审法院申请变更诉讼请求,变更后的诉讼标的额为39,800,539.24元,降低标的额达12,185,922.68元,但某誉建设公司并没有相应减少申请保全的标的,主观上属于恶意超值查封。

(3)某誉建设公司要求查封的土地使用面积69,994平方米属于三块土地,有三本不同的土地使用权证,并非不可分割;且某誉建设公司进行施工的仅仅只是其中的一块土地,属于一期工程;故其明知查封的不仅仅是案涉在建工程所涉土地,还包含二期、三期土地,双方有协议约定在任何情况下不准超值查封,并明确违约责任及计算方式的情况下,某誉建设公司仍提出如此超值查封的申请,可推定其主观上属于故意。

(4)司法实践中,如广东省高级人民法院(2012)粤高法民一申字第1555号裁定书对类似超值查封给当事人造成的损失,均支持其诉求;再如人民法院报2012年10月30日第3版《申请财产保全要慎重、超标的查封损失须赔》一文中,超标的申请保全赔偿损失也得到了一并支持。

综上所述,笔者认为一审判决对上述两大核心争议问题的处理结果值得商榷。由于二审及再审程序均以撤诉形式结案,浙江省高级人民法院对该等问题没有进行释法说理,以上系笔者参考众多案例后的一些理解和感想。

04 竣工期限的变更不必然导致逾期竣工违约金的变更

——尹某某诉金华市国某建筑装饰工程有限公司及其杭州分公司装饰装修合同纠纷案

法律规定的惩罚不是为了私人的利益，而是为了公共的利益；一部分靠有害的强制，一部分靠榜样的效力。

——荷兰·格劳秀斯

【本案提示】

逾期竣工与逾期竣工违约金责任在成立上存在因果关系，这是否意味着竣工期限的变更必然导致逾期竣工违约责任的变更或消灭呢？违约金约定过高，如何进行调整？前述争议，在司法审判实践中存在不同的观点。笔者代理的尹某某诉金华市国某建筑装饰工程有限公司、金华市国某建筑装饰工程有限公司杭州分公司装饰装修合同纠纷一案中，双方在就延期竣工达成一致的情形下，对是否还需要承担此前产生的违约责任有不同的意见，这是导致本案诉讼的主要原因。笔者认为，竣工期限的变更不必然导致逾期竣工违约金的变更或消灭，竣工期限与逾期竣工违约责任在发生上确实存在紧密联系；但作为合同的组成部分，竣工期限条款和逾期竣工违约金等违约责任条款可以各自独立存在，各自的变更均属于合同部分条款的变更，不影响合同其他条款的效力。关于违约金约定过高的调整，应参照实际损失进行。

【案例索引】

一审:浙江省杭州市下城区人民法院(2012)杭下民初字第353号民事判决书(2012年8月28日)

二审:浙江省杭州市中级人民法院(2012)浙杭民终字第2545号民事裁定书(2012年12月12日)

【诉称辩称】

原告(反诉被告):尹某某

被告(反诉原告):金华市国某建筑装饰工程有限公司杭州分公司(以下简称国某杭州分公司)

被告:金华市国某建筑装饰工程有限公司(以下简称国某公司)

原告尹某某诉称:原告与国某杭州分公司签订了《装修工程承包协议书》,协议约定由国某杭州分公司以包工包料的方式承包原告位于杭州市文晖路271号某某酒店四层及四层夹层两个楼层的所有装修工程(包括消防施工及审批),工程总包价款为180万元,2011年4月11日开工至2011年7月1日竣工,共80天;并且约定本工程须按时保质保量地在规定时间内完工,每拖延一天,按总工程款的0.8%扣除,以此类推;若国某杭州分公司在拖延7天内仍不能按原告要求及进度施工,原告有权要求国某杭州分公司终止本合同,并退出该工程的承包,原告可以不必支付后期的工程款,国某杭州分公司并承担由此给原告带来的所有经济损失。上述协议书签订后,国某杭州分公司均未能按照约定的工程进度相应完工,致使该工程一再拖延。为此,原告多次催促,2011年7月28日,国某杭州分公司向原告承诺逾期完工按每天3万元的违约金赔偿,但国某杭州分公司仍未按照其承诺的日期完成该工程。后在110民警的协调下,双方又于2011年8月25日签订了协议书,约定国某杭州分公司在一周内完成原告提出的未完成工程项目和整改项目,若国某杭州分公司未履行本协议条款,原告有权终止工程承包合同,国某杭州分公司必须承担相应的所有责任。但遗憾的是,国某杭州分公司在原告多次催促下仍未完成该工程的所有项目。为此,原告于2011年10月15日向国某杭州分公司发送了《解除合同通知书》。被告的上述行为已经明显严重违约，给原告造成了很大的经济损失，被告应承担相应的法律责任。故原告诉至法院，诉请法院判令：(1)解除原告与被告国某杭州分公司签订的《装修工程承包协议书》以及双方于2011年8月25日签订的协议书；(2)被告立即向原告支付违约金150万元；(3)本案诉讼费用由被告承担。

被告国某杭州分公司辩称：原告的诉请没有事实及法律依据，国某杭州分公司依约完成工程并交付原告，国某杭州分公司也按合同约定向原告主张工程款，多次上门催讨，原告仍不支付。原告主张违约金没有事实依据，现酒店已经营业，违约金的计算标准原告没有提供证据证明，损失赔偿额按照法律规定不能超过双方订立合同时可以预见到的损失，原告预见到的损失不可能达到原告主张的违约金的数额。即使被告违约，也就是逾期一两个月交付，损失也没有原告主张的那么高。原告的主张不符合法律规定，违约金过高，被告可以要求调整，请求法庭驳回原告的诉请。

被告国某公司辩称：被告国某公司与原告之间不存在装饰装修合同的法律关系，被告国某杭州分公司与杭州市下城区某某酒店签订承包协议，其装饰工程承包协议后面签名是三个合伙人，本案原告仅是三个合伙人之一，原告不是协议的当事人，根据签订的承包协议，原告只是对工程的施工进行监督。2011年8月25日在派出所签订的协议，原告也只是代表之一，原告没有诉讼主体资格，承包协议中的发包方是三个合伙人，原告只是承包协议发包方之一。原告的诉请没有法律依据，请求驳回原告的诉请。

针对尹某某的起诉，国某杭州分公司反诉称：2011年4月8日，国某杭州分公司与尹某某签订了《装修工程承包协议书》，协议约定由国某杭州分公司以包工包料的方式承包尹某某位于杭州市文晖路271号某某酒店四层及四层夹层两个楼层的所有装修工程(包括消防施工及审批)，工程总包价款为180万元。合同签订后，国某杭州分公司依约进场装修，除履行合同约定的装修义务之外，还在尹某某的要求下增加了总计工程款达191,818元的多个装修项目。在施工过程中，因尹某某要求增加装修项目，故该工程未能如约进行，但是国某杭州分公司一直与尹某某积极协商，装修工程未受到实质影响。该装修工程早已全部施工完毕，尹某某经营的某某酒店也已经正常营业,说明尹某某是认可国某杭州分公司的整个装修项目的,并不存在国某杭州分公司严重违反合同约定的情形。但是尹某某以各种理由拒绝支付剩余的装修款,反而起诉要求国某杭州分公司支付违约金。国某杭州分公司认为,现尹某某违反合同约定,拒不支付剩余的装修工程款的行为已经严重影响了国某杭州分公司的正常运行,给国某杭州分公司造成了极大的经济损失。故提起反诉请求:(1)判令尹某某支付装修工程的未付款591,828元;(2)本案的诉讼费用由尹某某承担。

针对国某杭州分公司的反诉,尹某某答辩称:一是国某杭州分公司诉称"在原告的要求下增加了总计工程款191,828元"既与事实不符,也无相应证据证实。双方签订的《装修工程承包协议书》第一条明确约定了承包方式及范围,即某某酒店四层及四层夹层两个楼层的所有装修工程(包括消防施工及审批);第六条第八款约定,国某杭州分公司需按原告要求先做出2间样板房,此工期及费用已计算在本协议内。由此可见,双方在签订及履行合同过程中,均明确了装修项目的具体范围及相应的装修要求、标准,不存在国某杭州分公司所述的额外增加了多个装修项目,故国某杭州分公司诉称在原告的要求下增加了总计工程款191,828元与事实不符。二是国某杭州分公司诉称"因尹某某要求增加装修项目,故该装修工程未能如约进行"亦与事实不符。如上所述,国某杭州分公司并未履行合同约定之外的其余装修项目;导致国某杭州分公司未能按照约定的工程进度相应完工的真正原因是国某杭州分公司施工不力、管理不善等,与尹某某毫无关系。在国某杭州分公司一再迟延完工的情况下,尹某某催促其尽快完工,国某杭州分公司每次均承诺在延后的日期内肯定会完工,但仍未完成该工程的所有项目。为此,尹某某为减少损失的进一步扩大,无奈于2011年10月15日向国某杭州分公司发送了《解除合同通知书》,自行完成了剩余工程项目。三是国某杭州分公司的反诉请求没有事实和法律依据。如上所述,因国某杭州分公司的自身原因导致该工程一再延迟,从协议约定的竣工日期2011年7月1日至尹某某于2011年10月15日解除合同之日计算,就延误达107天之久,这给尹某某造成了很大的经济损失。《装修工程承包协议书》第九条第一款约定:若国某杭州分公司在拖延七天后仍不能按尹某某要求及进度施工,尹某某有权要求国某杭州分公司终止本合同,并退出该工程的承包,尹某某可以不必支付后期的工程款,并承担由此给尹某某带来的所有经济损失。由此可见,国某杭州分公司的违约行为早已达到合同约定的不必支付后期工程款的约定条件,故国某杭州分公司的反诉请求不应予以支持。综上所述,请求法院依法驳回其反诉请求。

被告国某公司针对国某杭州分公司的反诉答辩称:如果原告在本案中具有诉讼主体资格,国某杭州分公司的反诉请求应当得到法院的支持。

【事实查明】

杭州市下城区人民法院经审理查明:其一,2011年1月5日,张某某、肖某某、尹某某租赁越都大厦三楼东半层及四楼东半层用于开办宾馆。2011年4月8日,张某某、肖某某、尹某某以杭州市下城区某某酒店(甲方)的名义与国某杭州分公司(乙方)签订装修工程承包协议书一份,约定由国某杭州分公司对位于杭州市文晖路271号的越都大厦四层及四层夹层两个楼层进行装修,工程名称为杭州某某酒店,承包方式为包工包料,承包价格约定为1,800,000元,工期为80天,自2011年4月11日开始至2011年7月1日止。协议还约定:相关消防的所有工程全部由乙方负责施工,乙方应当在2011年7月15日前将消防开业前检查合格证交予甲方;如甲方未履行合同要求,应按工程款0.8%每天补偿给乙方;乙方未履行合同要求,应按工程款0.8%每天补偿给甲方;乙方须按时保质保量地在规定时间内完工,每拖延一天,按总工程款的0.8%扣除,以此类推,如乙方在拖延7天后仍不能按甲方要求及进度施工,甲方有权要求乙方终止本合同,并退出该工程的承包,甲方可以不必支付后期的工程款,并承担由此给甲方带来的所有经济责任。其二,合同签订后,国某杭州分公司开始进行装修工程,至2011年6月16日,某某酒店向国某杭州分公司发函,提出因合同约定的第一部分尚未完工,第二、三、四期工程尚未开工,为保证如期竣工,要求国某杭州分公司于6月20日前重新制定新的工期进度表,逾期不报,在6月20日之前没有进入第二期工程进度施工的,将解除合同。6月20日,国某杭州分公司负责人严某某出具施工进度计划,并确认至2011年7月15日交付,承诺逾期不完成的按合同办。但国某杭州分公司仍未能如约完工,同年7月28日,国某杭州分公司再次出具承诺书,承诺“4A楼装饰工程定于2011年8月2日完工,4B楼装饰工程定于2011年8月9日完工,交由甲方验收,逾期承诺按每天30,000元的违约金赔偿给甲方”。此后国某杭州分公司还是未按约定完工,双方发生纠纷,2011年8月25日,在杭州市公安局下城区分局朝晖路派出所协调下,某某酒店(甲方)与国某杭州分公司(乙方)达成协议书,约定:甲方在2011年8月25日支付乙方工程款250,000元,用于支付本案所涉工程的所有人工费;乙方在一周内完成甲方提出的未完成工程项目和整改项目(附清单);工程完成后,经甲方验收合格后,按原合同支付;若乙方未履行本协议甲方有权终止工程承包合同,乙方必须承担相应的所有责任。协议签订后,尹某某支付杭州分公司250,000元。其三,某某酒店分别于2011年9月23日、9月26日向杭州市消防产品质检站支付检验费12,900元、680元用于消防验收,2011年10月20日,某某酒店取得营业前消防安全检查合格证(使用面积1200平方米)。2011年10月10日,某某酒店另行聘请人员对某某酒店进行电缆穿线,支付人工费用9000元,严某某支付了其中4500元。2011年10月15日,某某酒店以邮寄的方式向国某杭州分公司发出解除合同通知书,要求解除双方签订的《装饰工程承包协议书》及2011年8月25日签订的协议书;并不再向国某杭州分公司支付剩余工程款,并要求国某杭州分公司支付违约金。国某杭州分公司于2011年10月19日收到该解除通知书。

另查明,某某酒店共计支付工程款1,413,634元。2011年11月2日,某某酒店办理个体工商户登记,经营者登记为尹某某。

【法院审判】

杭州市下城区人民法院认为,某某酒店与国某杭州分公司之间签订的《装饰工程承包协议书》及2011年8月25日签订的协议书,系双方真实意思表示,内容不违反法律法规的禁止性规定,应依法确认有效。国某公司认为本案《装饰工程承包协议书》签订时某某酒店未经过工商登记,主体不存在,而该承包协议书系张某某、肖某某、尹某某与国某杭州分公司签订,因此本案仅有尹某某作为原告,系遗漏当事人。对此该院认为,本案所涉承包协议书签订时,某某酒店虽未经工商登记,但本案装饰装修工程的进行即是对某某酒店成立开展的前期工作,且该承包协议书中明确甲方为某某酒店,而张某某、肖某某、尹某某的身份为甲方代表,此后在合同履行过程中,无论从工程款的支付至双方函件、承诺的往来,该三名代表也均以某某酒店的名义与国某杭州分公司之间发生相关民事法律关系,且国某杭州分公司对于合同一方当事人为某某酒店并无异议。本案起诉之前某某酒店经工商登记,其性质为个体工商户,业主为尹某某,在庭审过程中,张某某、肖某某出具说明,确认对于由尹某某提起本案诉讼无异议。因此尹某某作为个体工商户业主,具有诉讼主体资格,国某公司的该项主张该院不予采纳。

本案的争议焦点:一是国某杭州分公司是否按约履行施工义务,是否应当承担违约责任;二是国某杭州分公司主张的工程款是否应当支持。针对第一个争议焦点,尹某某主张至2011年10月15日因国某杭州分公司未按约完成装修工程,因此提出解除合同通知。国某杭州分公司认为其已于最后约定的9月1日前完成施工义务。对此该院认为,国某杭州分公司主张已于9月1日完工,但未能提供证据证明,从尹某某所举证据及国某杭州分公司的陈述看,至2011年10月10日,某某酒店仍在聘请其他人员进行电缆穿管,国某杭州分公司也为此支付人工费用4500元,该事实说明至2011年10月10日,尚有应当由国某杭州分公司施工部分仍未全部完工。同时,双方在承包协议中约定,由国某杭州分公司负责于2011年7月15日前完成办理消防开业前检查合格证工作,而实际至2011年10月20日某某酒店才取得该合格证,因此国某杭州分公司主张其已于2011年9月1日履行义务完毕,无事实依据,该院不予采纳。国某杭州分公司未按约履行合同义务,应承担相应的民事责任。本案中国某杭州分公司存在迟延履行的情形,某某酒店于2011年10月15日向国某杭州分公司发出解除《装饰工程承包协议书》及相关协议书的通知。但因双方工程完工后未进行交接,无法确定工程实际完工的时间,但鉴于在工程完工后才能申请进行消防验收的事实,结合某某酒店于2011年10月20日取得了营业前消防安全检查合格证及国某杭州分公司于2011年10月10日为该工程电缆穿管支付人工费用,考虑申请消防验收后产生的必要的验收时间,故该院推定2011年10月10日工程完工,因此本案所涉协议无再予解除的必要,故对于尹某某主张解除本案所涉承包协议及协议的诉讼请求该院不予支持。对于国某杭州分公司应当承担的违约金,该院认为,国某杭州分公司主张2011年8月25日签订的协议书约定完工时间为自该日起一周内,因此是对完工时间的变更,完工时间应为2011年9月1日,对此该院认为,该协议第四条对于未按该协议履行仍约定由国某杭州分公司承担所有责任,而根据查明的事实,国某杭州分公司亦未在该协议约定的9月1日前完工,因此仍应按原承包协议约定的完工时间计算迟延履行期限,即自2011年7月2日起计算至10月10日止,国某杭州分公司实际迟延完工为101天。对于具体违约金的计算,虽然国某杭州分公司于2011年7月28日出具承诺书,承诺迟延完工的每迟延一天支付违约金30,000元,但某某酒店与国某杭州分公司于2011年8月25日签订的协议书仍约定按原合同履行,故尹某某要求国某杭州分公司按30,000元每日计算,该院不予支持。同时原承包协议中既约定迟延履行不支付后期工程款,又约定迟延履行的违约金,系对于迟延完工所约定的违约金过高,该院对于每日违约金计算标准进行调整,按每日0.3%计算。尹某某高于该违约金部分,该院不予支持。针对第二个争议焦点,该院认为,本案确定的违约金已能够弥补某某酒店的损失,鉴于国某杭州分公司已完成大部分主要工程,因此某某酒店应当对完成的工程承担支付工程款的义务。对于国某杭州分公司主张的增加工程量,因国某杭州分公司未提供证据证明存在增加的工程,故对于增加工程,该院不予支持。因国某杭州分公司系国某公司下属的分支机构,因此国某公司应当对其分公司的违约行为承担连带责任。据此判决如下:(1)金华市国某杭州分公司于判决生效后十五日内支付尹某某违约金545,400元。(2)尹某某于判决生效后十五日内支付金华市国某杭州分公司工程款386,366元。上述两项折抵后,金华市国某杭州分公司于判决生效后十五日内支付尹某某违约金159,034元。(3)金华市国某公司对金华市国某杭州分公司应当支付的违约金159,034元承担连带责任。(4)驳回尹某某的其他诉讼请求。(5)驳回金华市国某杭州分公司的其他反诉请求。

国某杭州分公司不服一审判决,向杭州市中级人民法院提起上诉。

后国某杭州分公司因未依法缴纳上诉费,杭州市中级人民法院裁定如下:按上诉人金华市国某杭州分公司自动撤回上诉处理,双方均按原审判决执行。

【本案代理思路评析】

装饰装修合同纠纷在实践中较为常见,大致分为非家装、大型装饰装修合同和家庭装饰装修合同两大类。从《民事案件案由规定》第一百条来看,“建设工程合同纠纷”案由项下包括:(1)建设工程勘察合同纠纷;(2)建设工程设计合同纠纷;(3)建设工程施工合同纠纷;(4)建设工程价款优先受偿权纠纷;(5)建设工程分包合同纠纷;(6)建设工程监理合同纠纷;(7)装饰装修合同纠纷;(8)铁路修建合同纠纷;(9)农村建房施工合同纠纷。前述这九种纠纷类型中,“装饰装修合同纠纷”与“施工合同纠纷”似乎属于不同的案由。然而,《合同法》第二百六十九条规定:“建设工程合同是承包人进行工程建设,发包人支付价款的合同。建设工程合同包括工程勘察、设计、施工合同。”根据北大法宝的条文释义,建设工程合同的客体是工程,这里的“工程”是指土木建筑工程和建筑业范围内的线路、管道、设备安装工程的新建、扩建、改建及大型的建筑装修装饰活动,主要包括房屋、铁路、公路、机场、港口、桥梁、矿井、水库、电站、通信线路等。从该等条文释义来看,大型的建筑装修装饰活动可以认定为是施工合同的客体。因此,非家装的、大型的装饰装修合同属于施工合同,本案实质上属于施工合同纠纷。

在本案诉讼过程中,双方就本案逾期竣工期限及违约责任的调整争议很大。被告认为双方于2011年8月25日签订协议书后,即便追究违约责任,也只能从2011年9月1日起算;即便违约,也没有给原告造成损失,故要求驳回原告的诉讼请求。如果按照被告的辩称,逾期竣工天数从后来约定的2011年9月1日起算,至2011年10月10日止达40天,这与原告主张的从2011年7月2日起算相差61天。因此,双方争议的主要问题是竣工期限的变更是否导致逾期竣工违约责任的变更或消灭?对此,笔者评析如下。

一、双方于2011年8月25日签订协议书后，原告并未放弃追究国某杭州分公司延期完工违约责任的意思表示，故仍应按原承包协议约定的完工时间计算迟延履行期限

案涉2011年8月25日协议书是在国某杭州分公司负责人严某某及其工人与原告发生争执，原告报警后在110民警协调下形成的书面协议。从协议书内容来看，原告自始至终没有任何放弃追究国某杭州分公司延期完工违约责任的意思表示。该协议书第二条至第五条的约定自成体系，前因后果紧密相联，假设结论环环相扣，不能孤立来看。其中第二条约定，国某杭州分公司应在一周内完成剩余工程项目；第三条约定，若国某杭州分公司按约定完成工程项目，经原告验收合格后，双方按原合同支付；第四条约定，若国某杭州分公司未履行本协议条款，即未能在一周内完成剩余工程项目等，原告有权终止工程承包合同，国某杭州分公司必须承担相应的所有责任；第五条约定，若本协议内容与承包合同有矛盾之处，以合同为准。如果说第二条、第三条的约定是原告同意国某杭州分公司延期竣工的话，那么第四条的约定则是在国某杭州分公司仍未能按延期后的约定完工情况下的违约责任；一旦国某杭州分公司未能履行本协议条款即在一周内完工等，显然第二条、第三条的约定不再执行，而是履行包括双方此前达成的所有协议在内的所有约定；也就是说，明确约定了该协议书的违约责任是：原告有权终止工程承包，国某杭州分公司必须承担相应的所有责任，即包括：从2011年7月1日至2011年8月9日按总工程款的0.8%每天支付违约金，从2011年8月10日至合同解除之日按每天3万元支付违约金。

国某杭州分公司孤立地认为，该协议书第三条约定“工程完成，经甲方验收合格后，甲、乙双方按原合同支付”是对原有竣工期限的变更。但是，这仅仅是附有条件的一种假设，如果国某杭州分公司未能在一周内完工，那么显然双方无法再按第三条的约定结算工程款。此种情况下，双方只能按照第四条的约定执行，即原告按双方原先的约定追究国某杭州分公司的违约责任，而且还明确约定是所有的违约责任，这包括从2011年7月1日起算的延期完工在内，加上之后扩大部分损失的所有责任。显然，第四条的约定也是对第二条、第三条约定的一项补救措施。反之，如果没有第四条的约定，那么当国某杭州分公司未能在一周内完工的情况下，其违约责任可能会约定不明；但延期完工的违约责任要从2011年9月1日起算，这是没有任何依据的，也是不公平、不合理的。在协议书中有第四条明确约定的情况下，关于延期完工违约责任的计算并不存在任何争议，国某杭州分公司认为“从2011年9月1日开始追究违约责任”的辩称缺乏依据，也是不能成立的。

二、原告提交了相应的损失证据，故国某杭州分公司应按约定支付相应的违约金

《装修工程承包协议书》第八条第二款约定，如国某杭州分公司未履行合同要求，应按工程款的0.8%/天补偿给原告；第九条第一款约定，国某杭州分公司每拖延一天完工，按总工程款的0.8%扣除，以此类推。当初双方在签订协议时所作出的上述违约责任的约定，是基于这样计算的：某某酒店共有84间客房，每间客房按照288元/天计算，入住率按照60%计，那么一天的营业收入达14,515.2元，这与上述约定的按总工程款的0.8%（14,400元）作为违约金数额接近，这也是国某杭州分公司在订立上述协议时预见到的因违反协议约定给原告所造成的损失。后国某杭州分公司在无法按时完工的情况下，又于2011年7月28日出具的承诺书中承诺逾期（2011年8月9日）完工按每天3万元的违约金赔偿给原告。据此，从约定的竣工日2011年7月1日至合同解除日2011年10月15日，该期间为107天，按照国某杭州分公司后来承诺的每天3万元计算，则违约金为258.6万元（2011年7月1日至2011年8月9日按每天0.8%计57.6万元，2011年8月10日至2011年10月15日按每天3万元计201万元）。退一步讲，即便按照协议约定的按总工程款的0.8%/天计算，违约金已达154.08万元。

于2009年7月7日发布的《最高人民法院关于当前形势下审理民商事合同纠纷案件若干问题的指导意见》第八条规定：“……违约方对于违约金约定过高的主张承担举证责任，非违约方主张违约金约定合理的，亦应提供相应的证据……”这一规定，对违约金过高的举证责任在违约方和守约方之间进行了分配，但此种举证责任的承担，不应苛求守约方就实际损失的数额准确举证，因为双方约定违约金的目的，就是制约各方可能发生的违约行为，促使合同的履行。同时，这也便于一旦发生违约情况，守约方可以免除对具体损失的繁重举证义务，仅依违约金条款即可向违约方主张违约金。另外，守约方的实际损失固然是法院或仲裁机构判断违约金是否过高的一个重要的参照标准，但并非唯一标准，其准确数额也并不直接与裁判结果完全对应。所以，守约方只要适当地举证证明其损失的范围、大小即可。本案中，原告提供的租赁合同，证实仅仅租金成本就每日高达近7000元，这不考虑其他的人工工资、基础设施运行费用等；原告提供的、已报送税务部门的《某某酒店日营业收入报表》，就证实酒店每日营业收入约14,000元。因国某杭州分公司的违约行为，致使原告还要完成剩余的工程尾项，由此给原告耽误的经营日期远远超过上述107天，截至营业执照颁布日2011年11月2日为125天。按照原告的日营业收入14,000元计算，所造成的实际损失就高达150余万元。

《最高人民法院关于适用〈中华人民共和国合同法〉若干问题的解释(二)》第二十九条规定："当事人主张约定的违约金过高请求予以适当减少的，人民法院应当以实际损失为基础，兼顾合同的履行情况、当事人的过错程度以及预期利益等综合因素，根据公平原则和诚实信用原则予以衡量，并作出裁决。当事人约定的违约金超过造成损失的百分之三十的，一般可以认定为合同法第一百一十四条第二款规定的'过分高于造成的损失'。"现原告的实际损失就已经超过了150万元，并有相应的证据证实，且被告不仅一再毁约，性质恶劣，故应依法支持原告所主张的全部违约金额。

原告方提交的证据及相应代理意见，直接影响了法官的自由裁量权，一审法院将违约金标准调整到按每天0.3%计算，判决被告承担合同价款30%的违约金数额。在司法实践中，本案判决结果还是属于支持较高违约金的判例。

05 勘察设计失误引发的工程质量纠纷

——华某建设集团浙江建筑设计有限公司应诉上虞市①人民政府某某街道办事处、浙江中某建筑设计院有限公司、浙江智某建设管理有限公司建设工程合同纠纷案

如果法律没有恐惧支撑，它绝不能生效。

——古希腊·索福克勒斯

【本案提示】

建设工程质量问题的产生往往是多方面原因造成的，影响因素非常多，涉及勘察单位、设计单位、施工单位、监理单位、使用单位等方方面面。由于勘察工作是工程建设的第一步重要环节，如果工程地质勘察失误或勘测精度不足，导致勘察报告不详细、不准确，甚至不能准确反映地质的实际情况，因而导致工程质量事故的，勘察单位应承担何等责任？该等责任又如何划分？笔者代理的华某建设集团浙江建筑设计有限公司应诉上虞市人民政府某某街道办事处、浙江中某建筑设计院有限公司、浙江智某建设管理有限公司建设工程合同纠纷一案中，在工程质量问题的形成存在多因一果情形下，赔偿比例如何确定以及各责任单位应否在本案中一并承担相应责任的问

① 本案例发生于2013年10月撤销县级上虞市、设立绍兴市上虞区之前，故全文保留“上虞市”的叫法。——编者注

题,也是司法实践中的难点和争议点。

【案例索引】

一审:浙江省上虞市人民法院(2013)绍虞民初字第 47 号民事判决书(2013 年 6 月 3 日)

二审:浙江省绍兴市中级人民法院(2013)浙绍民终字第 832 号(2013 年 10 月 8 日)

【诉称辩称】

原告:上虞市人民政府某某街道办事处(以下简称某某街道办事处)

被告:华某建设集团浙江建筑设计有限公司(以下简称华某集团)

浙江中某建筑设计研究院有限公司(以下简称中某设计公司)

浙江智某建设管理有限公司(以下简称智某管理公司)

原告某某街道办事处诉称:原告因建设某某敬老院工程需要,委托华某集团对工程场地的地质进行勘察,为此双方于 2004 年 10 月 21 日签订了《建设工程勘察合同》,双方对各自的权利义务作了约定,其中合同第 5.2.2 条约定"由于勘察人提供的勘察成果资料质量不合格,勘察人应负责无偿给予补偿完善使其达到质量合格;若勘察人无力补偿完善,需另委托其他单位时,勘察人应承担全部勘察费用;或因勘察质量造成重大经济损失或工程事故时,勘察人除应负法律责任和免收直接受损部分勘察费外,并根据损失程度向发包人支付赔偿金,赔偿金由发包人、勘察人商定为实际损失的 100%"。合同签订后,华某集团进场进行勘察,并于 2004 年 10 月向原告提交了《敬老院新建工程岩土工程勘察报告(详堪)》,原告在收到勘察报告后即提交给设计单位进行工程设计,并向华某集团支付了勘察费 15,000 元,施工单位浙江诚某建工有限公司于 2006 年 3 月 18 日进场施工,根据工程设计资料进行桩基搅拌桩施工。2006 年 4 月 18 日,原告在对桩基基础验槽时发现桩基异常,经三方现场踏看发现桩基承载力不能满足施工要求,于是通知承包方对工程停工。后原告委托检测,并根据检测结论委托设计单位中某设计公司重新进行了桩基的施工方案设计,并于 2006 年 10 月 20 日恢复施工,至2007年12月31日,工程竣工验收合格。由于上述地质勘察资料的失误导致工程停工、桩基设计方案变更、重新开工至竣工,施工单位浙江诚某建工有限公司对工程造价及停工损失向原告提出索赔,由于各方无法自行协商取得一致意见,施工单位向上虞市人民法院起诉,经一、二审两审终审,法院最终判决原告向施工单位支付桩基变更增加造价618,023元及其中556,220.70元自2008年12月31日起至实际履行日止的利息、赔偿损失648,007.20元,并承担一、二审诉讼费各16,350元共33,700元、鉴定费20,500元。原告已按判决书向浙江诚某建工有限公司支付履行款计1,402,340.63元。同时,原告为处理本次工程质量事故,还额外多支付了检测费、鉴定费、监理费、律师代理费等共计361,500元。原告认为,原告与华某集团建立的勘察合同关系合法有效,原告依约履行支付勘察费的义务,但华某集团提交的勘察成果却明显属于质量不合格,从而导致原告后续工程建设中发生桩基质量事故,并导致原告承担巨大的经济损失,对此应由被告承担赔偿责任。故原告起诉,请求判令:(1)要求被告华某集团返还勘察费15,000元,并赔偿原告损失1,800,690.63元;(2)要求被告中某设计公司、智某管理公司对原告的损失承担共同赔偿责任;(3)本案诉讼费由被告承担。

被告华某集团辩称:原告提起诉讼的主要依据是浙江省建筑科学设计研究院有限公司出具的《敬老院工程水泥搅拌桩承载力不足原因分析报告》,从该报告内容来看,案涉工程桩基承载力不足原因共有四点,其中只有第一点(原勘察报告没有揭示该工程场地地质条件的复杂性,为桩基工程的施工带来困难)涉及被告华某集团,其他几点则根本与地质勘察报告无关,而是与施工、设计和工程本身地质状况相关。并且从第一点原因来看,也仅仅是为桩基施工带来困难,无法就此认定案涉损失与勘察报告存在直接因果关系,故原告要求被告华某集团赔偿损失依据不足,请求法院驳回原告的诉讼请求。

被告中某设计公司辩称:第一,被告中某设计公司不是本案所涉建设工程勘察合同的当事人,不应该成为本案的共同被告。第二,被告中某设计公司在履行与原告之间的建设工程设计合同过程中无过错。虽然按《建筑地基处理技术规范》的相关要求,在设计前进行现场试验或实验性施工,但这一工作职责不属于设计单位的设计范围。至于相关单位是否按现行规范要求施工及是否在施工前进行室内配比试验,被告中某设计公司不得而知。且案涉工程分为三幢独立三层的砖混结构建筑单体,最大单体建筑面积为2635平方米,属于三类工程,并非属于重要工程,可不进行设计试桩。地质勘探报告中也明确建议,基础可采用水泥搅拌桩复合地基,且经过图审程序。本案中,由于原告第一次提交给被告的地质勘察报告错误,导致依此报告所设计出来的水泥搅拌桩承载力不足,这一责任不在被告中某设计公司一方。

被告智某管理公司辩称:第一,本案属于勘察合同纠纷,追加监理单位作为共同被告不符合合同相对性原则,不属于必要共同诉讼。第二,我单位与原告签订监理合同后,即组成项目监理组进驻现场,根据合同内容、建筑程序、监理规范认真开展工作,能对搅拌桩施工记录做到随时检查,且人员都能持证上岗。浙江省建科院出具的承载力不足原因分析报告已有明确结论,相关问题已被另案处理。第三,我单位承担的仅是在施工过程中的质量监理,且从未收到过业主及相关方的关于前期地质建设性建议。试打桩记录手续齐全,符合建设程序。后在验槽过程中发现持力层与地质报告有异时,各方主体均同意核验意见,总监立即下发了工程暂停令,阻止了损失进一步扩大。

【事实查明】

上虞市人民法院经审理查明:2004年10月21日,原告某某街道办事处与被告华某集团签订《建设工程勘察合同》一份,原告将其敬老院工程的勘察工作委托给被告华某集团,合同约定工程规模、特征为3幢3层住房;工程勘察任务(内容)与技术要求为满足设计要求符合规范;承接方式为包干;发包人应及时向勘察人提供相关文件资料,并对其准确性、可靠性负责;勘察人向发包人提交勘察成果资料并对其质量负责;由于勘察人提供的勘察成果资料质量不合格,勘察人应负责无偿给予补充完善使其达到质量合格,若勘察人无力补充完善,需另委托其他单位时,勘察人应承担全部勘察费用,或因勘察质量造成重大经济损失或工程事故时,勘察人除应负法律责任和免收直接受损失部分的勘察费外，并根据损失程度向发包人支付赔偿金，赔偿金由发包人、勘察人商定为实际损失的100%。双方在合同中就勘察时间、付款方式及相关的违约责任等事项进行了约定。

合同签订后，被告华某集团依约进行了勘察，并于2004年10月向原告提交了《岩土工程勘察报告(详勘)》一份，该勘察报告包括勘察方法及完成工作量、场地工程地质条件、地基土的分析和评价、结论和建议等内容，其中结论和建议部分为：(1)本次勘察已达到预期目的，本报告可作为拟建建筑物施工设计和岩土工程施工的工程地质依据；(2)场地内未发现有影响工程稳定性的不良地质现象；(3)本场地土地类别为软弱场地土，场地类别为ⅱ类，场地设计基本地震加速度为0.05g区域，抗震设防烈度为6度区，设计特征周期值为0.35g；(4)根据场地工程地质条件，结合拟建建筑物特点，建议本工程采用水泥搅拌桩法加固处理后的复合地基或采用换填垫层法，再采用条形基础或柱下条形基础……

2004年9月，原告与被告中某设计公司签订《建设工程设计合同》一份，约定原告将案涉工程的设计工作委托给被告中某设计公司进行，被告中某设计公司根据原告提供的《岩土工程勘察报告(详勘)》完成了桩基设计。2006年2月25日，原告与浙江诚某建工有限公司签订《建设工程施工合同》一份，约定由浙江诚某建工有限公司承建案涉工程，原告并委托被告智某管理公司作为监理单位对工程施工进行监理。2006年3月18日工程开工，进行搅拌桩施工，2006年4月18日搅拌桩基础验槽时发现持力层下泥炭层与地质报告有异，且已打桩难以满足承载要求，监理单位对原告发出工程暂停令。

2006年6月20日，原告与杭州华东工程检测技术有限公司签订《技术服务合同》一份，委托该公司对工程1号楼、2号楼、办公楼的桩身抽样检验及对地层进行检验，并委托浙江省建筑科学设计研究院有限公司对该工程水泥搅拌桩承载力不足原因进行分析。2006年7月20日，浙江省建筑科学设计研究院有限公司出具分析报告，查明水泥搅拌桩承载力不足原因有以下几点：(1)原勘察报告没有揭示该工程场地地质条件的复杂性，为桩基工程的施工带来隐患：①对土层分析评价不够全面；②对基础处理方案评价建议过于单一，导致相关单位对工程难度的重视程度不够。(2)施工质量差，成桩质量差是产生承载力不足的一个重要原因。(3)该工程没有遵循先试桩,后进行复合地基静载荷试验,并依据试验结果,对桩基进行设计的原则。(4)经二次勘探查明,该工程场区上部土层性状差。故本工程应用水泥搅拌桩进行地基处理适宜性不强。并建议以 5－3 层中等风化凝灰岩作为桩基持力层,桩型宜选用钻孔灌注桩。经对桩型重新设计后,2006 年 10 月 20 日 3 只桩机全面开始工作,2007 年 12 月 31 日,1 号楼、2 号楼及办公楼工程竣工验收合格。经审计钻孔灌注桩的工程造价为 618,023 元。其间,因需重新勘察、设计等,致使浙江诚某建工有限公司停止施工 185 天,工程施工延期,并产生相关窝工损失、原材料涨价损失、人工涨价损失。

2009 年 12 月 29 日,浙江诚某建工有限公司起诉要求本案原告支付钻孔灌注桩的工程造价,并赔偿因停工造成的原材料涨价、人工涨价等相关损失。该案经一审、二审审理,绍兴市中级人民法院(2012)民终字第 369 号民事判决书确定,因需重新勘察、设计等停止施工期间产生相关窝工损失 154,347元、原材料涨价损失 175,174 元、人工涨价损失 750,491 元,合计损失 1,080,012 元,并结合浙江诚某建工有限公司自身的过错程度,判决由本案原告赔偿浙江诚某建工有限公司上述损失的 60% 计 648,007.20 元,某某街道办事处已按该判决付清了该项赔偿款。另查明,杭州华东工程检测技术有限公司检测费 47,000 元、浙江省建筑科学设计研究院有限公司分析费 42,000 元,合计 89,000 元已由原告支付。

【法院审判】

上虞市人民法院认为,原告某某街道办事处与被告华某集团之间签订的建设工程勘察合同,系双方当事人真实意思表示,其内容不违反法律法规的强制性规定,应认定有效。本案的争议焦点为:一是本案承担责任的主体确定问题;二是原告主张的损失如何确定问题;三是责任的具体承担问题。

首先,关于本案承担责任的主体确定问题。本案系原告向浙江诚某建工有限公司履行了赔付义务,即根据《最高人民法院关于审理建设工程施工合同纠纷案件适用法律问题的解释》第十二条的规定承担赔偿责任后就同一案涉工程依据与被告华某集团之间的《建设工程勘察合同》向勘察人追偿损失的法律关系。而被告中某设计公司系案涉工程的设计单位,被告智某管理公司系案涉工程的监理单位。两者与原告之间分别依据建设工程设计合同、监理合同而形成各自独立的法律关系,与本案所涉建设工程勘察合同法律关系并非同一法律关系,故桩基质量事故中被告中某设计公司和被告智某管理公司的责任问题原告可另行主张,被告华某集团要求追加被告中某设计公司和被告智某管理公司作为本案共同被告承担赔偿责任,应予驳回。

其次,关于原告主张的损失如何确定问题。本案争议主要是原告主张的648,007.20元是否全部系因桩基质量事故造成的损失。被告华某集团认为,原告赔偿的该款项中绝大部分属于因工程量增加导致工程延长而产生的正常工程款,只有与桩基事故相关的原材料涨价、人工涨价才能作为损失。对此绍兴市中级人民法院(2012)民终字第369号民事判决书认为,浙江诚某建工有限公司诉本案某某街道办事处建设工程施工合同纠纷一案中,对于停工期间原材料、人工涨价损失已经做出鉴定,即停工期间产生窝工损失为154,347元、因停工致原材料涨价损失175,174元、人工涨价损失750,491元,合计损失1,080,012元。该判决书对鉴定时间取点方式和鉴定结论做了较为全面客观的分析,并予以采纳作为裁判依据。同时判决确定,由某某街道办事处赔偿给浙江诚某建工有限公司损失1,080.,012元的60%即648,007.20元。现华某集团再以合同工期240天作为时间基准来划分鉴定时间的取点是否与桩基事故有关,并以此确定损失的计算方式,明显与前述生效判决意见相矛盾,故不予采纳。原告主张的618,023元,系由工程复杂的地质状况决定的必然发生的正常工程款,故该项费用及利息不能作为本案中的损失,不予认定。杭州华东工程检测技术有限公司检测费47,000元及浙江省建筑科学设计研究院有限公司分析费42,000元,系原告为本次桩基质量事故而支出的费用,可作为本案损失,应予以认定。一审、二审诉讼费及律师代理费,系原告与浙江诚某建工有限公司之间因建设工程施工合同纠纷诉讼而产生的费用,并非因本案桩基质量事故而必然发生,与本案没有直接关联性,不予认定。

最后,关于责任的具体承担问题。勘察工作系工程建设的第一步重要环节，被告华某集团作为工程勘察人，理应依据合同约定及相关法律规范的规定全面履行勘察义务，并对自己提交的勘察成果资料负责。根据浙江省建筑科学设计研究院有限公司出具的《敬老院工程水泥搅拌桩承载力不足原因分析报告》可知，水泥搅拌桩承载力不足原因是多方面的，其中涉及被告华某集团的是："原勘察报告没有揭示该工程场地地质条件的复杂性，为桩基工程的施工带来隐患：①对土层分析评价不够全面；②对基础处理方案评价建议过于单一，导致相关单位对工程难度的重视程度不够。"可见被告华某集团没有按照合同约定及相关规范的要求全面履行勘察义务，其提交的勘察报告与工程地下的实际地质状况存在明显差异。本次桩基质量事故的发生虽系工程各环节均存在不按规范操作所引起，但问题源头出现在勘察阶段即被告华某集团提交的勘察报告质量不合格，故对因桩基质量事故造成原告的损失，被告华某集团应当承担与其过错程度相适应的赔偿责任，鉴于本次桩基质量事故的发生存在其他各种因素，综合确定由被告华某集团承担相关损失的50%较妥。关于原告主张的要求返还勘察费15,000元的诉请，符合双方合同约定，予以支持。

综上，原告诉讼请求中的合法合理部分，予以支持。依照《合同法》第六十条第一款、第一百零七条、第二百八十条，《民事诉讼法》第六十四条第一款之规定，判决：(1)被告华某集团应返还原告某某街道办事处勘察费15,000元；(2)被告华某集团应赔偿原告某某街道办事处损失737,007.20元的50%计368,503.60元，上述第一、二两项合计人民币383,503.60元，限被告华某集团于本判决生效之日起十五日内付清；(3)驳回原告某某街道办事处的其他诉讼请求；(4)驳回原告某某街道办事处对被告中某设计公司的诉讼请求；(5)驳回原告某某街道办事处对被告智某管理公司的诉讼请求。

华某集团不服一审判决，向绍兴市中级人民法院提起上诉。

绍兴市中级人民法院认为，本案的争议焦点主要在于：(1)本案一审应否追加当事人的问题；(2)上诉人在勘察过程中有无过错，应否承担赔偿责任，比例如何确定以及原审被告中某设计公司、智某管理公司应否在本案中一并承担相应责任；(3)原判所确定的赔偿数额基础是否准确。

关于第一个争议焦点，根据浙江省建筑科学设计研究院有限公司出具的《敬老院工程水泥搅拌桩承载力不足原因分析报告》之结论，本案所涉水泥搅拌桩承载力不足原因与勘察、设计、施工、监理等各方当事人均有关，基于上述质量问题的形成存在多因一果情形，一审法院依上诉人华某集团之申请追加中某设计公司、智某管理公司作为共同被告参加诉讼并无不当，该院对原审被告中某设计公司、智某管理公司提出不应作为本案当事人的答辩意见不予采纳。

关于第二个争议焦点，基于本次桩基质量问题是多方当事人共同造成，故在本案中一并予以处理。现根据浙江省建筑科学设计研究院有限公司出具的《敬老院工程水泥搅拌桩承载力不足原因分析报告》之结论，勘察报告没有揭示该工程场地地质条件的复杂性，为桩基工程的施工带来隐患，包括对土层分析评价不够全面、对基础处理方案评价建议过于单一。据此，该院认定上诉人华某集团作为勘察人未能依约履行造成工程质量问题，应当依据双方合同第5.2.2条“除应负法律责任和免收直接受损部分勘察费外，并根据损失程度向发包人支付赔偿金”的规定承担赔偿责任。原审被告中某设计公司与被上诉人某某街道办事处签订了《建设工程设计合同》，中某设计公司在一审中提交的书面答辩状中明确载明按《建设地基处理规范》的相关要求应在设计前进行现场试验或试验性施工，但中某设计公司却在缺乏上述试验的相关证据前便出具桩位布置图，显然存在一定过错，而浙江省建筑科学设计研究院有限公司出具的分析报告也明确指出“该工程没有遵循先试桩，后进行复合地基静载荷试验，并依据试验结果，对桩基进行设计的原则”，故中某设计公司在本次事件中也应承担相应的赔偿责任。原审被告智某管理公司与被上诉人某某街道办事处签订的《建设工程委托监理合同》系双方真实意思表示，符合有关法律规定，应认定合法有效。智某管理公司应当依约对原材料和施工质量进行全程监理，但经其监理的原桩基工程存在水泥搅拌桩成桩质量差、水泥搅拌桩施工完工后7天内也没有采用轻便触探及时进行桩身质量检验等问题。对此，因原审被告智某管理公司未全面履约，亦应承担相应的赔偿责任。综合上述分析，考虑到勘察人、设计人、监理人均有责任，而施工方也已在另案中承担40%的责任，从权衡利益、兼顾公平原则出发，在被上诉人某某街道办事处主张的本次桩基事故损失60%的范围内，该院酌情确定上诉人华某集团承担25%，原审被告中某设计公司承担10%，原审被告智某管理公司承担25%。

关于第三个争议焦点，此前生效判决对本次桩基事故的损失即窝工损失154,347元、原材料涨价损失175,174元、人工涨价损失750,491元，合计1,080,012元，均已作出认定，在无相反证据予以推翻的情形下，在本案中可直接沿用。上诉人华某集团虽对涨价的鉴定时间取点提出异议，但与客观实际不符，亦有失公允，且该观点在前案中已被驳回，故该院对其主张不予支持。同时杭州华东工程检测技术有限公司检测费47,000元及浙江省建筑科学设计研究院有限公司分析费42,000元，系为本次桩基质量事故而必然支出的费用，亦应予以认定。对于被上诉人某某街道办事处主张桩基工程款618,023元也应纳入赔偿范围的意见，因该工程款系正常工程款，故该院对该意见不予采纳。

综上，上诉人华某集团的上诉请求，其理由正当部分，该院予以支持。鉴于一审法院已追加原审被告中某设计公司、智某管理公司作为共同被告，故应根据查明的事实一并作出处理。原判决认定各方当事人承担民事责任比例不当，该院予以改判。此外，因上诉人华某集团对返还被上诉人某某街道办事处勘察费无异议，该院予以照准。依照《民事诉讼法》第一百七十条第一款第(二)项、《合同法》第六十条第一款、第一百零七条、第二百七十二条、第二百七十六条、第二百八十条之规定，判决如下：(1)维持浙江省上虞市人民法院(2013)绍虞民初字第47号民事判决第一项；(2)撤销浙江省上虞市人民法院(2013)绍虞民初字第47号民事判决第二、三、四、五项；(3)上诉人华某集团应赔偿给被上诉人某某街道办事处损失1,169,012元的25%计人民币292,253元；(4)原审被告中某设计公司应赔偿给被上诉人某某街道办事处损失1,169,012元的10%计人民币116,901.2元；(5)原审被告智某管理公司应赔偿给被上诉人某某街道办事处损失1,169,012元的25%计人民币292,253元，上述第一、三、四、五项均限于本判决生效之日起十五日内付清；(6)驳回被上诉人某某街道办事处的其他诉讼请求。

【本案代理思路评析】

由于影响工程质量的因素众多，一个工程质量问题的实际发生，既可能是因勘察报告不精确，也可能是因设计计算和施工图纸中存在错误，也可能是因施工中出现不合格或质量问题，还可能是因材料使用不当，或者由于设计、施工甚至使用、管理等多种原因的复合作用。要分析究竟是哪种原因所引起，应对质量问题的特征表现，以及其在施工中和使用中所处的实际情况和条件进行具体分析。本案中，水泥搅拌桩承载力不足，少部分水泥搅拌桩还出现人站在上面也会摇晃的现象。但由于勘察工作是工程建设的源头，勘察报告准确、可靠是工程建设质量的首要保证。因此，在出现工程质量事故后，建设单位首选勘察单位作为追偿对象。然而，勘察单位收取的勘察费用少、承担责任大，故其也认为权利义务不对等。本案一审法院同意勘察单位的申请，追加设计单位、监理单位作为共同被告，但其认为系不同的法律关系，故未在本案中一并处理。二审法院基于本次桩基质量问题是多方当事人共同造成的，故在本案中一并予以处理，并纠正了一审法院的责任认定比例。笔者现就本案评析如下。

一、关于本案各方当事人的责任问题

根据浙江省建筑科学设计研究院有限公司出具的《敬老院工程水泥搅拌桩承载力不足原因分析报告》结论，本案所涉水泥搅拌桩承载力不足原因与勘察单位、设计单位、施工单位、监理单位等各方当事人均有关，具体责任为：

(1)关于勘察单位：因案涉地质状况复杂，勘察报告没有揭示该工程场地地质条件的复杂性，包括对土层分析评价不够全面、对基础处理方案评价建议过于单一，这为桩基工程的施工带来隐患。

(2)关于设计单位：按照《建筑地基处理技术规范》第3.0条、第3.3条的要求，桩基设计方案需要进行现场试验或试验性施工，并进行必要的测试，以检验设计参数和处理效果。如达不到设计要求时，应查明原因，调整地基处理方法。而《敬老院工程水泥搅拌桩承载力不足原因分析报告》第5.2.3条同样指出：该工程没有遵循先试桩，后进行复合地基静载荷试验，并依据试验结果，对桩基进行设计的原则。由此可见，本案中导致施工桩基报废的重要原因是设计方案错误。如果设计单位能够按规范进行设计试桩和现场静荷载试验,那么华某集团的勘察报告中存在的对土层分析评价不够全面在设计阶段就能及时发现,并能以补充勘察的方式进行补正。

(3)关于施工单位:按照《建筑地基处理技术规范》第14.4.1条的要求,水泥土搅拌桩的质量控制应贯穿在施工的全过程,并应坚持全程的施工监理。施工过程中必须随时检查施工记录和计量记录,并对照规定的施工工艺对每根桩进行质量评定。而施工单位未提供任何质量检测记录。况且,《敬老院工程水泥搅拌桩承载力不足原因分析报告》第5.2.2条明确指出"成桩质量差是产生承载力不足的一个重要原因",第5.2.3条明确指出"水泥搅拌桩施工完工后7天内没有采用轻便触探及时进行桩身质量检验",而施工单位是在桩基工程全部完工后才进行轻便触探检验。正是由于施工单位未进行全程质量监控、施工质量差和未及时进行轻便触探试验,以致未能在施工初期及早发现设计错误,导致损失扩大化。

(4)关于监理单位:按照《浙江省建设工程监理管理条例》第十八条的规定,在施工阶段监理中,监理工程师发现工程设计不符合建设工程质量标准或者合同约定的质量要求的,应当报告业主,由业主要求设计单位改正。监理工程师发现工程施工不符合工程设计要求、施工技术标准或者合同约定的,应当书面通知施工单位改正。但是,本案所涉监理单位根本没有按照法律规定和行业规范履行其相应职责,以致长时间未能发现设计和施工错误,最终酿成本案桩基报废的质量事故。

二、关于本案各方当事人的责任承担比例问题

由于本次桩基质量事故属于多因一果情形,且勘察单位、设计单位、施工单位、监理单位均存在过错。此前施工单位诉建设单位一案中,已经判决施工单位承担本次桩基质量事故损失的40%。此种情形下,一审法院判决勘察单位承担建设单位诉求损失中的合理部分的50%;而二审法院基于此前判决及损失由多方过失造成的实际情况,判决其他三家单位共同承担剩余的60%损失,这样的判决处理,更具合理性。

在工程地质状况复杂的情况下,首次勘察报告存在瑕疵是勘察行业难以避免和普遍存在的现象,根据勘察合同的约定,勘察单位可以通过补充勘察等使其完善。如果设计单位能够按照勘察报告和《建筑地基处理技术规范》要求进行室内配比试验、现场试验和复合地基荷载试验等，就可以及时验证勘察报告，并通过补充勘察等及时调整勘察报告，而此时工程尚未进入施工阶段，就不存在工期延期和窝工、材料和人工涨价等施工损失；如果监理单位能够监督施工单位在全面施工前进行工艺性试桩，并依法进行有效规范的全程监督，那么设计单位提供的错误施工设计方案在施工早期就能被发现，由此导致的损失仅限于两根工艺性试桩桩基的损失和很短的工期延期损失。可见，本次桩基质量事故的发生尤其是后续产生的巨额损失，这与设计单位、监理单位的重大过错分不开。

水泥搅拌桩只是勘察报告中提供的建议方案之一，且勘察单位已经做了操作上的明确告知；正是由于建设单位将水泥搅拌桩建议方案未经验证就直接用于施工，才直接导致本次桩基事故的发生。由此可见，设计单位、监理单位的责任大于勘察单位。一审法院以"问题源头"作为主要考虑因素，由此判决勘察单位承担50%的责任，约整体责任的30%，这确属过高；二审法院将此调整为整个责任的25%，相对合理。

三、关于各方当事人的责任承担应否一并处理问题

各方当事人对本次桩基质量事故均负有一定责任，彼此之间有牵连关系。这就好比，门诊医生按常规给一位普通炎症病人开了青霉素处方；该病人去配药时，药剂师没有进行皮试就直接给病人发了青霉素；接着该病人就去输液，护士没有询问皮试情况就直接给病人输液，并且对病人输液过程中的身体状况也没有进行密切观察，以致病人发生不良反应时没能被及时发现和救治，最终造成病人伤害。在所举例子中，承担主要责任的是违反医疗规范未做皮试就配药的药剂师和未对病人输青霉素有无不良反应进行询问和观察的护士，最初开处方的医生也有一定的责任。因为如果药剂师和护士能够按规范操作，那么病人的过敏性体质在做皮试时就能被发现，而后处方医生可以针对病人的特殊体质重新选择合适的处方。这个例子类似于本案，在医院内部追究责任时，不会隔断、单独处理。在各方当事人均有责任的情形下，如果单独处理，不仅损失总额会变化，且比例也会各不相同，对各方当事人不公平，另案诉讼也会增加各方当事人诉累。而这种多因一果的工程质量事故案件，也属于诉的合并，法院可一并处理。

06 发包人擅自使用存在质量缺陷的工程能否视为工程质量合格

——浙江金某建设集团有限公司诉浙江嘉某家具有限公司建设工程施工合同纠纷案

法律是社会习俗和思想的结晶。

——美国·威尔逊

【本案提示】

工程质量是工程建设的核心,是承包人、发包人共同的生命线。工程质量合格与否不仅关系承包人可否获得工程款,也关系工程本身的适用性及建设项目投资的效果,还关系社会的公共安全和人民群众的生命财产安全。笔者代理的浙江金某建设集团有限公司诉浙江嘉某家具有限公司建设工程施工合同纠纷一案中,因浙江金某建设集团有限公司完工的5号生产车间屋架连接端板顶紧面间隙存在质量隐患,尽管浙江嘉某家具有限公司早已投入使用,但法院仍以该车间存在质量问题未视为该工程质量合格,从而未能支持有关5号生产车间的工程余款的诉求。

【案例索引】

一审:浙江省湖州市安吉县人民法院(2014)湖安天民初字第235号民事判决书(2015年7月20日)

二审:浙江省湖州市中级人民法院(2015)浙湖民终字第580号民事裁

定书(2015年9月17日)

【诉称辩称】

原告:浙江金某建设集团有限公司(以下简称金某公司)

被告:浙江嘉某家具有限公司(以下简称嘉某公司)

原告金某公司诉称:2009年6月16日,作为承包人的原告与作为发包人的被告签订了《建设工程施工合同》,合同约定原告为被告施工承建5号生产车间、办公楼,承包范围为5号生产车间、办公楼土建、水电安装施工图纸内容(其中包括土建、水电及消防、门、窗以上全部包工包料),合同价款为5,530,620.00元,其中办公楼3326平方米,按780元/平方米计算人民币为2,594,280.00元,5号生产车间5338.8平方米,按550元/平方米计算人民币为2,936,340.00元;工程款(进度款)支付的方式和时间:(1)5号生产车间基础完成支付合同价款的20%,二层结构完成支付20%,屋面结顶中间验收合格支付20%,竣工验收合格支付30%,余款10%(包括保修金)在工程竣工验收合格之日起一年内结清;(2)办公楼基础完成支付20%,三层结构完成支付20%,屋面结顶中间验收合格支付20%,竣工验收合格支付30%,余款10%(包括保修金)在工程竣工验收合格之日起一年内结清。工程进度款不能按时支付给承包人,导致施工无法继续进行时,除工期顺延外,另按拖欠部分的工程价款,每日万分之五支付违约金给承包人;发包人支付所有工程款,必须直接划入承包人账户,不得支付给项目经理个人及其他人员,如有违约视为未支付工程款处理,并承担违约责任及经济损失。前述合同签订后,原告按约完成合同义务,办公楼及5号生产车间早已竣工且验收合格。此外,原告还完成围墙项目,双方结算的造价为20万元。2011年6~8月,双方对案涉工程进行结算,办公楼工程减少工程款278,700元,5号车间工程增加工程款120,663元。然而,被告仅支付工程款2,782,000元。原告催讨余款未果,故诉请判令:(1)被告支付原告工程款2,269,920元及逾期付款利息(自2011年6月1日起按中国人民银行同期贷款利率计算至款清);(2)被告支付原告已垫付的16万元鉴定费。

被告嘉某公司辩称:一是原告诉称的5号生产车间已验收合格与事实不

符,现该生产车间至今未完工;二是被告已支付原告330.97万元工程款,现办公楼工程款已支付完毕。因5号生产车间未完工,原告无法向被告主张工程款,请求驳回原告全部诉请。同时,被告嘉某公司在诉讼中提出反诉,要求判令:(1)原告支付被告工期延误违约金486万元;(2)原告承担被告办公楼质量问题的维修费用。后被告未在法定期限内缴纳反诉的诉讼费用,法院裁定被告反诉按自动撤诉处理。

【事实查明】

安吉县人民法院经审理查明,2009年6月6日,原、被告签订一份《建设工程施工合同》,合同约定:原告承建被告的5号生产车间、办公楼,承包范围为5号生产车间、办公楼的土建、水电安装施工等工程,合同价款为5,530,620元,其中办公楼建筑面积3326平方米,单价为780元/平方米,计工程款为2,594,280元,5号生产车间建筑面积为5333.8平方米,单价为550元/平方米,计工程款为2,936,340元,另约定剩余的10%工程款(包括保修金)在工程竣工验收合格之日起一年内支付等内容。签约后,原告委派与其公司无任何劳动合同关系的路某任该工程的项目经理并由路某自筹资金、组织人员对上述工程进行建造施工。2011年5月31日,原告、被告、勘察单位、设计单位、监理单位对被告的办公楼工程进行竣工验收且验收结论为:合格。但是,在被告5号生产车间的主体工程即将完成时,各责任主体(原告、被告、勘察单位、设计单位、监理单位)及安吉县质监站对该5号生产车间工程进行主体工程中间验收时,发现屋面钢结构存在大梁在拼缝处空隙较大,且存在透亮现象,提出需要对质量缺陷做可行性的鉴定意见及整改方案,并报各责任主体确认方案后方可进行屋面钢结构大梁的整改处理,屋面钢结构大梁的整改处理完成后,再行组织钢结构部分的主体工程中间验收。后原告作为施工单位至今未对上述屋面钢结构大梁质量问题进行整改。诉讼中,原告申请该院委托了浙江省建筑科学设计研究院有限公司对被告5号生产车间的工程质量进行鉴定,该公司所作的检测鉴定报告中第10项结论是:屋架连接端板顶紧面间隙不满足《钢结构工程施工质量验收规范》(GB50205—2001)要求,存在安全隐患,需及时处理。至此,5号生产车间至今未通过竣工验收。

另外,在原告施工过程中,被告增加了围墙工程计工程款20万元,核减了办公楼项目工程款278,700元。原告共收到被告支付工程款3,182,000元(含被告直接支付给路某的40万元);另外,被告因工程需要代原告方支付给陈某某钢管架子工资122,700元。至此,被告尚欠原告办公楼工程款为593,580元,5号生产车间工程款1,356,340元、围墙工程款200,000元,合计欠款2,147,220元。2011年8月15日,双方就拖欠工程款及5号生产车间整改等纠纷经安吉县高禹镇(现为天子湖镇)人民调解委员会调解达成协议。后原告因催讨剩余工程款未果,故诉请判令上述诉讼请求。

【法院审判】

安吉县人民法院认为,虽然作为承包人的原告委派与其公司无劳动合同关系的路某担任该工程的项目经理,并由路某自筹资金、组织人员对上述工程进行建造施工,原告与路某之间应当是挂靠关系,即路某借用原告名义与被告签订建设工程施工合同,该行为应当属于无效民事行为。但是,被挂靠的原告完成了被告办公楼工程、围墙工程的建造施工,且经验收合格后,被告应当及时支付相应的工程款,现被告未及时支付该部分工程款,应当承担相应的民事责任。因此,被告除应当支付原告工程款外,还应当支付逾期付款利息,该逾期付款利息应当按照中国人民银行六个月内贷款基准利率计算。至于原告建造的5号生产车间,因原告至今未对屋架连接端板顶紧面间隙不满足《钢结构工程施工质量验收规范》(GB50205—2001)要求、存在安全隐患的屋面钢结构大梁进行整改处理,导致该5号生产车间至今未通过验收。因此,被告有权拒付此项工程款,原告应当待该项工程整改、验收合格后方可主张权利。故原告要求被告支付该部分工程款的请求,不予支持。综上,对原告合理的诉讼请求,该院予以支持。据此,依照《民法通则》第一百零六条、第一百一十一条,《最高人民法院关于审理建设工程施工合同纠纷案件适用法律问题的解释》第三条第二款、第四条、第十八条之规定,判决:(1)被告给付原告办公楼工程款593,580元及逾期付款利息(其中334,152元工程款自2011年6月1日起计息,其余259,428元工程款自2012

年6月1日起计息，均按照中国人民银行六个月内贷款基准利率计算至款清日止），限于本判决生效后十日内清偿。（2）被告给付原告围墙工程款200,000元及逾期付款利息（自2011年8月15日起按照中国人民银行六个月内贷款基准利率计算至款清日止），限于本判决生效后十日内清偿。（3）驳回原告其余诉讼请求。

嘉某公司不服一审判决，向湖州市中级人民法院提起上诉。

后嘉某公司因未依法缴纳上诉费，湖州市中级人民法院裁定如下：本案按浙江嘉某公司自动撤回上诉处理。安吉县人民法院（2014）湖安天民初字第235号民事判决自本裁定送达之日起发生法律效力。

【本案代理思路评析】

工程质量不合格是指单位工程的竣工验收、部分项工程检验不符合国家规定的强制性规范标准的合格要求。建设工程质量不合格主要包括两种情况：一种是质量虽然不合格，但可以经过修复使缺陷得以修复，符合国家或者行业强制性质量标准；另一种情况是，建设工程质量缺陷无法通过修复予以弥补，丧失利用价值，订立合同目的不能实现，发包人可以拒绝受领该工程。本案中，5号生产车间屋架连接端板顶紧面间隙是质量缺陷还是结构不安全？原告早已投入使用能否视为该工程质量已合格？对此笔者具体评析如下。

一、关于屋架连接端板顶紧面间隙是否属于质量缺陷的问题

起诉之前，原告单方委托浙江大合建设工程检测有限公司对案涉5号生产车间轻钢屋盖进行房屋结构安全鉴定，该鉴定单位出具的鉴定报告载明：屋面梁段之间存在连接缝隙，缝隙宽度为1.1～3.6mm；钢结构构件基本满足《钢结构工程施工质量验收规范》（GB50205—2001）要求，但屋面梁段之间连接缝隙略大于规范允许范围；5号生产车间轻钢屋盖在设计允许范围内使用和维护下，基本满足结构安全使用要求。

起诉之后，一审法院委托浙江省建筑科学设计研究院有限公司对案涉5号生产车间工程质量进行全面鉴定，该鉴定单位对5号生产车间的混凝土抗压强度、现浇楼板钢筋间距、保护层厚度、房屋倾斜度、屋面钢梁焊缝质量等进行了全面检测,出具的鉴定报告逐项对检测项目进行了说明,基本符合相关规范要求,其中关于双方争议的轻钢屋盖一项的结论为:屋架连接端板顶紧面间隙不满足《钢结构工程施工质量验收规范》(GB50205—2001)要求,存在安全隐患,需及时进行处理。

将上述两份鉴定报告的鉴定结论进行比对,第一份报告明确可以使用,基本满足结构安全使用要求;但第二份报告仅罗列了部分项目的检测结论,并未明确是否可以使用。《工业建筑可靠性鉴定标准》(GB50144—2008)将结构系统的可靠性评级标准分为A级、B级、C级和D级,其中A级指符合国家现行标准规范的可靠性要求,不影响整体安全;B级指略低于国家现行标准规范的可靠性要求,仍能满足结构可靠性的下限水平要求;C级指不符合国家现行标准规范的可靠性要求,或影响整体安全;D级指极不符合国家现行标准规范的可靠性要求,已严重影响整体安全。根据上述两份鉴定报告的鉴定结论,屋架连接端板顶紧面间隙不符合规范属于B级,这不属于主体结构安全问题,仍可使用。

二、关于被告擅自使用存在质量缺陷的工程能否视为工程质量合格的问题

工程质量是发包人、承包人共同的生命线,并且关系到社会公共安全和人民群众的生命财产安全,因此工程建设的各参与方包括发包人、承包人、勘察单位、设计单位、监理单位、建筑材料和设备供应单位等均负有保证建设工程质量的法定义务。建设工程质量必须符合国家的强制性验收标准的要求,未经验收或者验收不合格不可以交付使用,国家为此颁布了《建筑工程施工质量验收统一标准》(GB50300—2001)、《建筑装饰装修工程质量验收规范》(GB50210—2001)等相应强制性标准,对建设工程的竣工验收作出了规定,统一了建筑工程质量的验收方法、质量标准和程序,规定了建筑工程各专业工程施工验收规范编制的统一准则和单位工程验收质量标准内容和程序,增加了建筑工程施工现场质量管理和质量控制要求,提出了质量检验的抽样方案要求,规定了建筑工程施工质量验收中子单位和子分部工程的划分,涉及建筑工程安全和主要使用功能的见证取样和抽样检测建筑工程各专业工程施工质量验收规范。前述验收规范既是承包人施工的依据,也是验收评价承包人施工质量是否合格的标准。

况且,建设工程质量合格与否也是确定承包人是否可以主张工程款的分界线。《合同法》第二百七十九条第一款规定:"建设工程竣工后,发包人应当根据施工图纸及说明书、国家颁发的施工验收规范和质量检验标准及时进行验收。验收合格的,发包人应当按照约定支付价款,并接收该建设工程。"《最高人民法院关于审理建设工程施工合同纠纷案件适用法律问题的解释》第三条规定:"建设工程施工合同无效,且建设工程经竣工验收不合格的,按照以下情形分别处理:(一)修复后的建设工程经竣工验收合格,发包人请求承包人承担修复费用的,应予支持;(二)修复后的建设工程经竣工验收不合格,承包人请求支付工程价款的,不予支持。因建设工程不合格造成的损失,发包人有过错的,也应承担相应的民事责任。"该解释第十六条第三款规定:"建设工程施工合同有效,但建设工程经竣工验收不合格的,工程价款结算参照本解释第三条规定处理。"因此法律、司法解释坚持质量第一原则,确定了工程价款与已完工程质量合格与否直接挂钩的原则,只有合格工程承包人才能向发包人主张相应对价即工程价款。

同时,上述司法解释第十三条规定:"建设工程未经竣工验收,发包人擅自使用后,又以使用部分质量不符合约定为由主张权利的,不予支持;但是承包人应当在建设工程的合理使用寿命内对地基基础工程和主体结构质量承担民事责任。"该条的本意主要是解决发包人违反国家建筑法规,对未经验收的工程擅自使用而作出的专门性规定,主要是防止发包人一方面擅自使用了未经竣工验收的工程,另一方面则又以工程未经竣工验收而对抗施工人的工程价款请求权。根据该司法解释的规定,被告在案涉工程竣工后未经验收即投入使用,自其实际使用之日起即应认定工程已经验收合格,原告可以不再负有施工中或经验收不合格的质量返修责任,仅对案涉工程质量在保修期内及保修范围内负有保修义务,承担保修责任。被告应向原告支付相应的工程余款。

然而在司法实践中,由于工程质量关系社会的公共安全和人民群众的生命财产安全,在没有竣工验收合格或质量鉴定合格的情况下,法院一般也不会轻易按照上述司法解释规定认定案涉工程视为合格。诸如本案,屋架连接端板顶紧面间隙属于质量缺陷,并不影响主体结构安全,在被告已使用的情况下,可以根据上述司法解释判决被告支付剩余工程款。在一审判决生效一年多后,原告也曾发函给被告要求对屋架连接端板顶紧面间隙进行整改,但被告未予理会,也不提供便利。此种情形下,原告再次诉至法院,这次承办法官认为,被告一直未整改、修复5号生产车间导致了原告一定的财产价值损失,且被告未履行整改、修复义务也在一定程度上减少了原告的支出(即获得了一定的利益),基于上述事实客观,该院酌定被告减付原告6%工程款即176,180.4元,故被告尚欠原告5号生产车间工程款1,180,159.6元。也就是说,同样的事实,承办法官的办案思路不一样。实际上在本案当中,法院也可以按照前述方式解决争端。

建设工程质量问题是一个专业性很强的问题,普遍存在举证难、鉴定难、解决难、执行难等问题。如果建设工程在完工后因质量缺陷导致未能验收合格的,哪怕建设单位未及时依约支付工程款,施工单位也应及时整改,这样能避免今后很多麻烦和不利,毕竟建设工程的质量才是国家安定、繁荣、人民生活稳定的关键,建设工程质量始终是建筑行业的百年大计!

07 施工水电费如何结算

——浙江某某职业技术学院诉浙江省东某建设有限公司建设工程施工合同纠纷案

律师的责任是尽力地运用合法的手段来维护其当事人的利益，而不是使用非法的手段来达到这一目的；律师所负有的责任要求他尽其最大的力量去调和以下两者——他有责任去维护的其当事人利益与他所负担的维护永恒正义与真理的责任。

——美国·科伯恩

【本案提示】

建设工程施工过程中耗用的水、电费用，是施工单位为完成所承包工程而必须支出的成本，应由施工单位承担。因此，施工单位进入现场后原则上应单独设置水、电表，分户结算；如施工单位直接使用建设单位水、电的，应向建设单位支付相应的水、电费。笔者代理的浙江某某职业技术学院诉浙江省东某建设有限公司建设工程施工合同纠纷一案中，因浙江某某职业技术学院在建设新校区期间，有三家施工单位同时进场施工，且现场也未单独设置水电表，浙江省东某建设有限公司在缴纳了部分水电费之后的剩余水电费如何结算，这成为工程完工十年后遗留的历史问题。

【案例索引】

一审：浙江省杭州市萧山区人民法院（2013）杭萧民初字第3805号民事

判决书(2014年2月10日)

二审:浙江省杭州市中级人民法院(2014)浙杭民终字第932号民事判决书(2014年5月29日)

【诉称辩称】

原告:浙江某某职业技术学院(以下简称某某学院)

被告:浙江省东某建设有限公司(以下简称东某公司)

原告某某学院诉称:2001年12月起,某某学院陆续委托东某公司承建位于杭州市萧山钱江规划科教园区内的教学楼工程、学生1号食堂工程、锅炉房及室外工程,并签订了相应的《建设工程施工承包合同》《补充协议》。其中《补充协议》明确约定:"施工水电费按现行省、市费用定额扣付,超出(定额)含量部分费用由乙方(即东某公司)承担。施工现场为了做到不浪费用水用电,采用单独设置安装水表、电表。"后上述工程陆续完工,双方在结算工程款过程中产生争议,东某公司起诉至法院。现经法院认定,教学楼工程、锅炉房工程、室外工程的总造价为35,480,383元,学生1号食堂工程总造价为5,550,022元(其中土建装饰部分工程造价为5,110,862元,水电安装工程造价为439,160元),根据1996年定额解释中值10.5‰计算[见(2009)杭萧民初字第4592号判决书第16页],施工水电费为430,819.25元,但东某公司仅仅支付水电费195,600元,余额235,219.25元至今未付。故起诉,请求判令:东某公司立即向某某学院支付施工水电费235,219.25元及相应的利息(从2003年1月16日起按照中国人民银行公布的同期同档次贷款利率计算);本案诉讼费由东某公司承担。

被告东某公司辩称:东某公司与某某学院之间确实存在建设工程合同关系,东某公司施工完成后,某某学院尚有大量工程款未支付给东某公司,东某公司经历了长达十年的维权过程,进行了数次诉讼,如今某某学院不仅仍未向东某公司全额支付工程款,反而要求东某公司重复支付水电费,从事实上和法律上均不成立。事实上,东某公司完全按照《补充协议》第七款之规定按约全面履行了支付施工水电费的义务,已全额支付全部工程项目实际产生的水电费195,600元。双方之间是合同关系,东某公司所要缴纳的水电费是按实际使用抄表数交给国家水电部门的，某某学院只是代缴代扣，水电费实际只产生了195,600元，某某学院要求东某公司支付额外的费用无法律依据。1996年定额并非浙江省或杭州市建筑行业的计算依据，并不适用于本案。退而言之，某某学院起诉以所有工程的全部工程款计算水电费也是于法无据的。某某学院提交的《补充协议》签订于2001年12月28日，而锅炉房工程合同签订于2002年12月1日，教学楼、食堂、锅炉房的室外工程《补充协议》签订于2003年1月22日，均不适用某某学院提供的《补充协议》。若某某学院替东某公司支付了水电费并主张利息，应提供支付票据作为证据。综上，请求驳回某某学院的诉讼请求。

【事实查明】

杭州市萧山区人民法院经审理查明：2001年12月起，双方陆续签订一系列建设工程施工合同及补充协议，约定由东某公司承建某某学院教学楼、学生1号食堂、锅炉房及室外工程的土建、安装等工程。双方于2001年12月28日及2002年4月1日分别签订的两份补充协议中均约定："施工水电费按现行省、市费用定额扣付，超出（定额）含量部分费用由乙方（即东某公司）承担。施工现场为了做到不浪费用水用电，采用单独设置安装水表、电表。"2002年12月1日，双方签订锅炉房建设工程施工合同；2003年1月22日，双方签订关于教学楼、食堂、锅炉房室外工程施工的补充协议书。上述两份合同均未对施工水电费扣付方式进行约定。案涉工程于2002年2月开工，其中教学楼、学生1号食堂、锅炉房工程于2003年1月16日竣工。后双方在案涉工程款结算过程中产生纠纷多次成讼，在历次诉讼过程中确认案涉四个工程总造价为41,030,405元。在已生效的（2007）杭民一初字第81号、（2009）杭萧民初字第4592号民事判决中，某某学院应支付东某公司拖欠案涉工程款（包括室外工程）的利息损失均从2003年1月16日起计算。东某公司已缴纳的案涉工程施工水电费共计195,600元，其中包括向供电部门缴纳的某某学院名下户号为027752的用电户（表号为ag41000287）2002年4月至8月产生的电费及户号为027753的用电户（表号为ag41000288）2002年2月、3月、9月、10月产生的电费，以及向某某学院缴纳的2002年1

月至11月22日的水费。

另查明，在(2009)杭萧民初字第4592号案件审理过程中，该院委托杭州信达投资咨询估价监理有限公司对案涉食堂水电安装工程造价及施工水电费进行鉴定，鉴定机构以1996年定额解释中值(10.5‰)计取施工水电费。

【法院审判】

杭州市萧山区人民法院认为，本案争议焦点为东某公司在施工过程中是否单独设置安装了水、电表，并已按实际使用的水电度数缴清案涉工程施工水电费的问题。根据双方在庭审中的陈述及双方历次诉讼所确认的事实，案涉工程于2002年2月开工，其中教学楼、学生1号食堂、锅炉房工程于2003年1月16日竣工，室外工程在2003年1月22日之后开工，故东某公司施工时间从2002年2月开始至少延续至2003年1月22日以后。但东某公司已缴纳的电费期间为2002年2月至10月，水费期间为2002年1月至11月22日，2002年10月之后的电费与2002年11月之后的水费均未缴纳。且对照双方提供的电费清单与发票，东某公司在2002年2月至10月期间实际每月缴纳了某某学院名下两个用电户中一个的电费，其中户号为027752的用电户对应表号为ag41000287，户号为027753的用电户对应表号为ag41000288。在东某公司实际使用的施工水电费金额无法查清，且双方对部分工程水电费扣付方法未作明确约定的情况下，对于某某学院认为应按行业标准计算施工水电费的主张，该院予以采纳。根据先前诉讼中鉴定机构所采用的相关行业标准，并结合双方在庭审中的意见，该院按案涉工程总造价的10.5‰计算，认定案涉工程施工水电费为430,819.25元(41,030,405元×10.5‰)，扣除东某公司已支付的195,600元，东某公司尚需支付某某学院235,219.25元。上述施工水电费本应在某某学院支付给东某公司的工程款中予以扣除，但在先前多次诉讼中因故一直未予扣除，由此给某某学院造成了利息损失，故某某学院要求东某公司支付相应利息的诉讼请求，该院予以支持。对于利息计算起始时间的问题，虽室外工程开工、竣工时间均应在2003年1月22日之后，但因室外工程造价系在先前诉讼中与教学楼、锅炉房工程一并鉴定，无法从中区分出来，故无法单独计算室外工程施工水电费及其产生的利息，且先前诉讼已生效的判决中，某某学院因拖欠工程款（包括室外工程）而应向东某公司支付的利息均从2003年1月16日起计算，故对于某某学院要求从该日起计算施工水电费利息的主张，该院予以采纳。据此判决：被告在本判决生效之日起十日内支付原告施工水电费235,219.25元，并支付该款项自2003年1月16日起至本判决生效确定的给付日止按中国人民银行同期同档次贷款利率计算的利息。

东某公司不服一审判决，向杭州市中级人民法院提起上诉。

杭州市中级人民法院认为，东某公司上诉主张其在施工期间单独设置了水电表，并按照水电表显示的数额交清了水电费。对该主张其应当举证证明。根据东某公司提供的证据，东某公司施工时间从2002年2月开始至少延续至2003年1月22日，而东某公司未缴纳2002年10月之后的电费和2002年11月之后的水费，因此东某公司并没有付清施工期间所有的水电费。同时，东某公司也未能举证证明其在施工期间单独设置了水电表，因此，东某公司的该项上诉主张不成立。由于东某公司未在施工期间单独设置水电表，导致实际使用的施工水电费金额无法查清。原审法院根据此前双方诉讼过程中鉴定机构所采用的相关行业标准，并同时结合双方合同约定和双方在原审鉴定过程中的协商意见，确定按工程总价10.5‰计算水电费为430,819.25元，并无不当。现有证据表明东某公司实际支付了195,600元水电费，尚余235,219.25元水电费未付清，东某公司应予支付。东某公司未实际支付，也未举证证明系由案外人代付，只能由某某学院代付。某某学院代付了本应由东某公司支付的水电费后，本可以在支付给东某公司的工程款中扣除水电费，但实际未予扣除。已生效判决确认某某学院因拖欠工程款向东某公司支付利息损失起算点均为2003年1月16日，根据对等原则，原审判决施工水电费从2003年1月16日开始计付利息并无不当。因此，东某公司的上诉理由均不能成立，该院不予支持。综上，原审判决认定事实清楚，适用法律正确。依照《民事诉讼法》第一百七十条第一款第（一）项之规定，判决如下：驳回上诉，维持原判。

【本案代理思路评析】

施工单位在施工期间产生的水电费是在相关工程内容中定额含量内体现并汇总计算的,因此施工单位接建设单位提供的水源、电源时应该安装水电计量表计,并按照所计量使用的水电表数量进行据实缴费。如果施工单位没有单独安装计量水电费的表计,也没有缴纳过施工水电费,则应该在工程竣工结算时按照定额全额扣除水电费。然而,这种方式不利于施工现场的节能管理,容易造成长流水、长明灯以及其他大功率照明灯具或者水资源的浪费。本案诉讼过程中,双方对施工水电费的结算产生很大争议。笔者作为某某学院的代理人,认为东某公司施工时未单独安装水电费,理应按照行业惯例以定额标准相应扣除水电费,现具体评析如下。

一、关于施工水电费的性质

施工水电费是指建筑安装工程施工中使用的水和电的费用。施工水电费属工程直接费,过去实行的全国统一预算定额,是按照各分项工程需用的电力和用水量列入定额中,近来实行地区预算定额后,有些地区为了简化定额编制工作,将工程用的水电单独作为一项定额,按不同结构和不同性质工程的建筑面积计算取费后列入预算直接费中。实践操作中有两种收取方式:一是施工单位在施工现场自己装表实算,水电费用由施工单位自己去缴纳;二是按照工程预算中水电费用,建设单位直接从工程总价中扣除。

二、关于本案施工水电费的计费标准问题

本案法院在查明的事实中认定:2002年12月1日,双方签订锅炉房建设工程施工合同;2003年1月22日,双方签订关于教学楼、食堂、锅炉房室外工程施工的补充协议书。上述两份合同均未对施工水电费扣付方式进行约定。由此可见,法院并未将2001年12月28日《补充协议》适用于所有的工程。

某某学院起诉时,提交了浙江省1996年定额解释作为计算诉求施工水电费的依据。但事实上并没有被法院采信,判决适用的是先前诉讼中鉴定机构所采用的相关行业标准。一审庭审中,双方均同意施工水电费按照案涉工程总造价的10.5‰来计算,故法院判决按照10.5‰来计算施工水电费完全符合双方约定。事实上,某某学院在起诉时就向一审法院申请委托相关鉴定机构对案涉工程施工水电费进行鉴定，一审法院鉴定办公室经征询相关鉴定单位后，认为按照某某学院以10.5‰来计算是正确的；为了避免不必要的鉴定费支出，后双方同意协商终止鉴定程序，按10.5‰来计算施工水电费的。

由于东某公司未能证实其在施工期间已经支付了所有的水电费，案涉工程也没有单独安装水电表，因此法院按定额计算出水电费总额后扣除东某公司已付的水电费，余额作为其应付水电费。根据原先生效判决查明的事实，东某公司施工的期间为2002年1月至2003年3月，而东某公司提交的水电费票据显示，已缴纳的电费期间为2002年2月至10月，已缴纳的水费期间为2002年1月至11月22日。由此可见，东某公司并没有付清施工期间的所有水电费。况且，双方也没有在案涉工程单独安装水电表。这种情况下，本案应按照行业标准计算施工水电费。

三、关于施工水电费利息的起算点的认定问题

根据双方约定以及行业惯例，施工水电费应在工程款中直接扣除。然而，某某学院于2003年1月16日以后向东某公司支付的工程款中，均从该日起计算相应的利息给东某公司。本应可以在此前工程款中扣除的施工水电费因故一直未予扣除，由此给某某学院必然造成利息损失，因此应从2003年1月16日开始计付利息，这才符合对等原则。

08 总包单位在工程量清单上的确认行为对分包单位没有约束力

——浙江索某联合科技有限公司应诉浙江平某防火卷门制造有限责任公司承揽合同纠纷案

要使事物合乎正义(公平),须有毫无偏私的权衡;法律恰恰正是这样一个中道的权衡。

——古希腊·亚里士多德

【本案提示】

工程量的确认是工程结算的前提条件。根据合同相对性原理,在没有证据证明分包单位授权总包单位对实际施工人完成的工程量进行核实签证的情况下,总包单位在工程量清单上的确认行为不能代表分包单位。笔者代理的浙江索某联合科技有限公司应诉浙江平某防火卷门制造有限责任公司承揽合同纠纷一案中,作为实际施工单位的浙江平某防火卷门制造有限责任公司跳过作为合同相对方的分包单位浙江索某联合科技有限公司,让总包单位对其完工的工程量进行确认,一审法院在没有对该等确认行为进行审查的情况下就认定其具有法律效力,致使认定案件事实不清。二审审理过程中,因双方对工程量计算方式无法协商一致,二审法院委托了司法鉴定机构,通过鉴定的形式确定了实际完工的工程量。

【案例索引】

一审:浙江省杭州市下城区人民法院(2011)杭下商初字第1685号民事判决书(2012年7月11日)

二审:浙江省杭州市中级人民法院(2012)浙杭商终字第1124号民事判决书(2013年7月9日)

再审:浙江省高级人民法院(2014)浙民申字第86号民事裁定书(2014年5月13日)

【诉称辩称】

原告(反诉被告):浙江平某防火卷门制造有限责任公司(以下简称平某公司)

被告(反诉原告):浙江索某联合科技有限公司(以下简称索某公司)

原告平某公司诉称:2008年4月29日,双方签订《无机纤维复合防火卷帘定做安装合同》。该合同约定:索某公司向平某公司定做无机纤维复合防火卷帘,单价包干150元/平方米,实际数量以安装后索某公司现场管理人员核实签证为准,价款支付方式为合同签订生效后支付总价款的20%为预付款,安装至工程数量的一半支付总价的30%,安装完毕支付总价的20%,验收合格后支付至决算总价的95%,余款5%在12个月保修期满后一次性付清。合同签订后,平某公司按约履行义务。2008年11月25日经双方核对,平某公司完成无机纤维复合防火卷帘13,622.2831平方米,价款2,043,342.47元,其他工程89,100元,合计工程价款2,132,422.47元。截至2011年10月9日索某公司支付价款160万元,尚余532,422.47元未支付,经多次催讨未果。请求判令:索某公司支付加工定作款532,422.47元,本案诉讼费用由索某公司承担。

被告索某公司辩称:其一,根据双方所签订的《无机纤维复合防火卷帘定做安装合同》的约定"实际数量以安装后甲方现场管理人员核实签证为准",但从平某公司提交的决算清单看,该决算清单上既无索某公司现场管理人员的核实签证,更无索某公司盖章确认,平某公司以该份证据作为双方最终结算依据是错误的。合同约定的是包干单价,但在决算清单中却出现厚方管要单独计费，且计价为89,100元，该计算方式明显与合同约定不符；根据合同附件图纸的标示，安装的门洞净高是指地面到吊顶挡板的高度，但决算明细清单中卷帘规格高度均按吊顶高度来计算，即包含吊顶高度，这与合同约定不符；决算清单第七项是工地取消，就不应计算工程量，但平某公司却要进行该项工程结算，这也与事实和合同约定不符。其二，平某公司在履行合同过程中存在违约行为，给索某公司造成了很大的经济损失。平某公司在安装过程中并未按照合同约定自行装表，也未向索某公司交纳相应电费；更为严重的是，平某公司在合同约定的期限内没有完成合同项下的安装义务，迟延完工竟达100多天，为此索某公司赔付违约金360,000元。综上，平某公司的诉讼请求没有相应的证据支持和事实依据，请求依法予以驳回。

【事实查明】

杭州市下城区人民法院经审理查明：一是2008年4月29日平某公司（乙方）和索某公司（甲方）签订《无机纤维复合防火卷帘定做安装合同》，约定：工程名称为贵阳市金阳科研设计办公区，工程承包内容为无机纤维复合防火卷帘定做安装工程，包干单价150元/平方米，此单价包括防火电机、控制箱、传动装置、导轨、门帘、按钮盒、安装调试费、运费、消防验收及防火封堵等一切费用，乙方用电自行装表，按实收取。数量暂定10,000平方米，实际数量以安装后甲方现场管理人员核实签证为准，卷帘门工程量计算规则为面积＝（安装的门洞净高＋0.6米）×卷帘门实际宽度。合同金额暂定150万元，工程款支付方式为合同签订生效后支付总价的20%为预付款，安装至总工程量的一半支付总价的30%，安装完毕支付总价的20%，验收合格后支付至决算总价的95%，余款5%在12个月保修期满后一次性付清。工期为2008年4月28日至2008年6月28日制作安装完成，调试时间为装修结束后10个工作日。工程质保期限为消防验收合格后一年，终身维修。合同附件的图纸中标注卷帘门面积（平方米）＝（H4高度＋0.6米）×W洞口宽度。二是2008年4月20日索某公司向浙江警某消防安全工程有限公司（以下简称警某公司）承包了上述无机纤维复合防火卷帘安装工程，并签订了无机纤维复合防火卷帘购销合同，约定了单价、工程量计算规则等。三是在平某公司履行合同过程中，索某公司对防火卷帘的设计图纸、安装位置进行变更，并委托警某公司告知平某公司，平某公司亦按索某公司的要求进行了变更，但双方未签订书面的变更合同。2008 年 11 月 25 日经警某公司确认平某公司制作安装的无机纤维复合防火卷帘数量为 473 樘，面积为 13,374.26 平方米；且因安装位置的变更，制作完成但未被使用以及改动尺寸的防火卷帘面积为 234.591 平方米，合计 13,608.851 平方米，价款为 2,041,327.65 元。警某公司还确认厚方管数量 225 根属实，该厚方管市场价为 52,344.78 元。两项合计价款为 2,093,672.43 元。截至 2011 年 10 月 9 日索某公司共向平某公司支付价款 160 万元，尚欠价款 493,672.43 元至今未付给平某公司。2010 年 11 月 5 日贵阳市公安消防支队对贵阳市金阳科研设计办公区进行验收，综合评定为合格。

【法院审判】

杭州市下城区人民法院认为，平某公司与索某公司签订的《无机纤维复合防火卷帘定做安装合同》系双方当事人真实意思表示，内容不违反法律禁止性规定，双方均应恪守合同约定。本案的争议焦点在于：一是防火卷帘门面积的计算问题。双方一致确认无机纤维复合防火卷帘的设计图纸、安装位置进行变更，且初始测量、设计图纸的变更均是由索某公司委托警某公司配合平某公司一起完成。作为索某公司对平某公司制作安装完成的无机纤维复合防火卷帘工程应当进行验收，在其未协助平某公司进行测量工程量的情况下，警某公司作为索某公司的发包方与平某公司对防火卷帘尺寸、数量进行核实，应当是有效的，但是在面积的计算上有误差，该院予以调整。二是关于平某公司主张的厚方管的价款问题。该院认为厚方管是在防火卷帘的安装位置发生变更后才使用到卷帘工程中的，索某公司辩称厚方管的价款已包含在合同单价内与事实不符，但其提出按市场价计算合情合理，该院予以采纳。三是关于索某公司的反诉请求。该院认为，索某公司以警某公司的索赔函为依据向平某公司主张赔偿损失，但庭审中索某公司明确表示该 36 万元尚未实际赔偿，故索某公司的该项反诉请求缺乏事实依据，该院不予支持。同时索某公司主张的电费问题，因双方合同约定平某公司用电自行装表，按实收取，而现索某公司以浙江省建筑工程综合定额作为计算电费的标准，并未提供平某公司实际用电的数量，故索某公司主张电费的证据不足，该院亦不予支持。但针对平某公司提出索某公司的反诉请求已超过诉讼时效的意见，该院认为，双方当事人对本案所涉价款一直未进行结算，平某公司提起要求索某公司支付价款的诉讼后，索某公司在举证期限内针对本诉提起反诉，故平某公司就诉讼时效的抗辩意见，该院不予采纳。综上，依照《合同法》第一百零九条、第二百六十一条，《民事诉讼法》第六十四条之规定，判决如下：(1)被告浙江索某公司于本判决生效后十日内支付原告浙江平某公司价款493,672.43元。(2)驳回原告浙江平某公司的其他诉讼请求。(3)驳回反诉原告浙江索某公司的反诉请求。

索某公司不服一审判决，向杭州市中级人民法院提起上诉。

杭州市中级人民法院认为，双方在定做安装合同及所附图纸中对卷帘门工程量即面积计算虽有约定，但在合同实际履行过程中，卷帘门图纸及安装位置有变。因双方未就图纸及安装位置变更后如何计算卷帘门工程量达成合意，故而产生争议。根据索某公司的申请，该院委托杭州市房地产测绘公司对案涉工程防火卷帘门的安装面积进行鉴定。平某公司、索某公司均派员参与了杭州市房地产测绘公司进行的实地量测。对于平某公司就杭州市房地产测绘公司制作的鉴定报告所提异议，该院认为，杭州市房地产测绘公司在双方均在场的情况下，根据实地量取的数据形成的检验结果能够客观反映平某公司制作并安装的防火卷帘门的面积。平某公司欲在杭州市房地产测绘公司量取数据的基础上再根据合同约定加上0.6米的高度来计算防火卷帘门的面积缺乏依据，该院不予支持。根据杭州市房地产测绘公司的检验结果及合同约定的单价，结合索某公司的自认及因防火卷帘门安装位置变更而需使用厚方管的事实，该院认定索某公司共应向平某公司支付制作安装防火卷帘门的价款1,738,344.78元。扣除索某公司已支付的1,600,000元，索某公司尚应向平某公司支付138,344.78元。对索某公司要求平某公司支付电费的主张，因索某公司未能提供有效证据证明平某公司的实际用电量，故该院对其该项请求不予支持。对索某公司要求平某公司赔付360,000元逾期完工违约金的主张,该院认为,索某公司未举证证明360,000元损失已实际产生,且索某公司亦认可图纸及安装位置的变化对施工进度有影响,故原审法院对索某公司的该项请求未予支持并无不当。综上,索某公司的上诉理由部分成立,对其上诉请求该院部分予以支持。依照《民事诉讼法》第一百七十条第一款第(二)项之规定,判决如下:(1)维持杭州市下城区人民法院(2011)杭下商初字第1685号民事判决第三项,即驳回浙江索某公司的反诉请求;(2)撤销杭州市下城区人民法院(2011)杭下商初字第1685号民事判决第一、二项及诉讼费负担部分;(3)浙江索某公司于本判决生效后十日内向浙江平某公司支付价款138,344.78元;(4)驳回浙江平某公司的其他诉讼请求。

平某公司不服二审判决,向浙江省高级人民法院申请再审。

浙江省高级人民法院认为,本案争议在于平某公司制作安装的防火卷帘门面积应如何计算。首先,平某公司主张案涉卷帘门面积为13,622.2831平方米,其依据主要是决算清单及其明细清单。从平某公司提交的决算清单及其明细清单看,载明了卷帘门总面积、计价以及各个楼层的卷帘门规格、数量及面积等内容。在清单落款"工程负责人确认"一栏加盖警某公司金阳项目部印章,并由肖某某签署"现场安装防火卷帘数量及门洞尺寸属实,具体工程量按双方合同予以决算"意见并签名。从本案事实看,根据双方签订的无机纤维复合防火卷帘定做安装合同约定,防火卷帘门的实际数量以安装后索某公司现场管理人员核实签证为准。虽然平某公司提交证据证明,在合同履行过程中涉及卷帘门的测量、图纸设计的更改系由警某公司联系、配合平某公司完成,对于上述事实索某公司也予以认可。但在没有证据证明索某公司亦授权警某公司对案涉卷帘门实际数量及工程量进行核实签证,也没有证据证明肖某某系索某公司现场管理人员的情形下,警某公司或肖某某的行为不能代表索某公司。其次,根据双方签订的定做安装合同约定,卷帘门工程量计算规则为面积=(安装的门洞净高+0.6米)×卷帘门实际宽度。同时合同附件的图纸中标注,卷帘门面积(平方米)=(H4高度+0.6米)×W洞口宽度。一方面,对于上述约定中的"门洞净高"及"卷帘门实际宽度",当事人理解不一。对于上述两种计算方式是否一致,当事人存在争议。最后,经索某公司申请,二审委托鉴定机构对案涉卷帘门安装面积进行鉴定,鉴定结论为安装面积为11,003.42平方米。根据鉴定报告,该鉴定结论系按照实测的含两端导轨宽度的卷帘门宽度与卷帘门高度的乘积计算所得。结合鉴定人员在二审庭审中的陈述,“根据双方协商,打开顶盖,测量出数据,经双方确认后,才写下这个数据。尺子是弯进去即跟卷轴一起卷过去测量的,且是从地砖开始测量”,“我们只是测量了防火卷帘门的实际安装高度”,即鉴定机构所量取的卷帘门高度系经双方协商确认的卷帘门的实际高度。故在双方未就面积计算达成一致情形下,二审按照实际测量的卷帘门高度计算卷帘门面积,对双方亦公平合理。至于再审审查中平某公司提交新的证据即杭州三九测绘科技有限公司出具的面积测量成果,用以证明案涉防火卷帘门面积为13,596.041平方米。因该鉴定系平某公司单方委托所作出,索某公司对此不予认可,故对该鉴定结论不予采信。综上,平某公司的再审申请不符合《民事诉讼法》第二百条第(一)项、第(二)项、第(六)项规定的情形。依照《民事诉讼法》第二百零四条第一款之规定,裁定如下:驳回浙江平某公司的再审申请。

【本案代理思路评析】

本案历经一审、二审、再审,诉讼时间长达两年之久,且经过两次鉴定,可谓费时费力。究其原因:一是难以确定消防总包方的盖章行为对分包方有无约束力;二是难以确定在双方对卷帘门面积计算公式有异议时能否按实测面积进行结算。对此,笔者对本案存在的前述争议问题作如下评析。

一、根据合同相对性原则,在索某公司没有书面授权警某公司对卷帘门进行测量的情况下,平某公司提交的有警某公司盖章的《无机复合防火卷帘决算清单及其明细清单》对索某公司不具有约束力

合同相对性是指合同只对缔约当事人具有法律约束力,对合同关系以外的第三人不产生法律约束力。合同相对性原则包含了非常丰富和复杂的内容,并且广泛体现于合同中的各项制度之中,一般都将其概括为以下三个方面:(1)主体的相对性,即指合同关系只能发生在特定的主体之间,只有合同当事人一方能够向合同的另一方当事人基于合同提出请求或提起诉讼。

具体来说,由于合同关系是仅在特定人之间发生的法律关系,因此只有合同关系当事人之间才能相互提出请求,非合同关系当事人,没有发生合同上的权利义务关系的第三人不能依据合同向合同当事人提出请求或提出诉讼。(2)内容的相对性,即指除法律、合同另有规定以外,只有合同当事人才能享有合同约定的权利,并承担该合同约定的义务,当事人以外的任何第三人不能主张合同上的权利,更不负担合同中约定的义务。(3)责任的相对性,即指违约责任只能在特定的合同关系当事人之间发生,合同关系以外的人不负违约责任,合同当事人也不对其承担违约责任。

本案中,由于平某公司仅与索某公司发生合同关系,故双方只能以合同约定内容或法律规定来确定各自的权利义务,不能突破该合同内容,具体为:

(1)根据双方所签订合同第四条的明确约定,实际数量以安装后甲方(索某公司)现场管理人员核实签证为准。但实际上在决算清单上没有索某公司现场管理人员的核实签证,更无索某公司的盖章确认,索某公司直至收到一审起诉状副本才知道有该份清单,但无法确认其具有真实性,故该决算清单对索某公司没有法律约束力。

(2)退一步讲,即便该决算清单属实,那么根据肖某某在该份决算清单上的签署意见来看,即“现场安装防火卷帘数量及门洞尺寸属实,具体工程量按双方合同予以决算”,按照该签证注释,肖某某并没有对防火卷帘安装面积进行确认,这是因为肖某某不清楚双方之间的合同如何约定计算工程量,故对具体工程量根本无法核算、确认。

(3)再退一步讲,即便不考虑决算清单上的部分修改意见,仅从决算清单的内容来看,其工程量计算方式不符合双方所签订合同的约定及客观事实。根据庭审查实及平某公司的一再确认,决算明细清单中的面积是按照“(H3 高度 +0.6 米) × W 洞口宽度”计算的,而不是按照合同及其附件图纸中的“(H4 高度 +0.6 米) × W 洞口宽度”计算。这与双方约定不符。

二、在双方对卷帘门安装面积如何计算无法协商一致时,索某公司申请法院委托杭州市房地产测绘公司对案涉防火卷帘门安装面积进行测绘鉴定,二审法院以该鉴定结论作为判决依据,公平合理

(1)本案中存在两份鉴定报告:一份是二审法院委托的杭州市房地产测

绘公司所出具的鉴定报告,测绘结果为11,003.42平方米;另一份为平某公司单方委托杭州三九测绘科技有限公司所出具的鉴定报告,测绘结果为13,361.45平方米。比较两份测绘报告,测绘结果两者相差2358.03平方米。两家鉴定机构在测量案涉工程的楼板底高、吊顶净高及安装尺寸等方面基本一致,但杭州三九测绘科技有限公司错误地以楼板底高H3计算面积,而不是按照双方约定的H4作为计算依据。杭州三九测绘科技有限公司作出的《面积测绘成果》的说明七中明确:面积计算公式:(门洞面积=安装前的总高度+封堵高度)×安装前的总宽度。该面积计算公式的表达形式不仅错误,而且与合同约定的公式"卷帘门工程量=(安装的门洞净高+0.6米)×卷帘门实际宽度"及图纸约定的公式"卷帘门面积=(H4高度+0.6米)×W洞口宽度"不符。

(2)鉴于防火卷帘门展开后为长方形的实际情况,故其面积的计算相对较为简单,即高×宽。但由于实际安装时卷轴布置位置的原因,防火卷帘高度往往难以直接测量,故一般可按照行业惯例计算。根据卷轴位置不同分为两种:①当卷轴位于门洞上方,根据《全国统一建筑工程预算工程量计算规则(土建工程)》《浙江省建筑工程预算定额(1994年版)》,其面积计算公式可为(洞口高度+600毫米)×实际宽度,其中600毫米是根据实验测定一般卷帘门的高度要比门的高度高出600毫米的经验公式得来;②当卷轴位于门洞中,如本案防火卷帘门安装位置,再套用上述面积计算公式明显错误,即用以计算卷帘门面积的卷帘门高度不能以洞口高度加600毫米来认定,应按合同约定"(H4高度+0.6米)×W洞口宽度"或者行业惯例"洞口高度×实际宽度"来计算。之所以计算公式采用H4高度而非H3高度,是因为实际卷帘门的卷轴安装位置与原设计图纸发生了改变,故卷帘门安装面积的计算公式采用H4高度而不是H3高度。

(3)正是由于双方对计算防火卷帘门安装面积时采用H3还是H4存在分歧,故杭州市房地产测绘公司根据二审法院的委托以实地量测方式进行测绘,这符合《全国统一建筑装饰装修工程消耗量定额》第四章"工程量计算规则"第四条"成品防火门以框外围面积计算,防火卷帘门从地(楼)面算至端板顶点乘设计宽度"的规定。杭州市房地产测绘公司所测得的面积

11,003.42平方米是通过现场拆除吊顶后实际测得卷帘门高度和卷帘门宽度计算得出；且鉴定的假设和限制条件第四项明确“高度量取的下部基准为实地现有铺设地砖，宽度尺寸均实测采集”，第五项明确“由于实地吊顶装修完毕，包裹住卷帘门顶部弯曲部分，导致无法逐一量取防火卷帘门的高度。经双方指定几处拆除吊顶后量取高度尺寸，对相同规格尺寸的卷帘门高度进行协商统一确认。未经协商确认的不同规格的卷帘门高度均在双方协助下量取尺寸”。故鉴定报告中的卷帘门面积为实测面积，且鉴定报告中的实测数值是经过索某公司和平某公司双方人员现场确认，比较客观、真实、公正。

09 实际施工人诉讼对象的选择

——浙江环某环境建设有限公司应诉江某某、浙江诸某建设集团有限公司、洪某某建设工程施工合同纠纷案

法律是人民意志的自由而庄严的表现。

——法国·罗伯斯庇尔

【本案提示】

自2005年1月1日《最高人民法院关于审理建设工程施工合同纠纷案件适用法律问题的解释》实施十多年来,关于实际施工人的诉讼多达数万件。当实际施工人的权益受到侵害时,根据合同相对性原则,其应向合同相对方主张权利;只有在实际施工人证明发包人存在欠付工程款的情况下,才能突破合同相对性原理准许实际施工人追诉发包人。笔者代理的浙江环某环境建设有限公司应诉江某某、浙江诸某建设集团有限公司、洪某某建设工程施工合同纠纷一案中,作为实际施工人的江某某没有正确理解法律规定,错误地选择了起诉对象,历经两年多时间的诉讼后被判决败诉,这值得引以为戒。

【案例索引】

一审:辽宁省大连经济技术开发区人民法院(2014)开民初字第2961号民事判决书(2016年3月7日)

二审：辽宁省大连市中级人民法院(2016)辽02民终4931号民事判决书(2016年11月3日)

【诉称辩称】

原告：江某某

被告：浙江诸某建设集团有限公司(以下简称诸某公司)

被告：浙江环某环境建设有限公司(以下简称环某公司)

第三人：洪某某

原告江某某诉称：被告诸某公司从被告环某公司处承包大连逸某大化石化有限公司PTA改扩建项目污水处理安装工程，该工程由诸某公司指派项目经理洪某某、陈某智负责建设、管理。诸某公司后又将其中管道焊接工程转包给原告。实际工作中，洪某某下属实际负责人陈某智代为与原告签订承包协议、监督现场施工、后期核算工程量等具体工作。现该工程已投入使用。2012年8月10日签订的协议书对各种材料安装、焊接工作的计价方式作了明确约定。2012年11月，原告与环某公司胡某周、诸某公司刘某生对工程量进行结算，确认了工作数量，最终确认被告应支付原告工程款总价为3,863,128元。2013年3月4日，胡某周、陈某智又再次确认工程数量、单价以及总价。扣除因购买原材料、工人工资等预支的1,670,000元和洪某某代原告发放的工人工资618,630元，现仍剩余1,574,498元工程款未支付。原告催讨工程款中多次形成结算依据、证明、会议纪要。本案中原告作为实际施工人，根据《最高人民法院关于审理建设工程施工合同纠纷案件适用法律问题的解释》第二十六条的规定以及三方会议纪要等证据，环某公司应当在欠付的工程款范围内对诸某公司欠原告的工程款承担连带支付责任。故起诉，请求判令：诸某公司、环某公司连带支付原告工程款1,574,498元及自2012年11月1日起按中国人民银行同期贷款利率计算逾期付款利息，本案诉讼费由诸某公司、环某公司承担。

被告诸某公司辩称：第一，洪某某和诸某公司是承包关系，陈某智是洪某某叫来负责工地中材料采购和后勤工作的，诸某公司从未授权其二人对外签订分包协议或合同以及工程量决算的权利。第二，原告诉称的2012年

8 月10 日的协议是由陈某智和原告签订,诸某公司在原告起诉后才知道有该份协议,2012 年 8 月 10 日之前于 2012 年 4 月 15 日陈某智与原告之间签订过一份合同书,8 月 10 日协议书只是对之前合同的补充。陈某智与原告签订的合同及协议均系无权代理,该协议书和合同均系原告与洪某某之间的合同关系,与诸某公司无关。第三,原告诉称诸某公司及第三人洪某某支付给原告款项金额,我方没有进行核实,但我方认为已经支付给原告的款项有可能超过原告诉称金额,我方对原告认为已经支付的金额的自证效力予以认可。第四,原告并未按照合同书和协议的约定进行施工,原告施工过程中存在延误工期,并在施工过程中组织工人闹事、罢工。2012 年 10 月 16 日停止施工,给我方造成严重损失,按照合同书的约定,原告因承担赔偿责任。第五,原告在给我方施工的同时,也在给环某公司施工,有部分款项是环某公司直接支付给原告的工程款。在施工过程中,洪某某共分包了四个工班施工,江某某只是其中一个,由于原告施工过程中存在延误工期后来直接罢工停止施工,是由其他工班施工。第六,案涉工程从未与环某公司进行结算,原告没有提供决算书。我方通过第三人洪某某了解到,2013 年 5 月 4 日原告曾与洪某某之间对原告完成的工程量进行核算,现原告无权要求我方支付工程款,即使原告主张工程款也应当按照 2013 年 5 月 4 日原告与洪某某之间形成的工程量核算依据进行计算。综上,原告的起诉无事实依据和法律依据,请求驳回原告的事实请求。

被告环某公司辩称:第一,鉴于环某公司早已向诸某公司付清案涉工程的全部工程款,原告要求环某公司在欠付工程款范围内承担连带支付责任没有任何依据。环某公司承接逸某大化石化有限公司 PTA 改扩建项目污水处理工程后,将该工程中的安装工程分包给诸某公司进行施工,双方于 2012 年 2 月 23 日签订了《安装工程施工合同》,约定合同价款为 1100 万元,并在专用条款第 23.2 条进一步明确本合同价款采用固定总价合同方式确定,不予调整。安装工程完工后,经双方对账,环某公司共支付给诸某公司工程款 1293.6926 万元。据此,环某公司不仅早已履行完毕向诸某公司支付案涉工程全部安装工程款的义务,而且还超额支付了 193.6926 万元。对于超额支付部分,环某公司要求诸某公司予以返还。由于环某公司不存在拖欠诸某公司工程款，且环某公司也不是发包人，故本案不符合《最高人民法院关于审理建设工程施工合同纠纷案件适用法律问题的解释》第二十六条规定的情形，应驳回原告对环某公司的诉讼请求。第二，原告诉求案涉工程款数额的依据不足。由于诸某公司将案涉部分安装工程又分包给原告施工，并签订相关协议，根据合同相对性原则，前述协议对环某公司没有任何约束力。诸某公司与原告所约定的安装范围、结算方式等内容，与环某公司没有任何关系。现仅就原告诉求案涉工程款数额所依据的"汇总"来看，该表"备注"栏下的数字均为手写，格式极其不规范，且该数额未经诸某公司确认，显然不能作为本案工程款结算的依据。应驳回原告对环某公司的诉讼请求。

第三人洪某某述称：第一，案涉工程系诸某公司向环某公司承包，诸某公司再承包给第三人，第三人又将承包的部分工程分包给原告江某某。第三人与原告之间系直接承包合同关系，原告的合同相对方系第三人。第二，原告提供的协议书和诸某公司提供的合同书均系陈某智代表第三人与原告签订的。根据该协议书的约定和原告实际的施工工程量，原告实际收到的款项已经超过了应当得到的工程款，原告应当返还超过应得工程款部分的款项。根据合同书的约定，原告组织工人罢工，擅自停止施工，未完成约定的工程施工范围，给第三人造成了经济损失，应当追究原告的违约责任。诸某公司提供的全部证据来源系从第三人处取得，诸某公司和原告之间没有直接的合同关系，故有关案件的事实在没有第三人参加诉讼的情况下无法核实，应以第三人的陈述为准。环某公司认为已经支付的款项，事实上并非完全支付本案中的逸某大化石化有限公司 PTA 改扩建项目污水处理工程，有部分款项系支付第三人施工的其他工程款项。

【事实查明】

大连经济技术开发区人民法院经审理查明：2012 年 2 月 23 日，诸某公司和环某公司之间签订《逸某大化石化有限公司 PTA 改扩建项目污水处理工程安装工程施工合同》，约定根据逸某大化石化有限公司、中国纺织工业设计院和环某公司三方签订的《逸某大化石化有限公司 PTA 改扩建项目污水处理工程建设承包合同》内容，发包人（环某公司）委托承包人（诸某公司）

承担逸某大化石化有限公司PTA改扩建项目污水处理工程现场安装总承包。工程内容为安装工程施工、培菌、调试。合同价款为1100万元。同时约定合同的通用条款详见2011年10月12日中国纺织工业设计院与环某公司签订的《逸某大化石化有限公司PTA改扩建项目污水处理工程安装工程施工合同》。

2012年5月13日，诸某公司第一分公司与第三人签订《内部工程项目经济责任承包协议》，约定就逸某大化石化有限公司PTA改建项目污水处理工程，第三人作为诸某公司内部该工程项目的承包责任人；该工程项目所发生的一切工程质量、安装事故（纠纷）及其他经济纠纷均由诸某公司协助第三人负责处理，并由第三人承担全部经济责任。该工程项目施工结束后，第三人作为该工程项目的承包责任人后，该工程项目实行经济独立核算，盈亏由第三人自负。诸某公司按公司规定向第三人收取该工程项目工程结算造价的1.0%管理费及保底利润，该工程所发生的税金、合同签证费及与该工程相关的各种费用均由第三人承担，并从业主单位（总包单位）汇入的工程款中按比例直接扣除。

2012年4月15日，陈某智代第三人与原告签订合同书，将案涉工程分包给原告。2012年8月10日，陈某智代第三人与原告签订协议书，就工程材料单价等作出补充约定。2013年3月4日，原告、第三人方的陈某智、环某公司的胡某周、寿某川签字确认形成工程量汇总。2013年4月27日，原告、第三人与诸某公司第一分公司形成会议纪要，诸某公司第一分公司为会议协调方，约定第三人对原告施工工程量存在争议，第三人与原告均同意对工程量进行核对，原告应于2013年4月28日前提供真实、完整的已完成工程量清单、联系单等有关原告已完成工程量的证据材料交第三人核对，第三人应于2013年5月15日前对原告已完成工程量进行核对完毕，并对核对争议部分于2013年5月18日前与原告进行协商确认完毕，如不能协商一致的，双方同意由诸某公司第一分公司负责协调解决。2013年5月4日，原告、第三人形成部分工程量清单。

2013年12月12日，就农民工工资问题，原告、第三人、诸某公司与24位农民工在浙江省诸暨市人民法院达成调解协议，内容协议为本案原告支付欠付农民工工资,本案第三人、诸某公司在尚欠本案原告工程款范围内承担连带清偿责任。在该案调解笔录中,24 位农民工陈述本案诸某公司承包了大连逸某大化石化有限公司的安装工程,而该工程实际由第三人承建,第三人又将部分工程分包给本案原告。对此陈述,本案原告、诸某公司及第三人均表示认可。

【法院审判】

大连经济技术开发区人民法院认为,案涉的逸某大化石化有限公司 PTA 改扩建项目污水处理安装工程,环某公司为总承包方,诸某公司系从环某公司处分包。后诸某公司与第三人签订《内部工程项目经济责任承包协议》,但该协议约定第三人就该工程项目实行经济独立核算,盈亏由第三人自负,且诸某公司向第三人收取管理费及保底利润,并从业主单位汇入的工程款中按比例直接扣除,且无证据证明第三人系诸某公司内部职工及第三人与诸某公司之间存在劳务关系,故诸某公司与第三人之间名为内部承包,实为非法转包。陈某智与原告之间就案涉工程签订的合同书,尽管合同注明甲方为诸某公司,但未加盖诸某公司公章,诸某公司对此予以否认,且无证据证明陈某智为诸某公司内部职工,而第三人称陈某智为其雇佣的工作人员代其签订合同书,且法院调解笔录及 2013 年 4 月 27 日会议纪要均体现就案涉工程原告系从第三人处直接分包,可佐证原告签订上述合同书的真实意思表示系与第三人之间签订,第三人系原告的合同相对方,案涉工程系原告从第三人处直接分包。原告主张第三人为诸某公司的项目经理,其合同相对方为诸某公司,但其未能提供相关证据加以证明,故原告的该项主张不能成立。综上所述,原告的合同相对方即是第三人,其实际施工案涉工程后应向第三人主张工程欠款,但经法庭释明,原告明确不向第三人主张工程欠款。至于诸某公司,其作为案涉工程施工过程中的转包人,与原告并未形成合同关系,根据合同的相对性原则,原告无权主张诸某公司给付工程欠款及利息,对原告的该项诉讼请求不予支持。

由诸某公司和环某公司之间签订《逸某大化石化有限公司 PTA 改扩建项目污水处理工程安装工程施工合同》通用条款可见,因案涉工程的逸某大化石化有限公司PTA改扩建项目污水处理工程安装工程系环某公司从中国纺织工业设计院处承包，该工程项目的投资人即发包方为中国纺织工业设计院，环某公司为总承包人，其又将案涉工程分包给诸某公司。如前所述，原告只是与第三人之间形成了合同关系，根据合同的相对性原则，原告无权要求环某公司承担给付工程款的责任，且环某公司不是发包人，其只是总承包人，根据《最高人民法院关于审理建设工程施工合同纠纷案件适用法律问题的解释》第二十六条的规定，环某公司没有在欠付工程款范围内对实际施工人承担责任的法律义务，故对原告要求环某公司连带支付工程欠款的诉讼请求，不予支持。综上，依据《合同法》第二百六十九条、《最高人民法院关于审理建设工程施工合同纠纷案件适用法律问题的解释》第二十六条、《民事诉讼法》第六十四条之规定，判决如下：驳回原告江某某的诉讼请求。

江某某不服一审判决，向大连市中级人民法院提起上诉。

大连市中级人民法院认为，上诉人江某某的合同相对方是原审第三人，上诉人实际施工案涉工程后应向原审第三人主张工程欠款。主要理由如下：一是诸某公司从环某公司处分包案涉工程后，自己并未实际承建该工程，而是与原审第三人洪某某签订《内部工程项目经济责任承包协议》，将该工程全部转包给第三人洪某某。原判认定诸某公司与洪某某之间系非法转包关系事实清楚。二是陈某智作为原审第三人雇佣的工作人员代替洪某某与上诉人就案涉工程所签订的协议书中，未盖有诸某公司的印章。在上诉人未能提供充分的证据证明陈某智为诸某公司的内部职工的情况下，理应认定案涉工程合同系上诉人江某某与原审第三人洪某某签订的。三是关于上诉人提出的洪某某的行为构成表见代理的主张，上诉人应承担举证责任。在上诉人未能充分证明原审第三人洪某某存在有权代理诸某公司的客观形式要素的情况下，原判对上诉人的该主张不予支持并无不妥。四是至于2013年12月12日，诸某公司在浙江省诸暨市人民法院达成的调解协议，依据《最高人民法院关于民事诉讼证据的若干规定》第六十七条的规定，不应作为在本次诉讼中对其不利的证据，不能就此认定诸某公司系案涉合同的相对人。据此，在本案合同主体的认定上，应遵循合同相对性的原则，原审第三人应承担给付上诉人江某某工程款的责任。

在原审审理中,上诉人始终坚持请求判令诸某公司和环某公司支付工程款的诉求。虽然上诉人在二审审理中变更了该诉讼请求,但是在二审调解未果的情况下,上诉人依法可就案涉的工程欠款另行向原审第三人提起诉讼。

综上,原审判决认定事实清楚,适用法律正确。上诉人的上诉请求,理由不充分,该院不予支持。依照《民事诉讼法》第一百七十条第一款第(一)项之规定,判决如下:驳回上诉,维持原判。

【本案代理思路评析】

在建设工程施工过程中,由于合同当事人采用转包、分包、项目转租等方式,出现了大量以单位部门、项目经理乃至个人名义签订或实际履行合同的情形,并因合同主体和效力认定问题引发纠纷。诸如本案中第三人洪某某以诸某公司的名义与江某某签订合同书,江某某的合同相对方是洪某某还是诸某公司?其能否根据表见代理要求诸某公司承担责任?环某公司作为案涉工程的总承包人,其应否在欠付工程款范围内承担责任?这些都是本案的争议焦点。对此,笔者具体评析如下。

一、江某某系案涉工程的实际施工人

2005 年 1 月 1 日实施的《最高人民法院关于审理建设工程施工合同纠纷案件适用法律问题的解释》首次出现了一个新的法律诉讼主体“实际施工人”,这为实际施工人获得了很大的便利,可以通过诉讼途径保护自己的权益,可以越过一些没钱的公司向有钱的公司主张自己的权利。但最高人民法院没有给出“实际施工人”的法律概念,如何认定“实际施工人”,在司法实践中也存在很大的争议。

笔者认为,可以从实际施工人的下列特征进行判断认定:其一,实际施工人是实际履行承包义务的人,既可能是对整个建设工程进行施工的人,也可能是对建设工程进行部分施工的人;其二,实际施工人与发包人没有直接的合同关系或者名义上的合同关系;其三,实际施工人所签的建设工程施工合同无效;其四,实际施工人同与其签订转包合同、违法分包合同的承包人或者出借资质的建筑施工企业之间不存在劳动人事关系或者劳务关系;其五,实际投入资金、材料和劳力进行工程施工。

根据上述特征,本案江某某组织人员、投入资金完成了案涉 PTA 改扩建项目污水处理安装工程中的管道焊接工程;江某某与建设单位不存在合同关系,与诸某公司、环某公司也不存在劳动关系。据此,江某某系案涉管道焊接工程的实际施工人。

二、江某某没有证据证明洪某某的行为构成表见代理,故其合同相对方仍是洪某某

由于诸某公司没有直接与江某某签订合同,江某某也没有证据证明合同书上的签字代表陈某智系诸某公司的员工,故该合同书对诸某公司不具有约束力。《合同法》第四十九条规定:“行为人没有代理权、超越代理权或者代理权终止后以被代理人名义订立合同,相对人有理由相信行为人有代理权的,该代理行为有效。”该条是有关表见代理的规定,其不仅要求代理人的无权代理行为在客观上形成具有代理权的表象,而且要求相对人在主观上善意且无过失地相信行为人有代理权。合同相对人主张构成表见代理的,根据《最高人民法院关于当前形势下审理民商事合同纠纷案件若干问题的指导意见》第十三条之规定,应当承担举证责任,不仅应当举证证明代理行为存在诸如合同书、公章、印鉴等有权代理的客观表象形式要素,而且应当证明其善意且无过失地相信行为人具有代理权。由于江某某未能举证证实洪某某存在有权代理诸某公司的前述客观形式要素,故其应承担举证不能的不利后果。

三、环某公司不是案涉工程的发包人,不是本案适格被告,不应承担连带责任

江某某要求环某公司承担连带责任的法律依据系《最高人民法院关于审理建设工程施工合同纠纷案件适用法律问题的解释》第二十六条。依该解释第二十六条第一款的规定,实际施工人以转包人、违法分包人为被告起诉的,法院应当依法受理;第二款则规定,实际施工人以发包人为被告主张权利的,法院可追加转包人或违法分包人为当事人,发包人只在欠付工程价款范围内对实际施工人承担责任。

上述第一款为程序性规定,具有倡导性,其要求实际施工人首先应向实际施工人的合同相对人即转包人或违法分包人主张权利。实际施工人基于契约信赖,应向与其形成合同关系的转包人或违法分包人主张权利,而不应向非合同当事人的第三人主张权利。这是合同相对性的必然要求,是实际施工人主张权利的主渠道。

上述第二款第一句、第二句也系程序性的内容。在实际施工人直接起诉发包人的情形下,法院可以基于查明案件事实的需要,通知实际施工人的合同相对人即转包人或违法分包人为当事人参加诉讼。因为在实际施工人的合同相对人未参与诉讼的情形下,是否结欠工程款的事实难以查清,且该查证结果与实际施工人的合同相对人也存在法律上的利害关系。此纯属于程序性的规定。

上述第二款最后一句属实体性的规定。该条款虽对合同相对性原则有所突破,要求作为非合同相对人的发包人在欠付工程价款范围内对实际施工人承担责任。但是,《合同法》第二百七十二条就建筑工程法律关系主体有专门的称谓及含义。就本案而言,发包人是逸某大化石化有限公司(笔者对一审法院认定"发包方为中国纺织工业设计院"持有异议),承包人是环某公司,分包人是诸某公司、洪某某,实际施工人是江某某,作为江某某的合同相对人应是洪某某。环某公司不是发包人,上述司法解释第二十六条第二款最后一句不能作为江某某要求环某公司承担连带责任的法律依据。现江某某诉求环某公司在欠付工程款范围内承担连带责任,系对法律的错误理解,作为承包人的环某公司没有义务对与其没有合同关系的实际施工人承担责任。

四、实际施工人的诉讼对象的选择考量

目前建筑市场往往存在"两个不规范"现象:第一个不规范体现在借用资质,为了规避法律、行政法规关于资质管理等规定,实践中转包工程、违法分包工程、借用资质承包工程现象较为突出;第二个不规范体现在实际施工人,既无资质也无主体资格的管理。"两个不规范"以及社会信用机制的缺失,导致建筑工人主要是农民工权益保护问题突出。为了打通农民工权益保护的通道,《最高人民法院关于审理建设工程施工合同纠纷案件适用法律问题的解释》第二十六条规定实际施工人可以突破合同相对性,向无合同关系的发包人主张权利。

2019年2月1日实施的《最高人民法院关于审理建设工程施工合同纠纷案件适用法律问题的解释(二)》第二十四条规定:“实际施工人以发包人为被告主张权利的,人民法院应当追加转包人或者违法分包人为本案第三人,在查明发包人欠付转包人或者违法分包人建设工程价款的数额后,判决发包人在欠付建设工程价款范围内对实际施工人承担责任。”该条司法解释是对上述《最高人民法院关于审理建设工程施工合同纠纷案件适用法律问题的解释》第二十六条第二款的完善和补充。结合2019年新司法解释的含义,在转包和违法分包的情况下,实际施工人向发包人主张权利需要具备以下几个条件:第一,实际施工人对转包人或者违法分包人享有债权。这是以承包人作为转包人或者违法分包人时与转包或者违法分包的承包人签订的转包或违法分包合同所产生的法律关系为基础。第二,发包人欠付转包人或者违法分包人建设工程价款。在建设工程质量合格的前提下,即便转包或违法分包合同无效,作为转包人或者违法分包人的承包人依旧有权利请求发包人支付工程价款。第三,实际施工人对转包人或违法分包人享有的债权数额不超过发包人欠付转包人或违法分包人的建设工程价款数额。如果实际施工人只起诉请求发包人承担责任的,法院也会追加转包人或者违法分包人作为第三人。

第二部分 ● 房地产篇

10 逾期付款违约金的免除

——盛某甲、毛某甲、盛某乙应诉绍兴市金某房地产发展有限公司商品房预售合同纠纷案

正义从来不会缺席，只会迟到。

——美国·休尼特

【本案提示】

在民商事审判中，各种合同纠纷尤其是买卖合同纠纷产生的逾期付款违约情形很多；此后当事人往往会重新达成新的付款协议。此种情况下是否仍要支付原先约定的逾期付款违约金？这在司法实践中存在很大的争议。诸如本案中盛某甲向绍兴市金某房地产发展有限公司购买商品房后因种种原因未能付清购房款产生纠纷，一审、二审法院均判决支持该公司有关逾期付款违约金的诉讼请求。二审判决后，盛某甲及其父母盛某乙、毛某甲聘请笔者作为他们再审程序的代理人。笔者认为，在新的付款协议中对本金作出变更且没有涉及此前逾期付款的情形下，应当视为免除了违约方此前产生的逾期付款违约责任。再审法院采信了笔者的观点，经审理后撤销了原审判决，驳回绍兴市金某房地产发展有限公司的诉讼请求，本案取得了良好的诉讼效果。

【案例索引】

一审:浙江省绍兴县[①]人民法院(2013)绍民初字第1635号民事判决书(2013年9月20日)

二审:浙江省绍兴市中级人民法院(2013)浙绍民终字第1348号民事判决书(2014年4月16日)

再审:浙江省高级人民法院(2015)浙民提字第32号民事判决书(2015年4月14日)

【诉称辩称】

原告:绍兴市金某房地产发展有限公司(以下简称金某公司)

被告:盛某甲、毛某甲、盛某乙

原告金某公司诉称:2011年6月11日,被告毛某甲、盛某乙向原告认购位于绍兴县柯桥街道金某自在城一期×号楼104号房屋。为避免今后再办理过户手续,被告毛某甲、盛某乙于2011年6月17日向原告申请将其认购的上述商品房变更到其女儿即被告盛某甲名下。2011年6月17日,被告毛某甲、盛某乙以买受人被告盛某甲的名义与原告签订一份《商品房买卖合同》,约定买受人购买出卖人开发的上述商品房,总价3,005,005元;首付款1,205,005元,剩余房款1,800,000元于2011年7月16日前付清等。签约以后,三被告向原告付清了合同约定的首付款。后三被告又于审理期间2013年8月26日支付购房款1,554,336元,至今尚欠购房余款245,664元,已构成违约。原告为维护自己的利益,诉至法院并明确诉讼请求为:要求三被告共同向原告支付剩余房款245,664元并支付按日万分之四标准计算的逾期付款违约金,违约金具体方式为:本金1,554,336元,自2011年7月17日起至2013年8月26日;本金245,664元,自2011年7月17日起至本判决确定付款日止。

被告盛某甲、毛某甲、盛某乙辩称:被告毛某甲、盛某乙为女儿即被告盛某甲购买位于绍兴县柯桥街道金某自在城一期×号楼104号房屋属实,对于

---

① 2013年11月,因撤县设区,绍兴县现已更名为绍兴市柯桥区。——编者注

原告提供的《商品房买卖合同》也没有异议。在该合同履行过程中,因原告违约在先,故被告毛某甲、盛某乙没有按合同约定的时间支付购房款,其责任在于原告。据此,原告主张逾期付款违约金不能成立。案件审理期间2013年8月26日,原告同意将上述房屋的房价打九折并一次性付款,被告盛某乙于当日向原告付清了全部购房余款1,554,336元。综上,原告的诉求不能成立,请求法院依法处理。

【事实查明】

绍兴县人民法院经审理查明:被告毛某甲、盛某乙系夫妻,被告盛某甲系该两被告的婚生女儿。2011年6月8日,被告毛某甲、盛某乙在原告处签署一份《原创叠墅认购顺位单》,意向原告购房一套。同日,被告毛某甲与原告订立一份认购书,约定买方毛某甲自愿向原告购买位于绍兴县柯桥街道金某自在城一期×号楼104号房屋,总价3,066,388元。2011年6月17日,被告盛某甲出面与原告签订一份《商品房买卖合同》,约定:出卖人为原告,买受人为被告盛某甲;买受人通过预售方式购买出卖人开发的位于绍兴县柯桥街道金某自在城一期×号楼104号房屋,建筑面积229.04平方米,其中套内建筑面积185.2350平方米,分摊面积43.8027平方米;单价每平方米13,120元,总价3,005,005元(折后价);买受人在本合同签订之日支付首付款1,205,005元,此款包含已付定金100,000元,剩余房款1,800,000元于2011年7月16日前付清;如买受人采用银行抵押贷款方式支付该款项的,则上述约定的期限是银行放款至原告账户的期限,如出卖人未在前述约定期限内收到全额房款,则买受人需在上述约定期限届满后十日内支付全额房款;买受人逾期付款在90日之内,自本合同规定的应付款期限第二天起至实际全额支付应付款之日止,买受人按日向出卖人支付逾期款万分之五的违约金,合同继续履行。逾期超过90日后,出卖人有权解除合同。出卖人解除合同的,买受人按商品房总价款的5%向出卖人支付违约金。买受人愿意继续履行合同的,经出卖人同意,合同继续履行,自本合同规定的应付款期限之第二天起至实际全额支付应付款之日止,买受人按日向出卖人支付逾期应付款万分之四的违约金;出卖人应于2012年12月20日前交房等。同日，原告开具一份销售不动产统一发票，载明付款方名称为被告盛某甲，金额 1,205,005 元，性质为预售购房款。

2013 年 5 月 9 日，原告提起本案诉讼。2013 年 8 月 26 日，被告盛某乙到原告售楼部，与原告工作人员祝某甲等人商议后签署一份《客户签约确认单》，确定绍兴县柯桥街道金某自在城一期 × 号楼 104 号房屋实测建筑面积 229.01 平方米，总价 3,065,985 元，按揭改一次性九折优惠，打折后总价 2,759,341元。当日，被告盛某乙向原告付清购房余款 1,554,336 元。

【法院审判】

绍兴县人民法院认为，原告与被告盛某甲就案涉金某自在城一期 × 号楼 104 号房屋而签订的《商品房买卖合同》的事实清楚，可以认定。被告盛某甲签约时为限制民事行为能力人，其民事活动应由其法定代理人代理，或者征得其法定代理人的同意。结合原、被告的陈述意见，案涉房屋实际由被告盛某甲的父母出全资为其购买，且被告毛某甲、盛某乙自始积极参与此次购房事宜，由此应视为被告盛某甲的上述签约行为获得其法定代理人的同意，被告盛某甲目前仍为限制民事行为能力人且没有经济能力，故被告毛某甲、盛某乙作为法定代理人，应共同承担上述《商品房买卖合同》产生的民事责任。原告主张由被告盛某甲共同承担民事责任，法律依据不足，该院不予支持。

针对原告要求被告毛某甲、盛某乙支付剩余购房款及逾期付款违约金的诉求问题。根据查明的事实，被告盛某乙于 2013 年 8 月 26 日与原告售楼部的相关工作人员商议后签署《客户签约确认单》的事实清楚，该确认单证实原、被告已就案涉房屋的总价由原先的 3,005,005 元变更为 2,759,341 元达成共识，该项合同内容的变更对原、被告应具有法律约束力。据此，原告主张以原先合同约定的房屋成交总价 3,005,005 元为由要求被告毛某甲、盛某乙再支付购房余款 245,664 元，缺乏事实依据且有违诚信原则，该院不予支持。对于原告主张的逾期付款违约金的诉求问题。该院认为，根据《商品房买卖合同》的约定，买受人如果未按合同规定的期限支付购房款，应承担逾期付款违约责任。事实表明，被告毛某甲、盛某乙于 2013 年 8 月 26 日付清购房款，违反合同约定，显然构成违约，应承担由此产生的逾期违约责任。

关于违约金的计付期间,根据合同约定,除首付款外的购房余款 1,554,336 元应于 2011 年 7 月 26 日付清。据此计算,该余款的逾期支付天数应为 762 天。关于违约金的计算标准问题,原告主张为应付款日万分之四的标准计付,因该违约金的标准折算成年息达 14.40%,确导致违约金数额过高,不符合违约金抑制违约的本意,违背了违约金填补损失的立法目的,综合考量原告遭受损失以及双方利益平衡,该院依据我国《合同法》第一百一十四条的规定,酌情将违约金标准降低至应付房款的日万分之二计付。据此,被告毛某甲、盛某乙应向原告支付逾期付款违约金 236,881 元(1,554,336 元 × 日万分之二 ×762 天)。被告毛某甲、盛某乙辩称其无需要承担逾期付款违约责任,理据不足,该院不予采纳。

综上,该院对原告诉求中的合理部分依法予以支持,对其不合理部分,该院不予支持。依照《合同法》第六十条、第七十七条、第一百零七条、第一百一十四条的规定,判决如下:(1)被告毛某甲、盛某乙应于本判决生效后十日内共同向原告绍兴市金某房地产发展有限公司支付逾期付款违约金 236,881元;(2)驳回原告绍兴市金某房地产发展有限公司的其他诉讼请求。

双方均不服一审判决,向绍兴市中级人民法院提起上诉。

绍兴市中级人民法院认为,根据诉辩双方的意见,本案争议焦点有三:一是原审法院确定房价为 2,759,341 元是否正确,原审被告是否尚需支付 245,664 元购房款项;二是原审确定原审被告违约并应支付违约金 236,881 元是否正确、合理;三是原审确定盛某甲不承担民事责任是否正确、合理。

关于第一个争议焦点,原审原告在原审期间,为证明双方当事人存在商品房买卖合同关系,向原审法院提交客户签约确认单、商品房买卖合同原件各一份,原审被告质证后无异议。该份客户签约确认单中明确,签约日期为 2011 年6 月 17 日,"祝某甲"作为置业顾问签名。原审原告对"祝某甲"系其公司从事销售工作的工作人员身份无异议。为证明双方当事人对讼争商品房买卖合同的合同价款进行了变更,原审被告提供了另一份客户签约确认单复印件,签约日期为 2013 年 8 月 26 日,"祝某甲"也作为置业顾问签名。原审原告质证后认为:"该份证据是复印件,并没有提供原件,原告对该证据的真实性、合法性、关联性均有异议,原告向法庭申明,公司对房价调整有严格的审批程序的,并不是凭一个销售人员就能对房价进行变更,此份公司确认单我公司从未签过的,对该签字人员只写了一个梦、一个李,我们无法进行核实。”该院认为,审批程序只是原审原告的内部管理问题,原审被告作为购房者,只要与置业顾问签订客户签约确认单,即具有法律效力。原审原告作为房产公司不能一方面让置业顾问与客户签订确认单,让客户基于该确认单交纳房款;另一方面又以内部管理规范否定确认单的效力,此行为与抗辩有违诚信原则,不应照准。综上所述,该院认为原审被告无须再支付购房款 245,664 元。

关于第二个争议焦点,讼争双方于 2011 年 6 月 17 日签订的《客户签约确认单》中由按揭银行代表签字,表明双方就本案讼争房屋按盛某甲名义办理按揭贷款一事协商一致,并经按揭银行确认。在《商品房买卖合同》第七条约定:“……剩余房款人民币 1,800,000 元(大写:壹佰捌拾万元整)于 2011 年 7 月 16 日前支付。如买受人采用银行抵押贷款方式支付该款项,则上述约定的期限是银行放款至甲方账户的期限。如出卖人未在前述约定期限内收到全额房款,则买受人需在上述约定期限届满后十日内支付全额房款。”该条明确,买受人在银行按揭的情况下,应在 2011 年 7 月 16 日前通过银行履行支付余款之义务,否则亦应在 2011 年 7 月 26 日前付清余款。该院认为,补充协议第四条第三项之约定,是约定银行批准贷款但额度不足的情形,故不符合本案实际,不予适用;补充协议第四条第二项约定的条件是,“买受人延迟办理或因信用记录不良不能办理银行贷款的或不提供完整资料的”,这三种均系买受人存在主观恶意拖延办理银行按揭之情形,原审原告可根据补充协议第四条第二项之约定,在付款期限 2011 年 7 月 16 日之前随时救济进行书面通知,而买受人则应在收到书面通知五天内付清相应款项。相比较而言,该处理对买受人而言比《商品房买卖合同》第七条约定更为严格。但本案原审原告并未立即启动该救济程序进行书面通知,而是按照《商品房买卖合同》第七条约定要求原审被告承担违约金并无不当,而原审法院对违约金予以酌情调整亦属正确,该院予以照准。

第三个焦点是原审法院确定盛某甲无须共同承担民事责任是否正确。根据原审法院查明,盛某甲在签约时为限制民事行为能力人,其民事活动应由其法定代理人代理,或者征得其法定代理人的同意。在一审判决前,盛某甲尚为限制民事行为能力人且没有证据证明其具有经济能力,故由毛某甲、盛某乙作为盛某甲的法定代理人,应共同承担上述《商品房买卖合同》产生的民事责任。上述处理,应属正确。但在二审中出现新的事实,即盛某甲现已满 18 周岁,故原审原告主张由盛某甲共同承担民事责任,符合法律规定,该院予以支持。

综上,原审法院认定事实清楚,适用法律正确。一审判决后,盛某甲已满 18 周岁,由于出现了影响判决内容之事实,故该院依法予以调整,但本案不属于原审法院裁判错误情形。上诉人的上诉理由合理部分,该院依法予以支持。依照《民事诉讼法》第一百七十条第一款第(三)项之规定,判决如下:(1)维持浙江省绍兴县人民法院(2013)绍民初字第 1635 号民事判决第二项;(2)变更浙江省绍兴县人民法院(2013)绍民初字第 1635 号民事判决第一项为,盛某甲、毛某甲、盛某乙应于本判决生效后十日内共同向绍兴市金某公司支付逾期付款违约金 236,881 元。

盛某甲、毛某甲、盛某乙不服二审判决,向浙江省高级人民法院申请再审。

浙江省高级人民法院认为,本案当事人再审中的争议焦点是:盛某甲、毛某甲、盛某乙是否存在逾期支付购房款的违约行为。经查,双方于 2011 年 6 月 17 日签订的《商品房买卖合同》约定,案涉房屋建筑面积为 229.04 平方米,折后总价 3,005,005 元,买受人签约之日支付首付款 1,205,005 元(含已付定金 100,000 元),剩余房款 1,800,000 元于 2011 年 7 月 16 日前付清。同时,双方在当日签订《客户签约确认单》并约定,除首付款以外的剩余房款 1,800,000元通过招商银行的商业贷款 5 年支付,银行代表也对该付款方式现场签字确认。签约后,毛某甲、盛某乙以其女儿盛某甲名义按约支付了购房首付款,但因盛某乙在签约时以盛某甲名义购房,而盛某甲当时未满 18 周岁,不能办理按揭贷款,故剩余购房款 1,800,000 元未按约付清,且从金某公司再审提交其邮寄给盛某甲的特快专递投递情况看,金某公司曾催缴购房余款 1,800,000 元及其违约金 545,400 元等,盛某甲、毛某甲、盛某乙似存在逾期付款的违约行为。但从盛某甲、毛某甲、盛某乙一审及再审中提交的双方于2013 年8 月 26 日签订的《客户签约确认单》内容看,该确认单与双方之前于2011年6月17日签订的《客户签约确认单》差异明显，双方已对原《商品房买卖合同》中约定的本金、付款方式、期限等实质性内容进行了变更，即将案涉房屋价款由原来的3,005,005元变更为2,759,341元，且一次性即时付清。故应当视为三再审申请人的逾期付款行为已在事后经与金某公司协商解决。再审庭审中，金某公司对《客户签约确认单》上置业顾问为祝某甲不持异议。虽然盛某甲、毛某甲、盛某乙提供的2013年8月26日《客户签约确认单》为复印件，但该确认单所载金某公司置业顾问、销控确认、财务一次性收款情况与查明事实相符，也有其他证据印证，可以采信。根据《最高人民法院关于审理买卖合同纠纷案件适用法律问题的解释》第二十四条第三款“买卖合同约定逾期付款违约金，但对账单、还款协议等未涉及逾期付款责任，出卖人根据对账单、还款协议等主张欠款时请求买受人依约支付逾期付款违约金的，人民法院应予支持，但对账单、还款协议等明确载有本金及逾期付款利息数额或者已经变更买卖合同中关于本金、利息等约定内容的除外”之规定，双方于2013年8月26日签订的《客户签约确认单》对原《商品房买卖合同》有关本金、付款方式、期限等作出实质性变更的情况下，金某公司再依据《商品房买卖合同》的约定，要求三再审申请人支付逾期付款违约金的诉请，不予支持。因此，一审、二审判决盛某甲、毛某甲、盛某乙支付的违约金236,881元(2011年7月26日至2013年8月26日)不当，予以纠正。

综上，盛某甲、毛某甲、盛某乙再审提出其无须承担本案逾期付款的违约责任的理由成立，该院予以支持。依照《民事诉讼法》第二百零七条、第一百七十条第一款第(二)项之规定，判决如下：(1)撤销绍兴市中级人民法院(2013)浙绍民终字第1348号民事判决及绍兴县人民法院(2013)绍民初字第1635号民事判决。(2)驳回绍兴市金某公司的诉讼请求。

【本案代理思路评析】

本案中，一审判决和二审判决均认定双方于2013年8月26日签订的《客户签约确认单》，认定盛某甲、毛某甲、盛某乙持有的《客户签约确认单》复印件为有效证据，从而驳回金某公司有关要求支付购房余款的诉请，但却依据原《商品房买卖合同》的约定判决盛某甲、毛某甲、盛某乙承担逾期付款违约金。由于《客户签约确认单》为金某公司单方制作的格式文本，没有相关逾期付款违约金的内容，故双方没有就此前逾期付款产生的违约责任进行约定，从而产生争议。笔者代理本案后，着重从两份《客户签约确认单》的内容进行比对并结合法理、法律规定进行阐述，代理意见最终被再审法院采信，从而改判盛某甲、毛某甲、盛某乙不应承担逾期付款违约金。现就本案评析如下。

一、双方于2013年8月26日达成的《客户签约确认单》真实有效

盛某甲、毛某甲、盛某乙提供的2013年8月26日《客户签约确认单》虽系复印件，但与金某公司提供的2011年的《客户签约确认单》的模块相一致，且在置业顾问一栏中均有“祝某甲”字样。鉴于金某公司提供了另一份客户确认单的原件，从该证据上的内容及模块设计看，并不存在一式二份的情况，即《客户签约确认单》的原件应由金某公司保存。同时盛某乙根据两份客户确认单的要求，分别支付了客户确认单上要求支付的款项，故根据《最高人民法院关于民事诉讼证据的若干规定》第七十五条“有证据证明一方当事人持有证据无正当理由拒不提供，如果对方当事人主张该证据的内容不利于证据持有人，可以推定该主张成立”之规定，可认定双方已于2013年8月26日达成了《客户签约确认单》，且真实有效。

二、双方于2013年8月26日达成的《客户签约确认单》本质上属于对原合同条款的变更

合同变更是在不改变主体而使权利义务发生变化的现象。合同变更不仅在实践中司空见惯，也是合同制度的重要内容。但《合同法》对合同变更只规定了两个条文，即第七十七条规定：“当事人协商一致，可以变更合同。法律、行政法规规定变更合同应当办理批准、登记等手续的，依照其规定。”第七十八条规定：“当事人对合同变更的内容约定不明确的，推定为未变更。”从前述规定来看，《合同法》上合同的变更仅指合同内容的变更，属于狭义上的合同变更，不包括广义上的合同变更即合同主体的变更。

合同变更后，当事人可否依据原合同的约定要求相对方进行赔偿？对此，《民法通则》第一百一十五条（现《民法总则》已经删除）规定，“合同的变更或者解除,不影响当事人要求赔偿损失的权利”。但《合同法》没有对合同变更是否影响当事人赔偿损失权利作出规定,仅对合同解除作出相应规定,即该法第九十七条规定,“合同解除后,尚未履行的,终止履行;已经履行的,根据履行情况和合同性质,当事人可以要求恢复原状、采取其他补救措施,并有权要求赔偿损失”。

本案中,双方于2013年8月26日达成的《客户签约确认单》对合同总价进行了变更,属于价款的重大变化,故该《客户签约确认单》属于对原合同条款的变更。违约金实质上属于当事人对损失的预设,故合同价款变更后,是否影响金某公司依据原《商品房买卖合同》的约定主张违约金,《合同法》对此并未作出明确规定,司法实践中也存在争议。

三、由于案涉房屋价款已发生变更,导致原《商品房买卖合同》主要条款已发生实质性改变,故原《商品房买卖合同》项下的债务已被2013年8月26日《客户签约确认单》约定的新债务取代,根据《最高人民法院关于审理买卖合同纠纷案件适用法律问题的解释》的相关规定,原逾期付款违约责任已消灭

通过比较双方于2011年6月17日、2013年8月26日分别签订的《客户签约确认单》来看,该两份确认单均由客户信息、房源信息、客户申明、付款方式和付款情况五部分组成,除了客户信息、客户申明两部分内容没有发生变更外,其余三部分内容均做了变更,分别为:

(1)房源信息:

①房屋面积:由原来的“建筑面积229.04平方米”变更为“实测建筑面积229.01平方米”;

②房屋价格:由原来的“3,066,388元”变更为“3,065,985.88元”;

③房屋折后价:由原来的“3,005,005元”变更为“2,759,341元”,其中首付由原来的“1,205,005元”变更为“0元”;

④优惠说明:由原来的“认筹1%单价、按时签约1%单价,即九八折优惠”变更为“按揭改一次性九折优惠”。

(2)付款方式:由原来的“按揭贷款180万元”变更为“一次性付款”。

(3)付款情况:由原来的“6.17本次收款1,105,005元”变更为

"2011.6.17已付1,205,005元,2013.8.26再付1,554,336元"。

此外,2011年6月17日《客户签约确认单》抬头处的合同编号注明为20110600526,但2013年8月26日《客户签约确认单》抬头处的合同编号为空白。

通过上述比对,尤其是案涉房屋价款已由原来的"3,005,005元"变更为"2,759,341元",减少了整整245,664元,根据《最高人民法院关于审理买卖合同纠纷案件适用法律问题的解释》第二十四条第三款的规定,在双方已对本金作出变更的情况下,法院不应支持出卖人有关请求买受人支付逾期付款违约金的诉求。况且,《最高人民法院关于买卖合同司法解释理解与适用》一书中关于前述逾期付款违约金的条文释义中载明:债的更改,又称债务更替或债务更新,是指以新债务消灭旧债务;对账单、还款协议等对原合同的本金等作出实质性改变,属于对合同的要素作出了变更,发生债的更改。此时,对账单、还款协议等构成一个新的合同,原合同归于消灭。所以,当出卖人依据对账单、还款协议等主张欠款时,一并请求买受人依原合同的约定支付逾期付款违约金的,因原合同已经不复存在,故对其请求,人民法院不予支持。① 由此可见,2013年8月26日《客户签约确认单》类似于对账单、还款协议等,且已构成一份新的合同,对《商品房买卖合同》的相关内容进行了变更,金某公司不应再依据原《商品房买卖合同》的约定主张逾期付款违约金。

四、由于双方变更了付款方式,即对付款期限作了相应变更,而盛某乙又在变更后的付款期限内付清了房款,故不应再支付逾期付款违约金

付款方式的变更,必然伴随付款期限的变更,这两者是息息相关的。双方于2011年6月17日约定的付款方式是:首付1,205,005元,按揭贷款180万元;相应的付款期限是首付款1,205,005元于合同签订日(2011年6月17日)支付,按揭贷款180万元是银行放款至金某公司账户的期限。双方于2013年8月26日约定的付款方式是:一次性付款,总价2,759,341元,首付

① 参见奚晓明主编,最高人民法院民事审判第二庭编著:《最高人民法院关于买卖合同司法解释理解与适用》,人民法院出版社2012年版。

0元;相应的付款期限应当是2013年8月26日或此后的某个日期。根据《最高人民法院关于审理买卖合同纠纷案件适用法律问题的解释》第二十四条第一款"买卖合同对付款期限作出的变更,不影响当事人关于逾期付款违约金的约定,但该违约金的起算点应当随之变更"之规定,即便金某公司要追究盛某甲、毛某甲、盛某乙的逾期付款违约责任,那么也只能从2013年8月26日之日起算;由于盛某乙已于该日付清了房款,故金某公司的该项主张不能成立。

综上,笔者认为合同本金条款作为买卖合同的主要条款,在当事人对合同本金作出变更并达成新的付款协议且没有涉及此前逾期付款违约的情形下,应当视为免除了违约方此前产生的逾期付款违约责任。

11 逾期通知交房，购房者有权解除合同

——盛某甲诉绍兴市金某房地产发展有限公司商品房预售合同纠纷案

惩罚是对正义的伸张。

——英国·奥古斯丁

【本案提示】

在盛某甲及其父母与绍兴市金某房地产发展有限公司进行长达两年多时间的诉讼后，在笔者的努力下最终取得了再审改判的良好效果。然而，由于这起诉讼已彻底伤害了双方的情感，且当时房地产市场不景气，盛某甲一方不愿接收该房屋，故解除购房合同、要回购房款，又成了盛某甲一方新的诉求。

在商品房早已具备交付条件但开发商没有履行书面通知义务的情况下，购房者能否据此解除合同？因逾期交付权属证书而要求退房是否应参照《最高人民法院关于审理商品房买卖合同纠纷案件适用法律若干问题的解释》的规定在1年内行使解除权，否则就超过除斥期间？这些司法实践中存在极大争议的法律问题，在本案中均得到了很好的解答。

【案例索引】

一审：浙江省绍兴市柯桥区人民法院（2015）绍柯民初字第1598号民事判决书（2015年9月15日）

二审:浙江省绍兴市中级人民法院(2015)浙绍民终字第2159号民事判决书(2016年1月27日)

【诉称辩称】

原告:盛某甲

被告:绍兴市金某房地产发展有限公司(以下简称金某公司)

原告盛某甲诉称:2011年6月17日,双方签订了《客户签约确认单》及备案合同编号为20110600526的《商品房买卖合同》,该合同约定由盛某甲购买金某公司开发的位于绍兴县柯桥街道金某自在城一期×号楼104号房屋,总价3,005,005元,首付款1,205,005元,剩余房款1,800,000元于2011年7月16日前付清;金某公司应于2012年12月20日前将符合条件的商品房交付给盛某甲使用,否则逾期超过90日后,盛某甲有权解除合同并要求金某公司承担已付款的5%的违约金;金某公司承诺于2014年2月28日前取得土地、房屋权属证书并交付盛某甲,由盛某甲自行办理该商品房转移登记,约定日期起90日以后,金某公司仍不能交付权属证书或登记证明的,盛某甲有权退房并要求金某公司承担自约定日期至实际退款日止按已付款的日万分之一的违约金。上述合同签订后,盛某甲已如约支付首付款;但由于当时盛某甲未满18周岁,无法办理银行按揭贷款,致使未能付清剩余房款。2013年5月9日,金某公司向法院起诉,要求盛某甲及其父母盛某乙、毛某甲共同支付剩余房款180万元及违约金。诉讼期间,盛某甲父母代表盛某甲与金某公司于2013年8月26日签订了《客户签约确认单》,将房屋总价由原来的3,005,005元变更为2,759,341元,付款方式由原来的商业贷款1,800,000元5年变更为一次性付款。签约后即付清了余款1,554,336元,至此双方有关购房款事宜已了结。但令人遗憾的是,金某公司没有如约撤诉,仅将诉讼请求变更为支付剩余房款245,664元并支付按日万分之四标准计算的逾期付款违约金。一审法院判决盛某甲父母向金某公司支付逾期付款违约金236,881元,驳回了金某公司的其他诉讼请求。双方均不服一审判决而提起上诉,二审法院判决盛某甲及其父母共同向金某公司支付逾期付款违约金236,881元。2014年7月,盛某甲父母被法院强制执行241,242元给金某公司。盛某甲及其父母不服二审判决而申请再审，再审法院判决撤销了一审、二审判决，驳回金某公司的诉讼请求。

盛某甲认为，由于金某公司缺乏起码的诚信，在盛某甲已付清购房款的情形下仍继续进行诉讼，致使金某公司至今没有向盛某甲交付该房屋，更未交付权属证书，该等违约行为直接导致盛某甲至今无法使用该房屋及无法办理该房屋的权属转移登记手续，由此给盛某甲造成了很大的损失，盛某甲依法依约有权解除合同并追究金某公司的违约责任。故请求判令：(1)解除双方于2011年6月17日签订的《客户签约确认单》、《商品房买卖合同》及2013年8月26日签订的《客户签约确认单》；(2)金某公司向盛某甲返还购房款2,759,341元及相应利息（利息按中国人民银行同期同档次贷款利率从2011年6月17日起算至实际返还之日，截至2015年5月7日的利息为445,540.18元）；(3)金某公司向盛某甲支付逾期交房违约金137,967.05元，以及支付自2014年2月28日起至实际返还上述购房款之日止按照275.93元/日计算的逾期交付权属证书违约金（截至2015年5月7日的逾期交付权属证书违约金为119,477.69元）。

被告金某公司辩称：对于盛某甲陈述的购房经过以及三次判决的事实均无异议，根据双方签订的《商品房买卖合同》的约定，在盛某甲付清全部房款之前，金某公司有权延期交付房屋。据此，浙江省高级人民法院作出再审判决之前，由于双方一直未能明确应付的房款，因此在(2015)浙民提字第32号民事判决作出之前，原告有权拒绝交房。另外，根据《商品房买卖合同》的补充条款约定，若买受人未与出卖人结清所有款项，出卖人有权拒绝将办理权证的资料提供给买受人，出卖人交付相关权属证书的期限相应顺延。据此，同样因双方一直未能明确应付的房款，所以办证的工作亦予以搁置。事实上，案涉房屋已具备交付条件，也具备权属转移登记条件。在浙江省高级人民法院再审庭审期间，金某公司也表示要求盛某甲办理交房手续，但盛某甲未予以理会。在(2013)浙绍民终字第1348号民事判决作出之后，金某公司通过邮件通知盛某甲办理交房手续，但盛某甲拒绝签收该邮件。综上，金某公司不存在违约行为，请求法院驳回盛某甲要求解除合同的诉求。退一步讲，如果法院支持盛某甲解除合同的诉求，因盛某甲并未产生损失，请求法院认定盛某甲主张的违约金过高,并驳回其违约金诉求。

【事实查明】

绍兴市柯桥区人民法院经审理查明:毛某甲、盛某乙系夫妻,盛某甲系该夫妇的婚生女儿。2011 年 6 月 17 日,盛某甲、金某公司签署一份《客户签约确认单》,其内容载明:客户盛某甲向金某公司购买位于柯桥区柯桥街道金某自在城一期 × 号楼 104 号房屋,总价 3,066,388 元,打折后总价 3,005,005元,付款方式为首付 1,205,005 元,商业贷款 1,800,000 元。同日,双方签订一份《商品房买卖合同》,约定:出卖人为金某公司,买受人为盛某甲;买受人通过预售方式购买出卖人开发的位于柯桥区柯桥街道金某自在城一期 × 号楼 104 号房屋,建筑面积 229.04 平方米,其中套内建筑面积 185.2350 平方米,分摊面积 43.8027 平方米;单价每平方米 13,120 元,总价 3,005,005 元(折后价);买受人在本合同签订之日支付首付款 1,205,005 元,此款包含已付定金 100,000 元,剩余房款 1,800,000 元于 2011 年 7 月 16 日前付清;如买受人采用银行抵押贷款方式支付该款项的,则上述约定的期限是银行放款至出卖人账户的期限,如出卖人未在前述约定期限内收到全额房款,则买受人需在上述约定期限届满后 10 日内支付全额房款;买受人逾期付款在 90 日之内,自本合同规定的应付款期限第二天起至实际全额支付应付款之日止,买受人按日向出卖人支付逾期款万分之五的违约金,合同继续履行。逾期超过 90 日后,出卖人有权解除合同。出卖人解除合同的,买受人按商品房总价款的 5% 向出卖人支付违约金。买受人愿意继续履行合同的,经出卖人同意,合同继续履行,自本合同规定的应付款期限之第二天起至实际全额支付应付款之日止,买受人按日向出卖人支付逾期应付款万分之四的违约金;出卖人应于 2012 年 12 月 20 日前交房,出卖人逾期交房的,逾期不超过 90 日,自本合同规定的最后交付期限第二天起至实际交付之日止,出卖人按日向买受人支付已交付房价款万分之二的违约金,合同继续履行。逾期超过 90 日后,买受人有权解除合同。买受人解除合同的,出卖人应当自买受人解除合同通知送达之日起 60 天内退还全部已付款,并按买受人累计已付款的 5% 向买受人支付违约金。买受人未按合同约定付清全部房款及其他应付款项等，出卖人可据实延期交付房屋；出卖人承诺于 2014 年 2 月 28 日取得规定的土地、房屋权属证书，交付给买受人，买受人自行办理商品房转移登记，出卖人不能在约定期限交付权属证书，约定之日起 90 日内，出卖人交付权属证书或登记证明的，按已付房价款的 0.3% 承担违约责任。约定之日起 90 日以后，出卖人仍不能交付权属证书或登记证明，买受人退房，出卖人在买受人提出退房要求之日起 60 日内将买受人已付价款退还给买受人，自约定之日起至实际退款日止，按日向买受人支付已付房价款万分之一的违约金。买受人不退房的，出卖人自约定日期至实际权属证书或登记之日止，按日向买受人支付已付房价款万分之一的违约金；如买受人根据本合同及补充条款等约定仍有房款、违约金及出卖人垫付的其他费用未支付的，出卖人有权推迟交付房屋且无须承担逾期交房责任，出卖人实际交付房屋的期限自动调整到买受人付清上述款项 15 个工作日后；若买受人未与出卖人结清所有款项，出卖人有权拒绝将办理权证的资料提供给买受人，出卖人交付相关权属证书的期限应相应顺延等。同日，金某公司开具一份销售不动产统一发票，载明付款方名称为盛某甲，金额 1,205,005 元，性质为预售购房款。

2013 年 5 月 9 日，该院立案受理(2013)绍民初字第 1635 号金某公司(该案原告)诉盛某甲、毛某甲、盛某乙(该案三被告)房屋买卖合同纠纷一案，金某公司基于案涉《商品房买卖合同》的内容，要求盛某甲、毛某甲、盛某乙共同支付剩余房款 245,664 元及逾期付款违约金。该案审理期间，盛某乙于 2013 年 8 月 26 日到金某公司售楼部，与金某公司工作人员祝某甲等人商议后签署一份《客户签约确认单》，确定柯桥街道金某自在城一期 × 号楼 104 号房屋实测建筑面积 229.01 平方米，总价 3,065,985 元，按揭改一次性九折优惠，打折后总价 2,759,341 元。盛某乙于当日向金某公司付清购房余款 1,554,336 元。2013 年 9 月 20 日，该院对该案作出判决，其主文为：毛某甲、盛某乙应共同向金某公司支付逾期付款违约金 236,881 元；驳回金某公司的其他诉讼请求。该案上诉后，绍兴市中级人民法院于 2014 年 4 月 16 日作出(2013)浙绍民终字第 1348 号民事判决，其主文为维持(2013)绍民初字第 1635 号民事判决第二项；变更(2013)绍民初字第 1635 号判决第一项为盛某甲、毛某甲、盛某乙共同向金某公司支付逾期付款违约金 236,881 元。二审判决后，盛某甲、毛某甲、盛某乙仍不服，向浙江省高级人民法院申请再审，该院于 2015 年 4 月 14 日作出(2015)浙民提字第 32 号民事判决。该判决认为金某公司主张逾期付款违约金，不应支持，其主文为撤销(2013)绍民初字第 1635 号民事判决和(2013)浙绍民终字第 1348 号民事判决，驳回金某公司的诉讼请求。

另查明，案涉房产项目于 2012 年 10 月通过消防验收，于 2012 年 11 月通过环保验收、规划验收，于 2012 年 12 月通过竣工验收并备案。案涉商品房于 2013 年办理权属登记，其土地使用权、房屋所有权均登记于金某公司名下。2015 年 1 月 15 日，金某公司致函盛某甲，但该函件遭到盛某甲拒收，该函件内容载明：案涉商品房已于合同规定的 2012 年 12 月 20 日通过政府部门验收，取得竣工验收备案证明，具备交付条件，要求盛某甲尽快来办理房屋交付及相关手续。2015 年 5 月 4 日，盛某甲向金某公司邮寄送达《解除合同通知书》，盛某甲以金某公司至今未交付房屋且未交付权属证书为由，要求解除案涉的《客户签约确认单》(2011 年 6 月 17 日)、《商品房买卖合同》(2011 年 6 月 17 日)、《客户签约确认单》(2013 年 8 月 26 日)。金某公司接函件后回函盛某甲称：不同意解除合同，要求盛某甲尽快前往售楼部办理房屋相关移交手续。

【法院审判】

绍兴市柯桥区人民法院认为，盛某甲与金某公司就案涉金某自在城一期 × 号楼 104 号房屋而签订的《商品房买卖合同》的事实清楚，可以认定。双方一致确认该合同的相对人为盛某甲与金某公司，该院予以照准。另外，案涉《客户签约确认单》(2011 年 6 月 17 日)应为《商品房买卖合同》(2011 年 6 月 17 日)的预约合同。另一份《客户签约确认单》(2013 年 8 月 26 日)则是对《商品房买卖合同》(2011 年 6 月 17 日)作出的实质性内容的变更，该定性已由生效判决文书作出认定，该院予以采纳。上述三份合同，对双方具有法律约束力，其内容未违反我国相关法律法规的禁止性规定，体现了双方当事人的真实意思表示，应认定合法有效。据此，双方均应按照约定全面履行自己的义务并享有合同权利。现针对盛某甲所提出的各项诉讼请求，该院做以下评判分析。

首先，针对盛某甲提出的解除《客户签约确认单》(2011 年 6 月 17 日)、《商品房买卖合同》(2011 年 6 月 17 日)、《客户签约确认单》(2013 年 8 月 26 日)的诉求。根据《商品房买卖合同》中“出卖人应于 2012 年 12 月 20 日前交房，逾期超过 90 日后，买受人有权解除合同”“出卖人承诺于 2014 年 2 月 28 日取得规定的土地、房屋权属证书，交付给买受人，出卖人不能在约定期限交付权属证书，约定之日起 90 日后，出卖人仍不能交付权属证书或登记证明，买受人有权退房”等约定，双方明确了买受人一方可以解除合同的条件。结合查明的事实以及浙江省高级人民法院(2015)浙民提字第 32 号民事判决的认定，盛某甲已于 2013 年 8 月 26 日付清全部购房款 2,759,341 元，履行完毕应付房价款的合同债务，且无须承担逾期付款违约责任。从金某公司履行债务的情况来看，其主要的债务是交房和交付权属证书。即使按照金某公司的辩称事实主张，即因为盛某甲付清房价款的最后日期为 2013 年 8 月 26 日，金某公司有权按约将实际交付房屋的期限自动调整到盛某甲付清款项 15 个工作日。以此推算，金某公司也应于 2013 年 9 月 16 日前履行交房义务。事实表明，金某公司于 2015 年 1 月 16 日才发出交房通知，该函件虽遭到盛某甲拒收，其责任应由盛某甲自己承担，但该事实仍不能改变金某公司交房逾期超过 90 日的事实。此外，金某公司迄今未按约向盛某甲交付权属证书。据此，金某公司在履约过程中已构成违约，盛某甲提出确认解除《商品房买卖合同》(2011 年6 月 17 日)，符合前述合同中有关盛某甲单方行使合同约定解除权的情形，该院依法应予支持。鉴于两份《客户签约确认单》与《商品房买卖合同》具有直接关联，盛某甲一并主张解除，该院予以照准。至于合同具体解除时间，盛某甲主张为 2015 年 5 月 4 日，事实依据充分，该院予以采纳。

其次，针对盛某甲提出的返还购房款 2,759,341 元的诉求。该院认为，根据我国《合同法》第九十七条的规定，合同解除后，尚未履行的，终止履行，已经履行的，根据履行情况和合同性质，当事人可以要求恢复原状、采取其他补救措施，并有权要求赔偿损失。据此，在《商品房买卖合同》解除以后，盛某甲要求金某公司返还已付购房款2,759,341元,符合上述法律规定,该院予以支持。

最后,针对盛某甲提出的赔偿已付购房款的利息损失、逾期交房违约金、逾期交付权属证书违约金的诉求。该院认为,金某公司在履行合同中构成违约,从而导致合同约定解除,由此给盛某甲造成损失的,应承担赔偿责任,其损失赔偿额应当相当于因违约造成的损失,且一般不应超过盛某甲的实际损失。结合案涉《商品房买卖合同》中"买受人解除合同的,出卖人应当自买受人解除合同通知送达之日起60天内退还全部已付款,并按买受人累计已付款5%向买受人支付违约金""出卖人承诺于2014年2月28日取得规定的土地、房屋权属证书,交付给买受人,买受人自行办理商品房转移登记,出卖人不能在约定期限交付权属证书,约定之日起90日以后,出卖人仍不能交付权属证书或登记证明,买受人退房,出卖人在买受人提出退房要求之日起60日内将买受人已付价款退还给买受人,自约定之日起至实际退款日止,按日向买受人支付已付房价款万分之一的违约金"等约定,双方已就因金某公司违约产生的损失赔偿额的计算方法达成约定。据此,盛某甲主张逾期交房违约金、逾期交付权属证书违约金,合同依据是充分的,但盛某甲同时主张已付房价款自2011年6月17日起至实际返还日止的利息损失,意在约定赔偿额的基础上再要求被告承担正常利息损失,如一并支持,将超过盛某甲的实际损失限额,与法律规定不符,该院对此主张不予采纳。鉴于按合同约定计算的违约金不足以弥补盛某甲资金的正常利息损失,该院据此参照中国人民银行发布的同期贷款利率标准判决金某公司承担已付房价款的利息损失,对于盛某甲主张的另两项违约金则不予支持。盛某甲主张的计息本金及周期,该院按实际支付情况做调整处理。

综上,该院对原告盛某甲诉求中的合理部分依法予以支持,对其不合理部分,该院不予支持。依照《合同法》第六十条、第九十三条、第九十七条、第一百一十三条、第一百一十四条的规定,判决如下:(1)确认原告盛某甲和被告绍兴市金某公司签订的《客户签约确认单》(2011年6月17日)、《商品房买卖合同》(2011年6月17日)、《客户签约确认单》(2013年8月26日)于2015年5月4日解除。(2)被告绍兴市金某公司应返还原告盛某甲购房款

2,759,341 元，并支付原告盛某甲下列按中国人民银行发布的同期贷款利率计算的相应利息，具体计算方式：本金 1,205,005 元，自 2011 年 6 月 18 日起算至本判决确定付款日止；本金 1,554,336 元，自 2013 年 8 月 27 日起算至本判决确定付款日止。上述款项，均限本判决生效后十日内履行完毕，利随本清。(3)驳回原告盛某甲的其他诉讼请求。

金某公司不服一审判决，向绍兴市中级人民法院提起上诉。

绍兴市中级人民法院认为，本案的争议焦点在于：一是盛某甲要求解除合同是否超过解除权行使的期间，该问题是否应在本案中予以审查；二是若盛某甲有权要求解除合同，其原审诉请是否有法律依据。

对于第一个争议焦点，盛某甲要求解除合同的解除权是否超过行使期限的问题。盛某甲主张金某公司在原审中未就该问题提出抗辩，故可以参照诉讼时效的规定在二审中也不得对此进行审理。该院认为，依据《合同法》第九十五条第一款之规定，法律规定或者当事人约定解除权行使期限，期限届满当事人不行使的，该权利消灭。故解除权系形成权，须在合理的期限内行使，未行使的权利消灭，其与诉讼时效制度不同，盛某甲以金某公司在原审中未以此抗辩，故在二审中不得主张的意见不能成立。故本案仍需审查盛某甲要求解除合同的解除权行使是否超过了法定期限。依据《最高人民法院关于审理商品房买卖合同纠纷案件适用法律若干问题的解释》第十五条第一款之规定，行使解除权的情形为“出卖人迟延交付房屋或者买受人迟延支付购房款”，而是否只有该两种情形可以行使解除权，该院认为虽然前述解释第十五条系基于《合同法》第九十四条的法定解除权，但法定解除权与约定解除权在效力上并无差别，且交付权属证书与支付房款、交付房屋同样为商品房买卖合同约定的重要合同义务，故双方在商品房买卖合同中约定的因逾期交付权属证书可以要求退房之规定应参照该解释的规定在一年内行使。而对于盛某甲要求解除合同的时间是否超过了法律规定的一年的期限的问题，经审查，讼争房屋于 2013 年办理权属登记，但尚未交予盛某甲，依据双方签订的《商品房买卖合同》第十六条规定：“出卖人承诺于 2014 年 2 月 28 日前，取得前款规定的土地、房屋权属证书，交付给买受人。”“约定日期超 90 日后，出卖人仍不能交付权属证书或登记证明的，双方同意按下列第0项处理……”从该条规定看，对于超出约定日期，在该条中未明确选择买受人是否可退房，但在第十七条约定，凡符合《浙江省实施〈中华人民共和国消费者权益保护法〉办法》第二十八条第一款退房条件要求退房的，买受人可以选择按该办法第二十八条第三款或本合同约定的办法进行处理。而该办法第二十八条第三款规定的是退房价款的计算方法。即双方合同中约定了逾期交付权属证书的，买受人可以选择退房。而可以选择退房的解除权发生之日应为超过合同约定的交付权属证书90日后计算一年。本案中金某公司承诺于2014年2月28日交付权属证书，盛某甲于2015年5月4日向金某公司送达《解除合同通知书》，未超过法律规定的解除权行使期限。

对于第二个争议焦点，盛某甲要求解除合同是否成立的问题。金某公司主张因盛某甲未在合同约定的时间支付购房款，故其有权推迟交付房屋及权属证书时间且无须承担违约责任。对此该院认为本案双方当事人因讼争房屋买卖合同发生纠纷并诉至法院，金某公司曾要求盛某甲支付剩余房款及违约金，并经一审、二审以及再审程序，最终浙江省高级人民法院认定盛某甲无须支付逾期付款违约金，故可以认定盛某甲在2013年8月26日已付清全部购房款并无须支付逾期付款违约金，并可以认定金某公司应当在2013年9月16日前履行交房义务，原审法院对该时间的认定应属合理，该院予以照准。金某公司关于其有权推迟交房及权属证书的意见不予采信。因金某公司未履行上述义务，依据合同约定，盛某甲可以要求解除合同。综上，金某公司的上诉理由不足，该院依法不予采纳。原审判决认定事实清楚，适用法律正确，实体处理正确，应予维持。依照《民事诉讼法》第一百七十条第一款第（一）项之规定，判决如下：驳回上诉，维持原判。

【本案代理思路评析】

本案诉讼过程中，一审双方主要围绕商品房交付条件早已具备的情况下能否以未履行通知义务而解除合同展开辩论，二审双方主要围绕合同解除权是否超过除斥期间进行辩论。笔者认为，即便盛某甲明知讼争房屋具备交房条件，但金某公司未履行通知义务，盛某甲有权依约行使解除权；至于《最高人民法院关于审理商品房买卖合同纠纷案件适用法律若干问题的解释》中对除斥期间的规定能否适用于本案，应区别对待。笔者现对前述争议焦点评析如下。

第一，盛某甲已于2013年8月26日付清了全部购房款，但金某公司至今未向盛某甲交付案涉房屋，也没有交付案涉房屋的权属证书，该等违约行为显然已经严重违反了双方的约定，盛某甲依法依约均有权解除案涉买卖合同及相关《客户签约确认单》。

(1)盛某甲已于2013年8月26日履行完毕所有付款义务，金某公司在此后不享有先履行抗辩权。(2015)浙民提字第32号民事判决书认定："上述情况表明，双方对原《商品房买卖合同》中约定的本金、付款方式、期限等实质性内容进行了变更，即将案涉房屋价款由原来的3,005,005元变更为2,759,341元，且一次性即时付清，故应当视为三再审申请人的逾期付款行为已在事后经与金某公司协商解决。"据此，金某公司在2013年8月26日之后继续向原告主张违约金明显于法无据。庭审中金某公司辩称：在浙江省高级人民法院再审判决之前，关于房屋价款及应付款项一直存在争议，金某公司享有先履行抗辩权，有权拒绝交房。金某公司的前述辩称不能成立，且已证实案涉房屋至今未能交付的原因是其不肯交房，而非盛某甲不愿接收房屋。如上所述，盛某甲已于2013年8月26日主动履行完毕所有付款义务，其意愿显然是尽早拿到房屋，而金某公司此时就应当交付房屋给盛某甲，此时起就不再享有先履行抗辩权。更何况，金某公司在法院于2014年7月18日强制执行盛某甲及其父母逾期付款违约金之后就没有申请再审，即表明金某公司对房屋价款及应付款项没有异议，此种情形下不论浙江省高级人民法院如何判决，盛某甲均不可能再向金某公司支付款项，只有金某公司向盛某甲退回多收取款项的可能，金某公司没有任何拒绝交房的理由。正是由于金某公司存在上述重大过错，才导致其在没有任何理由下却不向盛某甲交房和交付权属证书，明显构成违约。

(2)金某公司在收取盛某甲全部款项后，延期交付房屋远远超过90日，盛某甲依约享有解除权。《商品房买卖合同》第九条约定，金某公司应在2012年12月20日前向盛某甲交付案涉房屋，但盛某甲未按合同约定付清全部房款及其他应付款项的,金某公司可据实予以延期。该合同补充协议第七条第八款约定,金某公司实际交付房屋的期限自动调整为盛某甲支付全部上述款项15个工作日后。据此,鉴于盛某甲已于2013年8月26日付清全部款项,金某公司理应于2013年9月17日向盛某甲交付案涉房屋。然而时至今日,金某公司均未交付房屋给盛某甲。该合同第十条约定,金某公司如未按本合同规定的期限将该商品房交付盛某甲使用,逾期超过90日后,盛某甲有权解除合同。据此,盛某甲有权解除案涉买卖合同。

退一步讲,即便金某公司认为在(2015)浙民提字第32号民事判决书下达之前盛某甲存在逾期付款违约行为,那么当盛某甲一方于2014年7月18日被法院强制执行逾期付款违约金后,且金某公司又没有申请再审,此时金某公司也理应知晓盛某甲已付清全部款项,则金某公司也应当于2014年8月8日向盛某甲交付案涉房屋,然而金某公司也未能交付房屋,这明显构成违约,盛某甲有权解除案涉买卖合同。庭审中,金某公司一方面辩称在浙江省高级人民法院判决之前有权拒绝交房,另一方又辩称其曾于2015年1月16日书面通知盛某甲交房、于2015年3月17日口头催告盛某甲交房。显然,金某公司的前述辩称不仅自相矛盾,该通知日期也明显远远超过了金某公司自认盛某甲付清款项日(法院强制执行日2014年7月18日)90日,盛某甲有权解除合同。况且,在金某公司于2015年1月16日书面通知盛某甲交房时,盛某甲明确拒绝,这一行为表明了盛某甲解除合同的意愿。金某公司是否于2015年3月17日口头催告盛某甲交房,对此盛某甲并不清楚;即便属实,该通知方式也不符合《商品房买卖合同》第十二条的约定。更何况,盛某甲已于2015年4月29日发出《解除合同通知书》,这也在金某公司催告的合理期限之内。因此,金某公司的前述辩称不能成立。

(3)金某公司在收取盛某甲全部款项后,延期交付房屋权属证书长达一年多时间,盛某甲依约依法均享有解除权;金某公司至今不仅没有按照合同约定交付权属证书,更没有通知盛某甲前去领取。《商品房买卖合同》第十六条约定:金某公司承诺于2014年2月28日前,取得前款规定的土地、房屋权属证书,交付给盛某甲,盛某甲自行办理该商品房转移登记。约定日期起90日以后,金某公司仍不能交付权属证书或登记证明的,双方同意按下列第

0项处理。在该合同第三页中的“商品房买卖合同说明”第五条规定：“本合同文本【】中选择内容、空格部位填写及其他需要删除或添加的内容，双方应当协商确定。【】中未选择内容，应画线确定，以示删除。”据此，由于前述约定按“第0项”处理，并未画线，故应认定该选择权由买受人的盛某甲决定。现在盛某甲已付清全部款项的情况下，金某公司不仅没有按照合同约定交付土地、房屋权属证书，也没有通知盛某甲领取，盛某甲当然有权要求退房，即盛某甲依约有权解除案涉买卖合同。

《商品房买卖合同》第十七条约定：凡符合《浙江省实施〈中华人民共和国消费者权益保护法〉办法》第二十八条第一款退房条件要求退房的，买受人可以选择按该办法第二十八条第三款或本合同约定的办法进行处理。而该办法第二十八条第一款第四项规定：未在约定时间内提供办理契税证、房屋所有权证和土地使用权证的所有材料，或者未在委托办理协议约定的时间内办妥上述证件的；经营者应当根据消费者的要求负责退房，并承担其他民事责任。鉴于金某公司未在2014年2月28日前提供土地、房屋的初始登记权属证书，故盛某甲有权依照前述约定依法退房。况且，《最高人民法院关于审理商品房买卖合同纠纷案件适用法律若干问题的解释》第十九条规定：“商品房买卖合同约定或者《城市房地产开发经营管理条例》第三十三条规定的办理房屋所有权登记的期限届满后超过一年，由于出卖人的原因，导致买受人无法办理房屋所有权登记，买受人请求解除合同和赔偿损失的，应予支持。”据此，由于金某公司在收取盛某甲全部款项后无理由不交付权属证书，不论是从约定的权属证书交付日2014年2月28日起算，还是从逾期付款违约金执行日2014年7月18日计算，金某公司未能向盛某甲交付土地、房屋权属证书均已超过一年，致使盛某甲至今仍无法办理房屋所有权登记，盛某甲依法享有解除权。

(4)盛某甲已向金某公司送达了《解除合同通知书》，案涉买卖合同及相关《客户签约确认单》均已于2015年5月4日解除。如上所述，金某公司违背诚信原则，在2011年6月、2013年8月分别收取盛某甲1,205,005元、1,554,336元款项后，至今未能履行交付房屋及房屋权属证书的义务，导致盛某甲购房居住的合同目的至今仍无法实现，盛某甲依法依约均可解除合同。

现盛某甲已于2015年4月29日、2015年5月1日多次向金某公司发出《解除合同通知书》，金某公司已于2015年5月4日签收，根据《合同法》第九十四条、第九十六条等规定，案涉买卖合同及相关《客户签约确认单》均已于2015年5月4日解除。

第二，二审法院认为《最高人民法院关于审理商品房买卖合同纠纷案件适用法律若干问题的解释》第十五条适用于本案；对此笔者持有异议，因为盛某甲并非根据《合同法》第九十四条的规定解除案涉合同，况且司法实践中对此也存在争议。

（1）从相关司法解释的适用角度，笔者认为《最高人民法院关于审理商品房买卖合同纠纷案件适用法律若干问题的解释》第十五条并不适用于本案。该解释第十五条第二款虽然规定："法律没有规定或者当事人没有约定……对方当事人没有催告的，解除权应当在解除权发生之日起一年内行使；逾期不行使的，解除权消灭。"然而，该条第一款明确说明本条款系"根据《合同法》第九十四条的规定"，且适用范围也仅是"出卖人迟延交付房屋或者买受人迟延支付购房款"等两种情形，故该解释第十五条系针对《合同法》第九十四条中规定的法定解除权在商品房买卖合同中的适用问题所作的相关解释，而非针对双方在商品房买卖合同中约定解除权的情形。而本案盛某甲所享有的解除权并非《合同法》第九十四条规定的法定解除权，而是因双方在《商品房买卖合同》中约定的条件成就而产生的约定解除权，故本案不应适用上述解释的规定进行处理。司法实践中，如（2013）沪一中民二（民）终字第840号民事判决、（2014）温平鳌民初字第577号民事判决、（2014）台温民初字第506号民事判决等也是按照前述法律适用原则判决的。（2013）沪一中民二（民）终字第840号民事判决书中法院认为："从相关司法解释的适用角度，本案并不适用《最高人民法院关于审理商品房买卖合同纠纷案件适用法律若干问题的解释》的规定。该解释第十五条第二款虽然规定：在法律没有规定或当事人没有约定，对方当事人没有催告的情况下，解除权应当在解除权发生之日起一年内行使，逾期不行使的，解除权消灭。然而，该条第一款明确说明本条款系根据《合同法》第九十四条的规定，故该解释第十五条系针对《合同法》第九十四条中规定的法定解除权在商品房买卖合同中的适用问题所做的相关解释，而非针对双方在商品房买卖合同中约定解除权的情形。而本案上诉人所享有的解除权并非《合同法》规定的法定解除权，而是因双方在《预售合同》中约定的条件成就而产生的约定解除权，故本案不能适用上述解释的规定进行处理。”

(2)即便二审法院认为适用一年的除斥期间，盛某甲以金某公司未交付权属证书为由解除合同也没有超过一年时间。《商品房买卖合同》第十六条约定，金某公司承诺于2014年2月28日前，取得前款规定的土地、房屋权属证书，交付给盛某甲，盛某甲自行办理该商品房转移登记。自约定日期起90日以后，金某公司仍不能交付权属证书或登记证明的，双方同意按下列第0项处理。金某公司应于2014年2月28日向盛某甲交付权属证书，否则盛某甲有权在超过前述约定日期90日后解除案涉合同。以此计算，盛某甲可以行使解除权的日期从2014年5月31日开始计算，而盛某甲已于2015年4月29日就向金某公司发出解除合同通知书，故也没有超过一年除斥期间。

二审判决后，金某公司主动向盛某甲履行全部义务，双方纠纷自此全部圆满解决。

12 违约金过高如何调整

——范某、周某某应诉杭州梧某置业有限公司商品房销售合同纠纷案

法律规定得愈明确，其条文就愈容易切实地施行。

——德国·黑格尔

【本案提示】

过高的违约金约定可能与公平原则存在冲突，在某些情况下还存在诱发道德风险的可能。因此，当事人主张约定的违约金过高并请求予以适当减少的，法院均会依法予以调整，防止以意思自治为由而完全放任当事人约定过高的违约金。笔者代理的范某、周某某应诉杭州梧某置业有限公司商品房销售合同纠纷一案中，因范某、周某某逾期未付款，杭州梧某置业有限公司按照合同约定的总房价的10%主张违约金即近80万元，后法院调整至10万元，有力平衡了双方的利益关系。

【案例索引】

一审：浙江省杭州市西湖区人民法院（2018）浙0106民初11321号民事判决书（2019年6月28日）

【诉称辩称】

原告：杭州梧某置业有限公司

被告:范某、周某某

原告诉称:2018 年 3 月 24 日,原告与两被告签订一份《定金合同》,约定两被告预定位于杭州市西湖区梧某燕庐 × 幢 × 号房屋,建筑面积 320.12 平方米,单价 29,686.37 元/平方米,总价 960 万元(含车位款 157 万元)。乙方同意签订本合同时支付定金 20 万元,双方商定乙方于 2018 年 4 月 8 日来甲方销售中心签订《商品房买卖合同》。范某在乙方处签字。2018 年 4 月 27 日,原告(出卖人)与两被告(买受人)网签一份《商品房买卖合同》,约定买受人向出卖人购买位于杭州市西湖区梧某燕庐 × 幢 × 号房屋,建筑面积 320.12 平方米,单价 24,771.96 元/平方米,总价 793 万元。买受人应在合同签订之日支付首付款人民币 318 万元,剩余房款 475 万元在合同签订当日与银行办理按揭贷款合同,办妥按揭贷款手续(20 日内提交完备贷款资料,缴纳办理按揭贷款所需的费用)。如逾期付款在 90 日内,自逾期之日至款清之日,买受人按日向出卖人支付逾期应付款万分之一的违约金,合同继续履行。如逾期付款超过 90 日的,出卖人有权解除合同。出卖人解除合同的,买受人按累计应付款的 1% 向出卖人支付违约金。合同还对其他权利义务进行了约定。2018 年 4 月 28 日,原告(甲方)与两被告(乙方)签订一份《延期付款协议》,约定乙方于 2018 年 3 月 24 日购买案涉房屋,按照《定金合同》的约定,房屋总价为 793 万元、车位款 157 万元,合计 950 万元。乙方应于 2018 年 4 月 15 日支付首付款 476 万元。现由于乙方自身原因,乙方向甲方提出延期付款的要求,双方达成以下协议:(1)乙方于 2018 年 4 月 27 日支付部分房款 318 万元,其余首付款 158 万元于 2018 年 7 月 20 日前支付,并于 3 日内办理银行按揭手续。(2)如乙方不能按期付款并办理完成银行贷款手续,视为乙方违约,每逾期一天,乙方须向甲方支付逾期未付款的万分之五作为违约金;逾期付款或逾期办理银行按揭手续超过 30 日,乙方按前述约定外还应按总房款的 10% 向甲方支付违约金,且甲方有权解除购房合同。合同签订后,两被告因个人原因导致首付比例上调,原告也给予一定宽限期,但两被告至今仍未付款,已构成违约,故诉请判决:(1)解除原告与两被告于 2018 年 4 月 27 日签订的《商品房买卖合同》(合同编号:2018 销 10 × × 391);(2)两被告共同支付原告违约金 793,000 元;(3)两被告配合原告办理

《商品房买卖合同》网签备案登记的撤销手续;(4)两被告共同承担本案全部诉讼费用。

被告辩称:同意解除合同,并同意协助原告办理网签备案撤销手续。但不同意支付违约金,理由如下:(1)案涉《延期付款协议书》约定的车位款157万元严重偏离了在房管部门的备案价,属于原告暗中加价收费,逃避应交税费,损害了国家利益,该份协议无效。(2)原告诉称2018年4月27日,原告与两被告通过网签《商品房买卖合同》与事实不符,故当《商品房买卖合同》与《延期付款协议书》不一致时,应以《商品房买卖合同》为准。《延期付款协议书》第二条约定逾期付款应当承担违约责任(总房款的10%即793,000元),与《商品房买卖合同》第八条原告逾期交房应当承担违约责任(累计已付款的1%,即31,800元)的约定相比,两者显然不公平、不平等,应当按照《商品房买卖合同》第六条的约定以累计应付款的1%即47,500元计算违约金。案涉合同解除后,原告应返还已付购房款及相应利息。

【事实查明】

杭州市西湖区人民法院经审理查明,2018年3月24日,原告(甲方、卖方)与两被告(乙方、预订方)签订一份《定金合同》。约定乙方预定位于杭州市西湖区梧某燕庐×幢×号房屋,建筑面积320.12平方米,单价29,686.37元/平方米,总价960万元。乙方同意签订本合同时支付定金20万元,双方商定乙方于2018年4月8日来甲方销售中心签订《商品房买卖合同》。范某在乙方处签字。

2018年4月27日,原告(出卖人)与两被告(买受人)网签一份《商品房买卖合同》,约定买受人向出卖人购买位于杭州市西湖区梧某燕庐×幢×号房屋,建筑面积320.12平方米,单价24,771.96元/平方米,总价793万元。买受人应在合同签订之日支付首付款人民币318万元,剩余房款475万元在合同签订当日与银行办理按揭贷款合同,办妥按揭贷款手续(20日内提交完备贷款资料,缴纳办理按揭贷款所需的费用)。如逾期付款在90日内,自逾期之日至款清之日,买受人按日向出卖人支付逾期应付款万分之一的违约金,合同继续履行。如逾期付款超过90日的,出卖人有权解除合同。出卖人解除合同的，买受人按累计应付款的1%向出卖人支付违约金。合同还对其他权利义务进行了约定。该合同系原告在杭州市房产管理局的网签合同的打印件，两被告未在该合同落款处签字。两被告不认可该合同的落款日期2018年4月27日，并认为其于2018年7月才知道有该份合同。两被告认可该合同内容，并同意解除合同，同意协助原告办理网签合同的撤销手续。

2018年4月28日，原告(甲方)与两被告(乙方)签订一份《延期付款协议》。约定乙方于2018年3月24日购买案涉房屋，按照《定金协议》的规定，房屋总价为793万元、车位款157万元，合计950万元。乙方应于2018年4月15日支付首付款476万元。现由于乙方自身原因，乙方向甲方提出延期付款的要求，双方达成以下协议：(1)乙方于2018年4月27日支付部分房款318万元，其余首付款158万元于2018年7月20日前支付，并于3日内办理银行按揭手续。(2)如乙方不能按期付款并办理完成银行贷款手续，视为乙方违约，每逾期一天，乙方须向甲方支付逾期未付款的万分之五作为违约金；逾期付款或逾期办理银行按揭手续超过30日，乙方按前述约定外还应按总房款的10%向甲方支付违约金，且甲方有权解除购房合同。

2018年7月22日，两被告向原告出具一份《申请报告》。其中载明2018年4月27日两人购买案涉房屋，总款950万元(其中房款793万元、车位款157万元)，并已办理网签《商品房买卖合同》，但当时未查明自身银行征信情况，坚持按首套贷款四成首付缴纳房款，待到银行查明之后，被告知曾有房贷记录，须按二套房贷款。即须缴纳六成首付，再交158万元方能贷款。故申请公司领导允许于2018年10月15日付清首付款(再补缴158万元)，交齐材料首付后3日内办理银行按揭手续。车位款157万元于2018年12月15日前付清。

两被告于2018年3月24日、3月26日、4月28日分别支付给原告1万元、19万元、298万元，合计318万元。其余款项未再支付。庭审中，原告同意扣除违约金后将剩余款项退还给两被告。

另查明，根据两被告提供的微信记录，2018年4月28日，其与原告的工作人员约定当日中午办理银行按揭手续。后因两被告此前有贷款记录，购房款须支付六成首付款，贷款四成，两被告因资金问题未能支付首付款，未办理银行按揭。

【法院审判】

杭州市西湖区人民法院认为，原告与两被告之间的《商品房买卖合同》，虽无两被告签字，但两被告认可该合同，并同意解除合同，同意协助原告办理该合同网签备案登记撤销手续，该院对此予以确认。双方之间签订的《延期付款协议》，系双方真实意思表示，不违反法律、行政法规的强制性规定，合法有效。两被告辩称该协议规避法律，应属无效的意见，缺乏依据，该院不予采信。两被告还辩称该协议系格式合同，与网签的《商品房买卖合同》不一致时，应以《商品房买卖合同》的约定为准。该院经审查认为，该协议虽为打印文本，但并不存在免除一方责任、加重对方责任、排除对方主要权利等无效情形，故被告据此主张协议无效，该院不予采信。同时，《延期付款协议》与《商品房买卖合同》约定的款项支付金额与时间不一致，且《商品房买卖合同》的落款时间在先，《延期付款协议》的落款时间在后。而《延期付款协议》的内容与两被告于2017年7月22日向原告出具的《申请报告》内容相印证，故两被告要求以《商品房买卖合同》的约定支付违约金，依据不足，该院亦不予采信。因两被告逾期未付款，其行为已构成违约，原告主张依《延期付款协议》主张违约金，于法有据。关于违约金的数额，原告依协议约定按总房款的10%支付违约金798,000元，两被告认为过高。本案中，因两被告逾期未付款导致合同未能继续履行，原告出售房屋未能及时取得售房款系其主要损失。而两被告早在诉前即已向原告表明不再履行合同。且原告持有两被告支付房屋首付款318万元亦有一定的利息收益。而原告也无证据证明，在当前杭州房地产行情下，案涉房屋价格下跌可能导致的房屋价值损失。故综合以上因素，该院以实际损失为基础，兼顾合同的履行情况、当事人的过错程度以及预期利益等综合因素，根据公平原则和诚实信用原则予以衡量，酌情确定两被告应支付原告违约金10万元。原告同意将318万元在扣除违约金后退还两被告，基于减少诉累考虑，该院对此一并予以判决。据此，依照《合同法》第九十四条、第九十七条，《最高人民法院关于适用

〈中华人民共和国合同法〉若干问题的解释(二)》第二十九条,《民事诉讼法》第六十四条第一款之规定,判决:(1)解除原告杭州梧某置业有限公司与被告范某、周某某于2018年4月27日签订的《商品房买卖合同》(合同编号:2018销10××391);(2)被告范某、周某某于本判决生效之日起十日内协助原告杭州梧某置业有限公司办理《商品房买卖合同》网签备案登记的撤销手续;(3)被告范某、周某某支付原告杭州梧某置业有限公司违约金100,000元;(4)原告杭州梧某置业有限公司退还被告范某、周某某房款3,180,000元;(5)以上第三、四项相互冲抵后,原告杭州梧某置业有限公司还需退还被告范某、周某某房款3,080,000元,该款于本判决生效之日起十日内付清;(6)驳回原告杭州梧某置业有限公司的其他诉讼请求。

一审判决后,双方均未提起上诉。

【本案代理思路评析】

违约金制度建立于契约自由的精神之上,是对当事人意思自治的充分尊重,一定程度上保证了合同的顺利履行。在债务人违约时,债权人可以便捷高效地以获得违约金的方式使自己的损失得以补偿。实践中,因违约金过高要求调整的案件不在少数,且属于法官自由裁量范畴,各地法院依据法律原则性规定作出各种标准不一的调整决定。现就本案具体评析如下。

一、关于违约金性质的问题

《合同法》第一百一十四条第二款规定:“约定的违约金低于造成的损失的,当事人可以请求人民法院或者仲裁机构予以增加;约定的违约金过分高于造成的损失的,当事人可以请求人民法院或者仲裁机构予以适当减少。”由此可见,该条约定的违约金具有“补偿性和惩罚性”双重性质,但系以赔偿非违约方的损失为主要功能,而非旨在严厉惩罚违约方。其意义在于:(1)违约金调整规则是修正后契约自由的应有之义。约定违约金基于契约自由,而违约金调整规则体现了契约正义。(2)违约金调整规则是对诚实信用原则的遵守,诚实信用原则指导了当事人在缔约时合理预计其行为结果,在当事人之间形成一定的信赖关系,该原则赋予法官以自由裁量权来合法合理合情地作出裁判,以维护司法的权威。(3)违约金调整规则是市场经济的要求,将偏离的市场行为重新拉回正轨。(4)违约金调整规则是违约金自身性质和功能的要求,违约金的功能主要在于弥补非违约方所遭受的实际损失,而不是利用违约金条款来获取高额的暴利,这就决定了违约金数额不应当过分高于非违约方的实际损失。

二、关于违约金过高如何调整的问题

由于违约金具有"补偿性和惩罚性"的双重性质,故在调整违约金过程中必然考量违约行为给守约方造成的损失。现实生活中,合同当事人的违约行为给守约方所造成的损失情况并不相同,合同违约所引起的损失情况具体包括以下四种情形:第一,没有损失。这主要发生在合同标的的市场价格波动较大而合同当事人选择解除合同的场合,如在房价上涨后,房屋买卖合同中因购房者违约而导致合同被解除,守约的出卖方可将房屋以更高的价格出售,结果使其获得了更多的利益。第二,有损失但损失不可以计算,即违约行为给当事人造成了损失,但损失却无法计算。无法计算的原因或者是由于举证困难,或者是因为损失的发生还介入了违约行为以外的其他因素,如因违约而导致的商誉损害。第三,损失不可计算但有法定计算标准。这种情况在本质上与前一种情况相同,但立法者出于某种政策考量在法律中为合同当事人规定了损失的计算标准,使守约的合同当事人能够获得有限的赔偿。在商品房买卖中的房产证延迟办理给买受人造成了损失,这种损失在举证与计算上存在较大的困难,相关司法解释为这种损失规定了相应的计算标准。第四,有损失且损失可以计算。从《合同法》第一百一十四条第二款规定的内容来看,这里的损失不仅可以计算,而且也属于合同法上的赔偿范围。

本案中范某、周某某按约付款的违约行为给杭州梧某置业有限公司造成的损失情形属于上述第三种情形。由于《合同法》没有对合同约定的违约金数额是否过高作出明确标准规定,《最高人民法院关于审理商品房买卖合同纠纷案件适用法律若干问题的解释》和《最高人民法院关于适用〈中华人民共和国合同法〉若干问题的解释(二)》对此作出了规定。本案中的违约金是否过高,其实均可以按照前述司法解释的规定进行判断并相应调整。具体为:

（1）《最高人民法院关于审理商品房买卖合同纠纷案件适用法律若干问题的解释》第十六条规定："当事人以约定的违约金过高为由请求减少的，应当以违约金超过造成的损失 30% 为标准适当减少；当事人以约定的违约金低于造成的损失为由请求增加的，应当以违约造成的损失确定违约金数额。"按照前述规定，违约金约定是否过高是以实际损失作为判断基础依据的。同时，该解释第十七条规定："商品房买卖合同没有约定违约金数额或者损失赔偿额计算方法，违约金数额或者损失赔偿额可以参照以下标准确定：逾期付款的，按照未付购房款总额，参照中国人民银行规定的金融机构计收逾期贷款利息的标准计算。逾期交付使用房屋的，按照逾期交付使用房屋期间有关主管部门公布或者有资格的房地产评估机构评定的同地段同类房屋租金标准确定。"本案系被告逾期付款，由此导致原告的主要损失为利息损失，按照原告提交的《申请报告》载明的应付款日期计算，由此给原告造成的逾期付款利息损失（截至被告同意合同解除之日）为：房款 475 万元 × 逾期付款天数 102 天 × 4.35% ÷ 365 + 车位款 157 万元 × 逾期付款天数 41 天 × 4.35% ÷ 365 = 57,741.78 元 + 7671.49 元 = 65,413.27 元；调整后的违约金即损失的 1.3 倍为 85,037.25 元。如果将逾期付款利息计算至一审判决之日，则相应的金额为：房款 475 万元 × 逾期付款天数 257 天 × 4.35% ÷ 365 + 车位款 157 万元 × 逾期付款天数 196 天 × 4.35% ÷ 365 = 145,486.64 元 + 36,673.48 元 = 182,160.12 元；调整后的违约金即损失的 1.3 倍为 236,808.16元。

（2）《最高人民法院关于适用〈中华人民共和国合同法〉若干问题的解释（二）》第二十九条规定："当事人主张约定的违约金过高请求予以适当减少的，人民法院应当以实际损失为基础，兼顾合同的履行情况、当事人的过错程度以及预期利益等综合因素，根据公平原则和诚实信用原则予以衡量，并作出裁决。当事人约定的违约金超过造成损失的百分之三十的，一般可以认定为合同法第一百一十四条第二款规定的'过分高于造成的损失'。"按照前述规定，违约金的调整不仅仅考虑到实际损失，还兼顾合同的履行情况、过错程度及预期利益等多种因素，较之上述《最高人民法院关于审理商品房买卖合同纠纷案件适用法律若干问题的解释》第十六条的规定更为全面。

本案中,一审法院将违约金调整至 10 万元,主要考虑以下因素:(1)两被告早已告知原告不再履行合同,故逾期利息损失较少;(2)原告没有提交证据证实案涉房屋存在贬值情形;(3)原告持有两被告此前支付的房款有一定的利息收益;(4)两被告此前曾有贷款记录导致首付款提高,原告未审核且在被告未签字后就提交网签,存在一定的过错。据此,一审法院将违约金从合同约定的 798,000 元调整至 10 万元,双方当事人均能接受该等金额,未提起上诉,这样的调整幅度是合情合理的,较好地平衡了当事人双方的利益。

13 借名购房后的艰辛维权路

——吕某甲、邵某甲诉吕某乙、阮某所有权确认纠纷案

凡是合乎理性的东西都是现实的，凡是现实的东西都是合乎理性的。

——德国·黑格尔

【本案提示】

虽然我国《物权法》规定不动产权属证书是权利人享有该不动产物权的证明，对不动产物权的归属具有推定的效力，但现实生活中由于各种原因，尤其是在婚姻家庭具有亲情身份关系中，有时不动产的实际出资人与产权证上的产权登记人并非同一人。这种情况下如何认定不动产物权的归属往往存在很大的争议。如本案中，吕某甲、邵某甲曾借用父母吕某乙、阮某的名义购买吕某乙所在单位自管房后产生纠纷，笔者代理吕某甲、邵某甲诉吕某乙、阮某所有权确认纠纷案件。一审、二审法院的判决结果截然相反，经过再审后才尘埃落定，并最终以现有证据推翻了不动产权属证书内容，取得了本案胜诉的良好效果。

【案例索引】

一审：浙江省杭州市西湖区人民法院（2011）杭西民初字第1181号民事判决书（2011年7月12日）

二审:浙江省杭州市中级人民法院(2011)浙杭民终字第1788号民事判决书(2012年2月15日)

再审:浙江省高级人民法院(2012)浙民提字第82号民事判决书(2012年8月10日)

【诉称辩称】

原告:吕某甲、邵某甲

被告:吕某乙、阮某

原告吕某甲、邵某甲诉称:吕某甲、邵某甲系夫妻关系,吕某乙、阮某为吕某甲的父母。2006年,吕某乙所在单位中共浙江省委党校以市场评估价对外出售一批房屋(单位自管房性质)。当时吕某甲夫妇、吕某乙夫妇及其他家庭成员均同意由吕某甲夫妇实际出资、以吕某乙名义购买位于杭州市西湖区文一路×号×幢1单元401室房屋,并一致承诺"房款谁付,房子归谁"。为此,吕某甲夫妇于2006年7月5日一次性付清了348,273元房款。之后,吕某甲夫妇办理了房屋所有权证等手续,开通了水、电、气等设施,并承担了相关费用。2007年,吕某甲夫妇开始装修该房屋,并居住至今。吕某乙夫妇及其他家庭成员一直承认该房屋系吕某甲夫妇所有,但近期吕某甲夫妇要求吕某乙夫妇协助办理房屋产权过户手续时,却遭到阮某的拒绝。经多次协商无果,故诉至法院,请求判令:(1)确认杭州市西湖区文一路×号×幢1单元401室房屋归吕某甲、邵某甲所有;(2)吕某乙、阮某协助吕某甲、邵某甲办理上述房屋的产权过户手续。

被告吕某乙辩称:对吕某甲、邵某甲陈述的事实基本没有异议。2006年购买本案所涉房屋时言明谁要购买就谁出钱。本来大女儿吕某甲和小女儿吕某丙均表示要买,故同意两人合买。但是,小女儿吕某丙需借款以支付房款,后表示无法借到款项故放弃购买该房屋。为此,其与妻子阮某和女儿吕某甲、女婿邵某甲一同前往看房。由于自己以前分到的实物分房房屋面积比可享受的待遇尚缺20多平方米,可补偿3万元左右,当场表示该款项送给吕某甲以冲抵房款。后来省直机关事务管理局因为出卖的本案所涉房屋为旧房,价格却为市场价,又退回了3万多元款项。该款由阮某领取,未退还吕某甲、邵某甲。但是,买房后不久,小女儿吕某丙认为吕某甲得了好处,与阮某一起到吕某甲家中争论,双方为此发生争执甚至闹到派出所。吕某甲为了解决此事,提出可以按原价将房屋给吕某丙,但吕某丙又没有能力购买。为避免再发生争执,吕某甲甚至没搬到该房屋中居住。约过了10个月,其与阮某都表示吕某甲可以去居住了。关于本案,当时以其名义购房仅是由于卖方表示该房屋与其职工身份有关,而家庭内部认可谁出钱房子归谁,故对吕某甲、邵某甲的诉讼请求没有异议。

被告阮某辩称:本案所涉房屋并非对外公开销售的房屋,而是与吕某乙的福利有关,可享受一定的优惠。考虑到两个女儿的居住情况不理想,其与吕某乙决定买下该房屋(连同目前居住的位于杭州市下城区稻香园房屋)以便死后作为遗产留给两个女儿,不存在由吕某甲夫妇出资和谁出钱归谁的说法。该房屋系吕某乙、阮某的夫妻共同财产。购房时确实因为与吕某乙二人的积蓄不足以支付房款,要求两个女儿共同出资。本案所涉房款中有70,000元来自吕某乙的积蓄、23,000元来自阮某的积蓄,均事先打入吕某甲的银行账户,吕某甲、邵某甲表示负担了全部房款并不属实。其余房款确实由吕某甲实际支出,但系资助父母(非借款,在两个女儿分配两套房屋时可予考虑),不能以此认为吕某甲夫妇购买本案所涉房屋。同时,为购买本案所涉房屋签订《杭州市房屋转让合同》的时间为2007年3月,而非2006年6月。另外,关于本案所涉房屋的装修和使用问题,确实买房时就认可由吕某甲一家使用,但并非认可归吕某甲、邵某甲所有。其与吕某乙对本案所涉房屋的归属意见不同,吕某乙偏袒大女儿才坚持房款谁支付房子就归谁。故请求驳回吕某甲、邵某甲的诉讼请求。

【事实查明】

杭州市西湖区人民法院经审理查明:2006年7月,吕某乙以自己和妻子阮某名义向其单位中共浙江省委党校购买位于杭州市西湖区案涉房屋(建筑面积为77.15平方米)。双方签订《杭州市房屋转让合同》一份,约定转让价格为348,273元,于合同签订当日一次性付清并交房。吕某乙、阮某的女儿吕某甲、女婿邵某甲夫妇支付了该房款及相关税费,并保管了相关合同、票据。同时,吕某乙、阮某将该房屋交由吕某甲夫妇使用,吕某甲夫妇以吕某乙的名义办理了煤气、水、电等申请手续,并交纳了费用。2007 年,在吕某乙、阮某同意的情况下,吕某甲夫妇开始装修该房屋并居住至今。另查明,本案所涉房屋不是经济适用房或房改房,但与吕某乙作为中共浙江省委党校的教职员工身份有一定关系。吕某乙、阮某于 2007 年 3 月分别登记为本案所涉房屋的所有权人和共有权人。吕某乙认为购买该房屋时在家庭内部明确房屋归出资者所有,即应归吕某甲、邵某甲所有,其仅是名义上的购买人;阮某认为该房屋为其与吕某乙购买,吕某甲、邵某甲的出资仅是对父母购房的资助。同时,在该房屋购买后不久,吕某丙(吕某乙、阮某的女儿,吕某甲的妹妹)曾为该房屋权属问题与吕某甲、邵某甲夫妇发生争执。

【法院审判】

杭州市西湖区人民法院认为,不动产权属证书是权利人享有该不动产的证明,但作为证据的不动产权属证书并不具有绝对的证据力,其记载的事项是否真实,应依据不动产登记的权利推定规则予以判定。如果有与不动产权属证书记载事项相反的证据证明权属登记确有错误的,应直接根据该相反证据作出事实认定。案涉房屋虽然系以吕某乙、阮某的名义购买,房屋所有权证所登记的权利人为吕某乙、阮某,但本案所涉房屋的价款系吕某甲、邵某甲支付,相关的购房、办证的收据均由吕某甲、邵某甲持有,且该房屋从交付至今一直由吕某甲、邵某甲使用;在吕某丙曾有异议的情况下,吕某乙、阮某均同意吕某甲、邵某甲对房屋进行装修并使用至今。故采信吕某甲、邵某甲与吕某乙的意见,即家庭内部有出资人为房屋实际购买人的约定,可以认定吕某乙、阮某仅为名义上的购买人,本案所涉房屋应属吕某甲、邵某甲所有。阮某关于吕某甲、邵某甲资助(既非借款也不是赠与)其与吕某乙购买本案所涉房屋的意见不合逻辑,不予采信。因本案系所有权确认纠纷,不涉及当事人的其他权利义务,且一旦本案判决生效,吕某甲、邵某甲即可凭生效法律文书直接向房屋登记机构申请办理房屋的产权过户手续,故吕某甲、邵某甲关于要求吕某乙、阮某协助办理房屋所有权变更登记的诉讼请求,不予支持。综上,该院依照《民法通则》第七十二条、《物权法》第三十三条之规定,判决:(1)位于杭州市文一路×号×幢1单元401室房屋属吕某甲、邵某甲所有。(2)驳回吕某甲、邵某甲的其他诉讼请求。

阮某不服一审判决,向杭州市中级人民法院提起上诉。

杭州市中级人民法院认为,根据《物权法》第十七条的规定,不动产权属证书是权利人享有该不动产物权的证明。本案讼争房屋的产权登记在吕某乙、阮某名下,吕某乙、阮某系该房屋的所有权人。吕某甲、邵某甲以吕某乙、阮某夫妇及其他家庭成员均同意由吕某甲夫妇出资、以吕某乙名义购买案涉房屋,并一致承诺"房款谁付,房子归谁",且购房款系吕某甲夫妇一次性付清为由,主张其为案涉房屋的所有权人。虽然从吕某甲、邵某甲提交的证据,可以证明购房款系从吕某甲账户支付,吕某乙也认可"房款谁付,房子归谁",但作为物权登记的权利人之一的阮某并不认可房屋归出资人所有的主张,吕某甲、邵某甲与吕某乙、阮某之间也未曾就房屋的归属达成归出资人所有的协议,故不能以购房款系从吕某甲账户支付的事实否定不动产权属证书的登记效力,本案也不存在任何错误登记的情形。购房款从吕某甲账户支付的事实,仅能反映购房的出资情况,双方形成的是债权债务关系。综上,吕某甲、邵某甲提交的证据不足以推翻房屋权属证书的登记效力。吕某甲、邵某甲要求确认讼争房屋归其所有,并由吕某乙、阮某协助办理房屋所有权变更登记的诉讼请求,不予支持。一审判决认定事实清楚,但实体处理和适用法律有误。综上,该院依照《民事诉讼法》第一百五十三条第一款第(二)项之规定,判决:(1)撤销杭州市西湖区人民法院(2011)杭西民初字第1181号民事判决。(2)驳回吕某甲、邵某甲的诉讼请求。

吕某甲、邵某甲不服二审判决,向浙江省高级人民法院申请再审。

浙江省高级人民法院认为,本案的争议焦点是:案涉房屋应归属吕某甲、邵某甲所有还是应归属吕某乙、阮某所有。该院认为,不动产权属证书是权利人享有该不动产物权的证明,对物权的归属具有推定的效力。在一般情况下,物权登记在谁名下,就应推定谁为物权权利人。但当登记人之外的其他人对物权权属提出主张时,该登记并非系当然认定物权权属的唯一证据,而应在审查权属异议人提交的相关证据后,据实作出认定。本案中,虽然案涉房屋登记在阮某、吕某乙名下,但吕某甲、邵某甲对该房屋的权属持有异议。而要确定该房屋的权属,则应依据购买时双方当事人的真实意思确定所有权归属,即双方当事人在购买该房屋时是否在家庭内部口头约定案涉房屋的归属。吕某甲、邵某甲主张在购买案涉房屋时,其和父母亲即本案的一审被告吕某乙、被申请人阮某口头约定由其出资并归其所有,并提交了吕某乙于2007年9月18日出具的《关于购买党校宿舍房屋问题的说明》、2011年3月31日出具的《情况说明》。在该两份说明中,吕某乙明确陈述,在购买案涉房屋时,其将买房的事情告知长女吕某甲、次女吕某丙,吕某甲表态愿意个人购买,签字时因校方规定必须学校职工签名,因此,是其和阮某签字的。结合本案购房款、相关税费均由吕某甲、邵某甲夫妻支付,此后案涉房屋由吕某甲、邵某甲夫妻装潢、居住使用等事实,该院认为,吕某甲、邵某甲所称双方当事人曾经有由吕某甲、邵某甲出资购买讼争房屋并归该两人所有的口头约定,符合情理。虽然诉讼中阮某并不认可双方曾经约定房屋归出资人所有,并辩称购房款系吕某甲、邵某甲资助,但却不能对由吕某甲出具的2006年7月2日向其借款23,000元的借条作出符合情理的解释。吕某甲尚需向阮某借款以支付购房款,并承诺还本付息,自然不可能将所借款项再用于资助阮某购房。综上,吕某甲、邵某甲的申请再审理由成立,一审判决认定案涉房屋归吕某甲、邵某甲所有,得当;二审判决驳回吕某甲、邵某甲的诉讼请求不当,该院依法纠正。原一审判决认定事实清楚,实体处理得当,应予维持。依照《民事诉讼法》第一百八十六条第一款、第一百五十三条第一款第(二)项之规定,判决如下:(1)撤销杭州市中级人民法院(2011)浙杭民终字第1788号民事判决;(2)维持杭州市西湖区人民法院(2011)杭西民初字第1181号民事判决。

【本案代理思路评析】

随着社会的不断发展和土地资源的日渐稀缺,以房屋为代表的不动产物权纠纷也层出不穷,错综复杂。究其原因,主要是:物权变动往往同时涉及物权和债权两个领域,而债权往往是物权发生变动之原因,而物权发生变动往往又是债权履行之结果,产生新的物权权利人,在变动过程中又会涉及第三人利益的保护。因此,不难发现物权变动其实既不纯粹地属于物权法的范畴，也不纯粹地属于债权法范畴，而是跨越两大财产法领域，处于物权法与债权法的交叉口上。相对于《合同法》主要是对财产流转关系也就是对交易关系进行调整而言，《物权法》在第十四条和第十五条中最终确立了不动产物权变动的原因与结果相区分原则，解决了长期以来对我国关于登记直接影响合同效力的误解，使得正当利益在法律上得以被考虑。

本案中，一审法院和再审法院均认为在现有证据下，可推定家庭内部有出资人为房屋实际购买人的约定，并据此认定吕某甲、邵某甲为案涉房屋的实际产权人；而二审法院认为吕某甲、邵某甲与吕某乙、阮某之间未曾就房屋的归属达成归出资人所有的协议，双方之间形成的是债权债务关系，无法推定购买时双方当事人的真实意思表示。那么，吕某甲、邵某甲提交的证据能否推定本案当事人曾就案涉房屋的归属达成归出资人所有的约定，并根据该约定推翻物权登记的法律效力？对此，笔者评析如下。

一、案涉房屋属于单位自管房，这不影响借名购房行为的法律效力

单位自管房产是指国家划拨给全民所有制单位所有以及全民所有制单位自筹资金购建的房产。案涉房屋属于浙江省省直房产公司所有，经市场评估后定向出售给浙江省委党校的职工。因此，案涉房屋不同于经济适用房，不属于政府保障性住房，故不会影响借名购房行为的法律效力。

况且，案涉房屋总价合理、优惠补贴能够以金额换算。案涉房屋于1982年建造，至吕某甲、邵某甲于2006年购买该房屋时已有24年之久，且该房屋内部没有装饰装修，甚至连水龙头、灯具都没有。当时省委党校出售该批房屋时是经过市场评估的，且每套房屋的估价均不一样，案涉房屋的评估单价是每平方米5390元，这与当时同类同地段市价相比，显然属于一个相对较高的价格。由于吕某乙以前从省委党校分到的实物分房房屋面积比可享受的待遇尚缺20多平方米，根据《关于产权单位存量自管房定向销售有关问题的通知》（杭房改办〔2002〕11号）第三条“购房面积与已享受实物分房面积之和在浙政办发〔1996〕177号文件控制标准以内的部分，按市场评估价80%的价格出售；超出控制标准以外的部分，按照市场评估价出售”之规定，即便按吕某乙可享受面积尚缺25平方米计算，因优惠补贴折算的金额也只有26,950元（5390元/平方米×25平方米×20%）。此外，省直机关还规定，一次性付清房款的，按九折优惠计价，该优惠价款为41,583.85元（5390元/平方米×77.15平方米×10%）。按照以上优惠折算后，吕某甲、邵某甲实际支付房屋价款约为34.5万元。后来省直机关事务管理局因为出卖的案涉房屋为旧房、价格却偏高，又退回了3万多元款项，该款项本应由吕某甲、邵某甲享有，却被阮某领取并一直未退还给吕某甲、邵某甲。

二、阮某出借2.3万元给吕某甲用于购买案涉房屋的行为，能证实吕某甲、邵某甲是案涉房屋的实际购买人

本案可以明确的事实是案涉房屋的所有价款及相应税费均由吕某甲、邵某甲支付，案涉房屋的煤气、水、电等开户申请手续均由吕某甲、邵某甲办理，相关费用均由吕某甲、邵某甲承担，案涉房屋的装饰装修均完全由吕某甲、邵某甲负责并支付所有费用，案涉房屋自学校交付后就一直由吕某甲、邵某甲占有和使用。在购买案涉房屋时，吕某甲、邵某甲不仅用完了其多年积蓄，还向亲朋好友借款，其中就包括向阮某借款2.3万元。2006年7月2日，阮某将2.3万元汇入吕某甲的工商银行账户内，吕某甲于当日向其母亲出具了一份《借条》；2006年7月4日，阮某对该《借条》进行签字确认。由此可见，阮某在出借2.3万元时就已确信无疑吕某甲、邵某甲是案涉房屋的实际购买人，否则吕某甲不会出具《借条》，阮某更不会签字认可。既然吕某甲、邵某甲是案涉房屋的实际购买人，那么该事实行为可以推定吕某家庭内部曾就房屋归属达成过一致的约定。

三、吕某乙出具的系列说明及其在庭审中的陈述，均能证实吕某甲、邵某甲夫妇是案涉房屋的实际所有权人

由于案涉房屋是吕某乙所在单位的自管房，故吕某乙对案涉房屋的购买经过、房屋定价、房屋交付使用等情况较之阮某更加清楚，也更加客观真实。在本案纠纷发生之前的2007年9月18日，吕某乙为避免家庭内部今后发生争论，就书写了《关于购买学校宿舍房屋问题的说明》，粗略记录了购房经过等内容。从该份说明可以清楚地看出，吕某甲、邵某甲在出资购买案涉房屋之前，家庭内部曾召开会议并形成房屋归出资人所有的口头协议，吕某甲、邵某甲按照市场价购买了案涉房屋，理应是实际的购房人。这与阮某出借2.3万元给吕某甲、邵某甲购买案涉房屋能够相互印证，证实吕某乙、阮某认可吕某甲、邵某甲是案涉房屋的实际购买人。

根据《物权法》第六条“不动产物权的设立、变更、转让和消灭,应当依照法律规定登记。动产物权的设立和转让,应当依照法律规定交付”、第十六条“不动产登记簿是物权归属和内容的根据。不动产登记簿由登记机构管理”及第十七条“不动产权属证书是权利人享有该不动产物权的证明。不动产权属证书记载的事项,应当与不动产登记簿一致;记载不一致的,除有证据证明不动产登记簿确有错误外,以不动产登记簿为准”等规定,我国对不动产物权采取登记生效成立主义为原则。因此,不动产登记是一种国家行为,是事实权利人经申请通过行政机关对既有不动产权利归属和权利状态及其变更的如实记载,因这种记载而形成了不动产登记簿,以不动产登记簿为根据取得的不动产物权,是不动产物权状况的证明文件和证据效力。不动产物权登记公信力仅仅是为确保交易安全的规则,它只适用于第三人,而不是在任何情形下都作为物权权属的判断规则。不动产权属证书是认定不动产权属的重要证据,但并非唯一的证据,更不具有“绝对”的“证据力”。只要异议方举出反证,证明登记簿上的记载事项确有错误,法院可以不受行政机关的登记限制,就可以直接根据反证推翻登记另行确定权属;如果没有相反的证据,就应以不动产权属证书作为认定不动产权属的依据。

通过以上不动产物权归属制度的分析,案涉《借条》和《关于购买学校宿舍房屋问题的说明》并非当事人购买案涉房屋时确定所有权归属的直接证据,但已经达到了高度盖然性的证明标准,可推翻案涉房屋登记簿的登记效力,故再审法院与一审法院均采信了吕某甲、邵某甲的意见,判决案涉房屋归属吕某甲、邵某甲所有。

四、对不动产物权归属的真实意思表示及对不动产的出资来源与性质进行主客观全面分析,是确定不动产权属的最终归属

在物的归属关系的确认之诉中,不动产权属证书仅具有初步的证明作用。根据《物权法》的相关规定,不动产登记簿是确定不动产物权归属和内容的根据,不动产权属证书仅是其外在的表现形式。并且,即便是不动产登记簿中的登记,也仅仅具有权利公示推定的证据效力,在有相反证据的情况下,法院应当综合审查所有相关证据,确认其真伪,判断各证据证明力的大小,依据优势证据原则确认物权的最终归属。

(一)对不动产物权归属的合法真实意思表示,是确定不动产物权归属的主观依据

民事法律行为既以意思表示为核心要素,意思表示是行为能力适格者将意欲实现的私法效果发表的行为。那么,认识民事法律行为,便须从意思表示入手。只有将意思表示的要素予以厘清,方能真正理解和把握民事法律行为及其法律要件。《民法总则》第一百三十五条规定:"民事法律行为可以采用书面形式、口头形式或者其他形式;法律、行政法规规定或者当事人约定采用特定形式的,应当采用特定形式。"即民事法律行为以意思发表为载体,可分为明示和默示两种形式。本案中,再审法院认为:虽然案涉房屋登记在吕某乙、阮某名下,但吕某甲、邵某甲对该房屋的权属持有异议。而要确定该房屋的权属,则应依据购买时双方当事人的真实意思确定所有权归属,即双方当事人在购买该房屋时是否在家庭内部口头确定案涉房屋的归属。由此可见,当事人就不动产物权归属达成一致是确定不动产归属的主观依据。前述意思表示可以是书面的,也可以是口头的;可以是直接的,也可以是间接的。在证明当事人是否就不动产物权归属进行过意思表示,应适用高度盖然性证明标准,而不应过分苛求当事人必须签订书面协议,因为在家庭内部、在父母子女亲情之间基于密切的人身关系和特有的中国传统家庭文化的影响,出资时往往少有合同、协议之类的书面约定。

此外,对不动产物权归属的意思表示必须合法;若不合法,将得不到法律的保护。如本书案例14罗某、邹某甲诉邹某乙、马某所有权确认纠纷案中,已生效的杭州市江干区人民法院(2011)杭江民初字第1025号民事判决书认为罗某、邹某甲出资、以邹某乙、马某名义购买的经济适用房,因邹某乙、马某仅拥有有限产权,交易受到限制,故认定"罗某、邹某甲享有该经济适用房部分产权的约定"无效。

(二)对不动产的出资来源与性质,是确定不动产物权归属的客观依据

不动产的出资往往可能决定不动产权属的归属。但是,在对讼争房屋的权属进行认定时,不仅应查明房产的出资来源,还应对出资性质进行综合分析认定。本案中,当事人均认可该房屋由吕某甲、邵某甲出资,但对出资

的性质产生异议，吕某甲、邵某甲及吕某乙认为该出资的性质为购房款，阮某认为该出资的性质为吕某甲、邵某甲帮助父母购房的资助款，但均没有直接证据证明。再审法院通过日常生活经验法则及事实逻辑判断认为吕某甲尚需向其母亲阮某借款以支付购房款，并承诺还本付息，自然不可能将所借款项再用于资助其母亲购房，故阮某关于出资性质所述并非事实，由此探究出双方当事人关于出资性质的真实意思表示，并以此作为确定不动产物权归属的客观依据。由此可见，当事人在能够举证证实不动产的出资来源、对不动产作出贡献的情况下，还应当举证证实该出资的性质，否则容易被认定为债权债务关系。

综上，在发生纠纷时对于不动产权属归属的认定，笔者认为既不能一律根据不动产登记簿的记载确认权属，也不能一概根据“谁出资，谁受益”的原则来处理，而应区分情况，合情合理地认定不动产权属以及当事人之间的权利义务，即通过对不动产物权归属的真实意思表示、对不动产的出资来源与性质进行主客观全面认定来最终确定不动产权属归属。在当前不动产登记制度不太完善的情况下，在评判不动产权属归属过程中应当结合不动产物权变动的原因行为及真实意思表示基础来综合考量，以实现实体的正义，维护实际权利人的合法权益。

14 经济适用房，产权约定有风险

——罗某、邹某甲诉邹某乙、马某所有权确认纠纷案

真正的自由就是法律。换句话说，所谓自由就是法律所规定的自由。

——美国·庞德

【本案提示】

经济适用房属于政府保障性住房，需要一定的购置资格，在具备上市交易之前，当事人借用他人名义或以共同投资名义购买经济适用房的，该等行为因违反法律强制性规定而无效。合同无效后，产权登记人除返还购房款或投资款外，还应进行适当的补偿。笔者代理的罗某、邹某甲诉邹某乙、马某所有权确认纠纷一案中，家庭内部有关对经济适用房拥有部分产权的约定无效，故在约定无效之后应适用互相返还原则。

【案例索引】

一审：杭州市江干区人民法院(2011)杭江民初字第1025号民事判决书(2011年7月25日)

【诉称辩称】

原告：罗某、邹某甲

被告：邹某乙、马某

原告罗某、邹某甲诉称：罗某、邹某甲系夫妻关系，邹某乙、马某系罗某与邹某甲的儿子和儿媳。邹某乙、马某于2003年11月18日登记结婚，婚后长期与罗某、邹某甲一起共同生活。2006年5月22日，邹某乙、马某与杭州北方房地产开发有限公司签订了《浙江省省直单位公有住房买卖协议书》，由邹某乙、马某出面购买杭州经济技术开发区清雅苑×幢×单元1001室房屋。当时购房时双方约定共同出资、共同所有，遂罗某、邹某甲支付了上述房屋的首付款127,850元、物业维修基金8310元、税费等费用，并长期支付该房屋按揭款项。房屋交付后，罗某、邹某甲又花费大额款项进行装饰装修。2007年6月19日，双方在分开生活时签订了《关于家庭财产情况的几点说明》，明确罗某、邹某甲对上述房屋拥有部分产权。现因马某否认罗某、邹某甲享有上述房屋产权，故为维护自身合法权益，提起诉讼。原告罗某、邹某甲诉请判决：确认其享有杭州经济技术开发区清雅苑×幢×单元1001室房屋一半的所有权；或判令被告邹某乙、马某退还原告罗某、邹某甲购房款项200,817.62元并赔偿损失336,000元（庭审中要求退还的款项增加7万元，赔偿损失相应减少7万元）。

被告邹某乙辩称：原告罗某、邹某甲的诉讼请求是合理的，所诉理由都是事实。

被告马某辩称：(1)案涉房屋属于邹某乙、马某夫妻共同财产，罗某、邹某甲不享有任何所有权。杭州经济技术开发区清雅苑×幢×单元1001室房屋系邹某乙、马某于2006年5月22日购买的经济适用房，并于2008年6月13日办理房屋产权证，房产证载明邹某乙和马某为该房屋的共同所有人，而与罗某、邹某甲无涉。并且从经济适用房购买的条件来看，罗某、邹某甲并无资格购买该经济适用房，事实上也是由邹某乙、马某提供无房证明等相关资料购买了该套住房。因此，无论是从购房资格或是产权登记上，均反映罗某、邹某甲对该房屋并不拥有任何所有权。(2)邹某乙、马某与罗某、邹某甲并未对该房屋约定共同出资和共同所有。马某与邹某乙结婚后，一直居住在大关西三苑的房屋直至该房出售，其间罗某、邹某甲表明该房为邹某乙、马某的婚房，由邹某乙、马某居住。2005年，双方商定将该房出售。2006年，因邹某乙单位有公有住房出售，因此邹某乙、马某购买了该房。罗某、邹某甲虽为邹某乙、马某支付了一部分款项，但各方从未约定罗某、邹某甲的这部分出资属于对购买房屋的投资，也没有约定罗某、邹某甲对该房屋享有所有权。因此罗某、邹某甲的这部分出资应当是对邹某乙、马某的赠与，是父母对儿子、媳妇的赠与。(3)罗某、邹某甲诉讼的目的是为邹某乙、马某离婚诉讼、财产分割做准备。被告马某请求驳回原告罗某、邹某甲的全部诉讼请求。

【事实查明】

杭州市江干区人民法院经审理查明：罗某、邹某甲系夫妻关系，邹某乙系二人之子，邹某乙、马某系夫妻关系。2006 年 5 月 22 日，邹某乙、马某与杭州北方房地产开发公司签订浙江省省直单位公有住房买卖协议，购买了清雅苑×幢×单元 1001 室的自建经济适用房，总价 387,607.20 元。2008 年 6 月 13 日，清雅苑×幢×单元 1001 室房屋办理了所有权证，登记的所有权人为邹某乙、马某，房屋性质为经济适用房。

邹某乙、马某购买清雅苑×幢×单元 1001 室房屋时，罗某、邹某甲代为支付了首付款 127,850 元、物业维修基金 8310 元。为帮助邹某乙、马某归还房屋的银行贷款，2007 年 1 月至 2009 年 3 月，罗某、邹某甲向邹某乙给付了 58,000 元。清雅苑×幢×单元 1001 室房屋装修时，罗某、邹某甲支付了部分装修费用 7 万元。综上，罗某、邹某甲共计支付了 264,160 元。

2007 年 6 月 19 日，罗某、邹某甲起草了《关于家庭财产情况的几点说明》，其中就清雅苑×幢×单元 1001 室房屋，罗某、邹某甲表示其支付了首付款、部分装修款，为归还银行贷款又每月支付 2000 元，因此对清雅苑×幢×单元 1001 室房屋罗某、邹某甲“也应拥有部分产权”。对该份说明，邹某乙、马某在尾部签字予以确认，表示说明事实均属实，同意按此划分。关于该份说明的签署原因，《关于家庭财产情况的几点说明》载明是因罗某、邹某甲与邹某乙、马某将分开生活，应对家庭的一些主要财产情况做些说明；马某陈述是因当时邹某乙、马某与罗某、邹某甲住在一起，当时邹某乙、马某经常吵架，有几次争吵后邹某乙说要离婚；邹某甲陈述是因为双方长期住在一起不好，邹某乙、马某对罗某、邹某甲关心不够，邹某甲对邹某乙、马某有意见，要保护自己的权益。

【法院审判】

杭州市江干区人民法院认为，清雅苑×幢×单元1001室房屋由邹某乙、马某购买，房屋所有权证记载的所有权人亦是邹某乙、马某，该房屋应为邹某乙、马某所有。

2007年6月19日双方确认的《关于家庭财产情况的几点说明》中有罗某、邹某甲对清雅苑×幢×单元1001室房屋拥有部分产权的约定，但该房屋系经济适用房，邹某乙、马某只拥有有限产权，交易受到限制，因此《关于家庭财产情况的几点说明》中关于罗某、邹某甲拥有部分产权的约定无效。原告罗某、邹某甲要求确认其享有清雅苑×幢×单元1001室房屋一半所有权的诉讼请求，该院不予支持。

清雅苑×幢×单元1001室房屋购买时及购买后，罗某、邹某甲支付了首付款等款项，罗某、邹某甲起诉时主张购房时双方约定共同出资、共同所有，但庭审中罗某陈述出钱时双方并未明确说明其对房屋享有一定的权利，邹某甲陈述其与邹某乙讲过钱是借的、以后要还的，因此罗某、邹某甲的前述主张不能成立。马某主张罗某、邹某甲支付该些款项的性质为赠与，但没有直接的证据来证明罗某、邹某甲的行为系属赠与，且《关于家庭财产情况的几点说明》中双方约定罗某、邹某甲对房屋拥有部分产权的事实说明罗某、邹某甲支付款项并非无偿，马某的主张不能成立。由于罗某、邹某甲支付款项并非无偿，《关于家庭财产情况的几点说明》中关于罗某、邹某甲拥有部分产权的约定又属无效，因此罗某、邹某甲有权要求邹某乙、马某归还其已支付的款项264,160元。

原告罗某、邹某甲要求被告邹某乙、马某赔偿的损失属于清雅苑×幢×单元1001室房屋的增值部分，由于《关于家庭财产情况的几点说明》中罗某、邹某甲拥有部分产权的约定是在罗某、邹某甲支付大部分费用以后家庭关系出现变化的情况下作出的，最初双方并无共同出资、共同所有的约定，因此前述约定不同于一般的市场交易，不能认定存在交易机会丧失的损失，对原告罗某、邹某甲的该项诉讼请求,该院不予支持。据此,依照《合同法》第五十一条、第五十八条之规定,判决如下:(1)被告邹某乙、马某向原告罗某、邹某甲退还人民币264,160元,于本判决生效后十日内付清。(2)驳回原告罗某、邹某甲其他诉讼请求。

一审判决后,双方均未上诉。

【本案代理思路评析】

现实生活中,因种种原因,借用他人名义或共同投资以其中部分人员名义购买房屋的情况并不罕见。基本运作模式是:实际出资人与名义购房人签订协议,约定由实际出资人支付全部或部分购房款项,以名义购房人的名义与卖方签订房屋买卖合同,将房屋产权登记至名义购房人名下,同时约定房屋所有权归实际出资人所有或大家共有,待具备过户条件时,名义购房人需按照原先约定配合办理房屋所有权转移登记手续。一般的借名购房协议如果不具有法定合同无效事由,则基于意思自治的原则,其效力应予认可。本案原被告共同购买的是经济适用房,由于原告本身不具有经济适用房购买资格,于是双方的协议是否有效成为争议焦点。对此,笔者评析如下。

根据我国《经济适用房管理办法》的有关规定,经济适用房是指由政府提供优惠政策,限定建设标准、供应对象和销售价格,具有社会保障性质的政策性商品房。目前其基本类型主要包括平价房、解困房等。经济适用住房是政府扶持的具有经济性和适用性的社会保障住房。经济性是指住房价格相对市场价而言是适中的,能够适应中低收入家庭的承受能力;适用性是指在住房设计及其建设标准上强调住房的使用效果,而不是降低建筑标准。对经济适用房项目,政府对开发商免收土地出让金,其他应征收的各项收费也给予一定的减免,并对成交价格、购买对象、面积和开发建设单位的利润进行限制。

由于经济适用住房是一种具有保障性质的政策性住房,面向城市低收入住房困难家庭出售,具有经济性和适用性的特点,因此,在申购经济适用住房时,国家有严格的审核标准,其购买人必须满足国家规定的条件,购买资格具有专属性。同时,鉴于经济适用住房的特殊属性,明令禁止经济适用住房借名买房。本案中，原告因不具备购买经济适用住房的条件，而与被告共同购买经济适用住房，双方之间形成合同关系，该合同违反了国家关于购买经济适用住房的相关规定，应属无效。对此，各地高院也陆续出台相关司法指导意见，如《北京市高级人民法院关于审理房屋买卖合同纠纷案件适用法律若干问题的指导意见（试行）》第十六条规定："借名人违反相关政策、法规的规定，借名购买经济适用住房等政策性保障住房，并登记在他人名下，借名人主张确认房屋归其所有或者依据双方之间的约定要求登记人办理房屋所有权转移登记的，一般不予支持。"

此外，如果实际出资人为规避国家限购政策，借用他人名义签订房屋买卖合同并以他人名义办理产权登记后，又根据借名购房协议要求名义购房人将房屋过户至实际出资人名下，或直接要求确认房屋归实际出资人所有的，则不应予以支持。这是因为，与经济适用住房管理政策只限制无购房资格人员直接从开发商处购买而不限制因转售而间接取得经济适用住房不同，对于限购对象而言，只要国家限购政策不取消，无论是直接购买还是间接购买房屋均为政策所禁止，故出于维护公共利益的需要，限购对象在限购期内要求名义购房人办理过户的，不应支持。但如果限购政策取消或限购对象因其他原因不再被限购，则过户请求应予支持。如上述北京市高级人民法院文件第六条第二款也规定："出卖人转让的经济适用住房的原购房合同系2008年4月11日（含）之前签订，当事人又在转让该已购房屋的合同中约定在限制上市交易期限届满后再办理房屋所有权转移登记或在一审法庭辩论终结前该房屋已具备上市交易条件的，可以认定合同有效。"《浙江省高级人民法院关于审理受房地产市场调控政策影响的房屋买卖合同纠纷案件的若干意见（试行）》第八条同样规定："实际买受人为规避限购、禁购政策，以他人名义与出卖人订立合同并办理房屋权属证书后，以其系实际买受人为由，请求确认其为房屋产权人的，不予支持，但调控政策重新调整并准许其取得产权的除外。"

合同无效后，原告因购买该房屋所支出的购房款、公共维修基金、税费等相关款项，被告应当予以返还。对于该合同的无效，原、被告双方均有过错，故对于因房屋升值所产生的收益，被告应按照其过错程度给予原告相应的补偿,补偿数额由法院根据房地产估价报告等酌情予以确定。一审判决中,法院以“最初双方并无共同出资、共同所有的约定,因此前述约定不同于一般的市场交易,不能认定存在交易机会丧失的损失”而不考虑损失赔偿,这值得商榷。因为从民法公平原则来讲,将出资相应的房屋升值部分作为赔偿范围符合公平原则。试想,在确认合同无效后,此时被告即得到了该部分房屋的升值部分,如果不赔偿,其就会因其过错反倒获得“意外丰厚的利润”,这无疑有悖于法律的公平原则。由被告补偿原告房屋升值部分的损失后,被告在享有全部产权之后即完全可以在期满后上市交易进行变现,其可获得相应的房产增值部分,这才体现公平原则。

15 收款收据能否证明大额现金的实际交付

——陈某甲、高某某与陈某乙、叶某某房屋买卖合同纠纷案

证明责任乃诉讼的脊梁。

——德国·罗森贝克

【本案提示】

老有所依、老有所养，这是老百姓最基本的期盼及愿望，但年过八旬的杭州市劳模陈某甲、高某某却要为了自己名下的房产与自己亲生儿子、儿媳对簿公堂，这是多么无奈的选择。长子陈某乙谎称过户需要两位老人收到房款的收据，故两位老人在未收到房款的情况下就签下120万元的收款收据。事后，两位老人多次催讨房款，可儿子、儿媳对此却置之不理，且在将近两年的时间里既分文未予支付此笔款项，也不来照顾老人。虽然儿子、儿媳提供了收款凭据以证明已经交付房款，但就120万元的大额款项，直接以现金进行交付的交易方式并不符合常理，儿子、儿媳还应提供充分证据证明该大额款项的现金来源，并就以现金方式进行交付的必要性作出合理解释。笔者在代理本案两位老人仲裁过程中，调取了多份证据证实案涉房款不可能进行现金交付，并通过庭审巧妙提问否定了儿子、儿媳辩称已交付房款的事实，最终取得了本案胜诉的良好效果。

【案例索引】

杭州仲裁委员会(2012)杭仲裁字第 178 号裁决书(2012 年 12 月 17 日)

【诉称辩称】

申请人:陈某甲、高某某

被申请人:陈某乙、庞某某

申请人诉称:申请人陈某甲、高某某系被申请人陈某乙的父母,被申请人陈某乙、庞某某系夫妻关系。2010 年 9 月 6 日,申请人与被申请人签订了《杭州市房屋转让合同》,合同约定由申请人将其杭州市××河东×号×幢×单元 401 室的房屋出售给被申请人,房屋转让价格为人民币 120 万元,付款方式为本合同签订之日起 1 天内,被申请人一次性将购房款支付给申请人,本合同履行中发生争议由杭州仲裁委员会仲裁。前述合同签订当日,双方就案涉房屋办理完毕产权变更过户手续。然而,被申请人却未依约支付购房款。虽经申请人多次催讨,但被申请人在长达将近两年的时间里至今仍分文未付。申请人认为,被申请人的上述拒付购房款的行为明显构成根本违约,并已以自己的行为表明不履行合同主要债务,故申请人依法有权解除合同,要求被申请人返还案涉房屋。据此,申请人请求裁决:(1)裁决解除申请人、被申请人双方于 2010 年 9 月 6 日签订的《杭州市房屋转让合同》;(2)裁决被申请人将其名下的杭州市××河东×号×幢×单元 401 室房屋返还给申请人;(3)裁决被申请人协助申请人办理上述房屋产权变更过户手续,并承担案涉房屋变更过户过程中所发生的税费、手续费、工本费等全部费用;(4)裁决被申请人承担本案仲裁费用。

被申请人辩称:2010 年 9 月 6 日,被申请人与申请人签订了《杭州市房屋转让合同》,合同约定由申请人将杭州市××河东×号×幢×单元 401 室房屋出售给被申请人。被申请人按照合同约定的付款方式将购房款 120 万元人民币支付给申请人,双方签下《收款凭据》。房屋产权交易部门根据被申请人的付款行为,开具了该房屋的售房款发票等票据,被申请人同时承担了该房屋产权过户的全部费用。在被申请人履行合同约定义务之后,双方共同办理了该房屋的产权变更过户手续。申请人在《仲裁申请书》中所述被申请人未履行合同、多次催讨购房款未果等情况毫无根据。且申请人对其所述的情况，未按照法律规定担负举证责任。据此，被申请人请求仲裁庭驳回申请人的所有仲裁请求。

【事实查明】

杭州仲裁委员会经审理查明：被申请人之一陈某乙系两申请人长子，两被申请人系夫妻关系。案涉当事人于 2010 年 9 月 6 日签订了《杭州市房屋转让合同》，约定由申请人将其杭州市××河东×号×幢×单元 401 室房屋出售给被申请人，房屋转让价格为 120 万元。合同签订当天，在被申请人尚未支付 120 万元购房款的情况下，两申请人出具了收到 120 万元购房款的收款凭据。于同日，双方在杭州市产权交易中心办理过户登记手续，将案涉房屋过户登记在被申请人名下。至本案受理前，被申请人未支付合同约定的 120 万元购房款。在审理过程中，仲裁庭另查明以下事实：(1)在案涉房屋产权过户过程中，产生有关过户费用 25,900 元，该费用已全部由被申请人支付完毕。(2)案涉房屋如重新过户至申请人处，仍需缴纳相应的过户费用。(3)2012 年 7 月 7 日，申请人向被申请人发出书面的《解除合同通知书》，要求解除合同；被申请人确认已经收到，并表示由仲裁庭居中裁判，不另案提出不同意解除合同的申请。

【仲裁裁决】

杭州仲裁委员会认为，案涉当事人均系完全民事行为能力的人，其所签的《杭州市房屋转让合同》系双方真实意思表示，且不违反法律强制性规定，故《杭州市房屋转让合同》合法有效，本案合同双方当事人均应当遵守。本案被申请人有义务按合同约定支付案涉购房款 120 万元，但其在合同签订后近两年的时间内，未按合同约定支付相应购房款，已构成根本违约。故申请人有要求解除房屋买卖合同，并要求被申请人返还案涉房屋。

关于被申请人在庭审中辩称，其在案涉房屋买卖合同签订前通过为申请人支付医疗费及交付部分现金方式支付了购房款，一方面，该辩称与其答辩时所称按照合同约定的付款方式将购房款 120 万元支付给申请人的说法相矛盾；另一方面，也无证据证明双方就本案可以医疗费抵付款达成过合意；再则，被申请人提交的证据也无法证明其为申请人支付过医疗费及支付过部分现金的事实；被申请人在后续庭审中辩称的本案系名为买卖合同实为赠与合同，亦与前述其辩称的已支付购房款的意见相左，且双方于 2010 年 9 月 6 日就案涉房屋签订了《杭州市房屋转让合同》，故仲裁庭认为被申请人证据 4 公证书（即遗嘱公证书）不能证明其辩称事实。至于被申请人在最后陈述中提到的解除合同要求返还 30 万元，因被申请人未提交有效证据，也未就此在本案中提出仲裁反请求，故仲裁庭不予支持。

由于被申请人未依约履行合同约定的付款义务，是引发本案纠纷的主要原因，但作为本案申请人，在明知没有收到 120 万元购房款的情况下，仍出具收到 120 万元购房款的收款凭据，并据此与被申请人共同办理了房屋过户手续；申请人的行为，使得在购房款有无支付以及合同的履行、过户等问题上造成了一定的不确定性。仲裁庭也充分注意到申请人与被申请人系家庭成员关系，申请人在未收到购房款而出具 120 万元的收款凭据行为，有对家庭成员的信赖程度超过常人的因素，但因申请人的行为与有关过户费用等不必要损失的产生确具有一定的因果关系，既导致了第一次过户费用发生，也导致案涉合同解除、房屋返还中所产生的第二次过户费用的发生。故对该部分费用产生的责任，申请人负有主要责任。故对于本案申请人主张的过户费用的承担上，仲裁庭根据双方的过错情况，结合损益相抵的原则，酌情由申请人承担 70%。

根据《合同法》第四十四条、第九十四条第四款、第九十六条第一款、第九十八条、第一百二十条之规定和《仲裁法》第五十一条第一款、第五十七条之规定，裁决如下：(1)裁决解除申请人与被申请人于 2010 年 9 月 6 日签订的《杭州市房屋转让合同》。(2)裁决被申请人将其名下的杭州市××河东×号×幢×单元 401 室房屋返还给申请人。(3)裁决被申请人协助申请人办理将上述房屋产权变更过户到申请人名下的手续，案涉房屋变更过户过程中所发生的税费、手续费、工本费由申请人承担 70%，被申请人承担 30%。

【本案代理思路评析】

本案仲裁，实则系两位老人为了老有所养、能使自己的合法权益得到保护才毅然踏上艰辛的维权之路。笔者接受委托后，详细记录事情始末。由于申请人未上过学，不认识字，被申请人也未将过户所签署的相关文书内容告知申请人，致使申请人在毫不知情的情况下签署了包括房屋转让合同在内的与过户相关的文件，且被申请人也没有将相关合同等文书交予申请人。这些文件资料，笔者也是在接受委托后到杭州市房产档案馆调查复印过来的。经过对相关材料抽丝剥茧般分析后，笔者认为本案的关键点在于收款收据载明的房款是否实际支付。为了反驳被申请人提交的相关证据，笔者两次到浙江省××医院调取申请人陈某甲的相关住院记录。笔者认为，本案是大额的现金交付，被申请人应当合理解释款项的来源，清晰叙述款项的交付时间、地点及在场人员等具体经过；对于这么一笔大额款项，被申请人以一份《收款凭据》是无法完成其举证责任的，且陈述前后矛盾、违背常理。对此，笔者评析如下。

第一，在第一次庭审中，被申请人陈述双方于2010年9月6日下午1时在案涉房屋签订《收款凭据》后就前往房产交易中心办理产权过户手续；而浙江省××医院护理记录单显示，在该日下午14时，陈某甲仍在医院检查，可见被申请人的陈述纯属虚构。对于金额为120万元的《收款凭据》在何时何地签署等细节，被申请人理应十分清楚，但其却违背客观事实地陈述，不符合常理。

第二，仍是第一次庭审中，被申请人述称没有实际支付过《收款凭据》中的购房款120万元，而是用其此前代陈某甲支付医药费作为充抵房款。陈某甲作为八级工的杭州市先进生产（工作）者，享受市劳模待遇，根据《杭州市关于进一步落实和提高劳动模范待遇的通知》《杭州市城镇基本医疗保险办法》等相关规定，发生的由个人承担部分的医疗费，先由其个人账户资金支付，不足支付的，由个人先行支付后，由住院统筹基金或退休人员门诊统筹基金承担。由此可见，陈某甲自负医药费用部分本身就很低，最终自己个人承担部分就更少了。而在签署案涉房屋转让合同之前的近半年时间里，即从2010年4月14日至2010年10月22日这段时间来看，陈某甲住院天数为156天,医药费用合计为120,284.5元,自理自费部分为5711.91元,自理自费部分占总费用比例为4.75%,且这些自理自费部分都是由陈某甲本人支付的。从上述数据及事实来看,被申请人述称以其代付的医药费充抵购房款纯属虚构。

第三,被申请人在《仲裁答辩书》中述称:“答辩人按照合同约定的付款方式将购房款120万元人民币支付给申请人,双方签下《收款凭据》。房屋产权交易部门根据答辩人的付款行为,开具了该房屋的售房款发票等票据。”案涉《杭州市房屋转让合同》第三条约定,“本合同签订之日起1天内,乙方一次性将购房款支付给甲方”,而在第一次庭审中,被申请人述称以医药费充抵购房款,根本就没有一次性付款;第二次庭审中,被申请人又诉称分次付款。可见,被申请人的系列说辞前后矛盾,不具有真实性。

第四,第二次庭审中,被申请人又提交了与本案毫无关系的银行转账取款记录,拟证明其分次付款给申请人,该份证据也无法证明这一事实,理由为:

(1)从时间上来看,这些所谓的银行转账取款记录都是发生在案涉房屋转让合同签署之前,有的还发生在2008年;即便按照被申请人第一次庭审中的陈述,双方谈论案涉房屋产权过户的时间大概在2010年六七月,那么在此之前的银行转账取款行为与本案根本毫无关系。

(2)从款项去向上来看,有的是直接消费的,有的是银行转账的,有的是银行卡取的,有的是汇款,没有一笔款项与申请人存在任何的关联关系。

(3)从生活常理上来讲,双方应当通过银行转账完成交付。对于大额款项,如果进行现金交付,那么将极为不便,也极不安全,从银行往来明细来看,被申请人更有熟练使用银行账户交易的习惯;且申请人还有其他子女,在这种情况下,按照常理,为了避免家庭内部的纠纷,更要采取银行转账方式交付款项。但被申请人仅仅凭借银行转账取款记录、一张《收款凭据》来证实交付过款项,那么其他人还有兄弟姐妹如何来确信这一事实呢?

综上,被申请人就120万元现金的交付原因、交付明细、款项来源、款项组成及用途等具体事实和经过在两次庭审中陈述明显不一,尤其在第一次庭审中其以医药费充抵购房款的陈述,这实际上直接否认了《收款收据》的真实性,故可认定被申请人未向申请人支付购房款。

16 购房者能否以房屋存在质量问题为由解除合同

——浙江宏某建设工程有限公司应诉胡某某、俞某某、嵊州市福某置业有限公司房屋买卖合同纠纷案

法律是人类为了共同利益，由人类智慧遵循人类经验所做出的最后成果。

——美国·强森

【本案提示】

新建房屋越来越多，人们越来越关注房屋的质量问题。当购房者购买的房屋出现质量问题，如屋面漏雨、墙面脱落、地基下沉、房屋倾斜等时，购房者能否要求解除合同、退房和赔偿？本案中，笔者代理的浙江宏某建设工程有限公司应诉胡某某、俞某某、嵊州市福某置业有限公司，案涉房屋虽存在多处渗漏水现象，但因原告未能举证导致房屋漏水的形成原因，故原告以房屋存在质量问题为由解除合同不能成立。

【案例索引】

一审：浙江省绍兴市新昌县人民法院（2015）绍新民初字第1318号民事判决书（2015年12月16日）

二审：浙江省绍兴市中级人民法院（2016）浙06民终411号民事裁定书

(2016年3月24日)

【诉称辩称】

原告:胡某某、俞某某

被告:嵊州市福某置业有限公司(以下简称福某公司)

被告:浙江宏某建设工程有限公司(以下简称宏某公司)

原告胡某某、俞某某诉称:2014年12月18日,原告与被告福某公司签订购买浦南大道×号香缇墅×幢×号房屋的合同一份,该房屋总价款为人民币170万元,约定交付使用期限为2015年6月30日。原告分别于2014年12月18日支付房款51万元,2015年1月6日付款33万元,2015年2月11日付款86万元,至今已经履行全部付款义务。但原告在2015年3月1日和同年3月17日两次雨后发现该房屋有10多处漏水现象(其中包括部分主体结构、墙面、屋顶防水工程及卫生间防水层等)。与此同时,原告将上述状况及时通知了被告福某公司,被告福某公司将上述漏水情况通知了建设施工单位被告宏某公司。经被告宏某公司修复后,同年6月11日原告又发现有4处漏水现象,并于同年7月12日和8月11日再次发现10多处漏水,且经过被告宏某公司修缮过的地方又几度发生更为严重的漏水现象。为此,原告将上述漏水情况均及时通知了被告福某公司,但均未得到答复。无奈,原告于2015年7月16日通过快件形式书面通知被告福某公司限期修复。2015年8月17日,被告福某公司回复称被告宏某公司已经进行了修复。但经原告现场查看,除个别窗门打了些玻璃胶外,对房屋的漏水未进行任何修复。鉴于此,原告于2015年8月26日再次通过快件形式通知被告福某公司限期进行修复,但被告福某公司至今既无答复,又未予以修复。

原告认为,被告福某公司作为开发商、被告宏某公司作为施工单位,其建造和出售的房屋的部分主体结构、墙面、屋顶防水工程、卫生间防水层及地下室等出现的上述质量问题将严重影响原告的居住和生活,不能实现原告的合同目的,两被告互相推诿责任的行为已致使原告遭受严重的经济损失。为此,原告诉请:(1)要求解除原告与被告福某公司于2014年12月18

日签订的浙江省商品房买卖合同。(2)被告福某公司返还购房款170万元,并按中国人民银行公布的同期同类贷款基准利率四倍赔偿至付清日止的利息损失,其中,51万元自2014年12月18日起算,33万元自2015年1月6日起算,86万元自2015年2月11日起算;被告宏某公司对上述债务承担共同清偿责任。(3)本案诉讼费、财产保全费用等由两被告共同负担。

被告福某公司辩称:(1)二原告购房及付款情况属实,原告胡某某已用所购房屋办理抵押贷款,现抵押未解除,房屋已向银行设定他项物权,故不能解除合同退房退款。(2)关于房屋维修情况。购房后,原告胡某某提出房屋渗水等质量瑕疵问题,被告福某公司立即发函被告宏某公司要求其进行维修,同时宏某公司也得知此问题,主动联系原告要求维修。经被告宏某公司维修后,原告胡某某仍不满意,认为仍存在渗水问题,被告福某公司已将情况告知被告宏某公司,现两被告间对于是否存在渗水问题存在争议。(3)存在问题的性质和争议焦点。争议焦点是渗水问题,其性质属于质量瑕疵,不是主体结构问题,尚不构成解除合同的理由。(4)合同对质量瑕疵问题的处理规定。合同附件八第七条第六项:对于质量瑕疵,出卖方有维修责任,但购买方不得拒收房屋并不得解除合同。(5)司法解释对于因质量问题可否解除合同做了规定:《最高人民法院关于审理商品房买卖合同纠纷案件适用法律若干问题的解释》第十二条规定,因主体结构质量问题不合格,买受人可以解除合同。本案问题不属于主体质量问题,亦不属于严重影响正常居住使用问题,因此不符合解除合同的法定或约定条件。(6)案涉房屋能够交付,达到交付条件。其他业主的房屋在2015年6月30日前办理了交付,案涉房屋至今未能交付是因为原告拒绝接受该房屋。综上,被告福某公司认为:①不同意解除合同,应驳回原告诉请。②同意继续承担维修义务。③查封标的物超过诉讼请求。④可以协商适当补偿方案,但补偿方案应经被告宏某公司许可。⑤换房方案亦可协商,但因余下的别墅已由被告宏某公司查封,因此换房方案亦应征求宏某公司意见。

被告宏某公司辩称:(1)鉴于房屋漏水属于非主体结构质量问题,且案涉房屋漏水问题已得以解决,故原告不能以房屋质量问题为由来解除案涉买卖合同。包括案涉房屋在内的香缇墅一期工程已于2012年7月12日验收合格，造成原告诉称的房屋漏水原因为：在2015年7月灿鸿台风之前，由于案涉房屋三层屋面的排水口堵塞造成平顶积水达20厘米之深，积水时间很长，部分墙体就成为渗漏的导体，造成房屋局部漏水；在2015年7月灿鸿台风之后，案涉房屋西侧花园排水沟来不及排水，深度积水反灌地下室，造成房屋地下部分漏水。针对前述房屋漏水，宏某公司对积水处平台重新浇捣，重新做保护层、防水层，并清理排水沟，此后就没有发生漏水现象。前述漏水，主要是由于房屋交付后长达两年多时间里福某公司管理不善造成的，而非工程质量问题。(2)原告要求宏某公司对被告福某公司债务承担共同清偿责任没有依据。共同清偿责任系各债务人对全部债务负清偿义务的一种责任形式，其只能基于合同的约定或法律的明确规定。原告的合同相对人是被告福某公司，原告与宏某公司不存在合同关系，原告不可能基于合同约定要求宏某公司承担共同清偿责任。本案原告也没有举证证实因宏某公司原因致使案涉房屋造成原告人身、财产损害，故不适用《浙江省实施〈中华人民共和国消费者权益保护法〉办法》第二十九条第三款有关连带赔偿责任的规定。(3)关于原告以被告福某公司逾期交房要求解除合同，应由被告福某公司提供按商品房买卖合同第九条规定提供规划、消防、环保等部门的验收文件，如果被告福某公司没有提供该部分证据，那原告有权解除合同。综上，由于原告诉请缺乏请求权基础，故请求法院予以驳回。

【事实查明】

新昌县人民法院经审理查明：原告胡某某与俞某某系夫妻关系。2014年12月8日，原告胡某某与被告福某公司签订浙江省商品房买卖合同一份，约定原告向被告购买嵊州市浦南大道×号香缇墅×幢×号房屋一幢，建筑面积共270.17平方米，房屋总价款为人民币170万元；出卖人应当在2015年6月30日前，将符合下列各项条件的商品房交付买受人使用。但如遇到下列特殊原因，除双方协商同意解除合同或变更合同外，出卖人可据实予以延期：遭遇不可抗力，且出卖人在发生之日起30日内告知买受人的；出卖人逾期交房的违约责任：(1)逾期不超过90日，自本合同第九条规定的最后期限的第二天起至实际交付日止，出卖人按日向买受人支付已交付房价款万分之三的违约金,合同继续履行;(2)逾期超过90日后,买受人有权解除合同。买受人解除合同的,出卖人应当自买受人解除合同通知到达之日起30天内退还全部已付购房款,并按买受人累计已付购房款的2%向买受人支付违约金;交接:商品房达到交付使用条件后,出卖人应当书面通知买受人办理交付手续。双方进行验收交接时,出卖人应当出示本合同第九条规定的证明文件,并签署房屋交接单。在签署房屋交接单前,出卖人不得拒绝买受人查验房屋。所购商品房为住宅的,出卖人还需提供《住宅质量保证书》和《住宅使用说明书》。出卖人不出示证明文件或出示证明文件不齐全,买受人有权拒绝交接,由此产生的延期交房责任由出卖人承担。合同订立后,原告胡某某于2014年12月18日、2015年1月6日、2015年3月20日分别支付房款51万元、33万元、86万元,共计170万元,已经全部履行付款义务。

2015年3月,原告发现房屋多处漏水,并将漏水情况通知了被告福某公司。被告福某公司于2015年3月19日向被告宏某公司发送维修工作联系单一份,载明联系内容:"2#:2－4质量投诉原因:露台渗漏"。经现场查看提出如下维修方案:顶层露台面层重新做一道防水卷材,二层阳台原砼凿掉,下面重新做防水层,然后再浇4厘米细石砼,二层铝合金压条需修理。被告宏某公司于2015年3月20日在该联系单答复意见栏载明:已落实施工人员进场维修。2015年6月2日,原告俞某某在该联系单业主意见栏签字并载明:"2015年6月2日经现场观察:(1)顶层重新做了防水层、保护层;(2)二层重新做了防水层、保护层;(3)二层窗压条未作;(4)北落水管已补。但渗漏是否修复好无法证明。"

2015年7月16日,原告胡某某通过圆通快递书面通知被告福某公司,通知称因2015年6月11日又发现房屋4处漏水、7月12日又发现10多处漏水,且经过被告宏某公司3月修缮过的地方又二度发生严重漏水现象,原告提出要求退房、解除合同、返还房款并赔偿利息损失。2015年8月17日,被告福某公司收到被告宏某公司关于房屋维修的情况说明,并将该说明通过电子邮件转发给原告,表示已对房屋进行维修且已修复好。但原告认为经现场查看,房屋的渗漏状况仍未得到任何改善,因此,原告胡某某于2015年8月26日再次通过圆通快递书面通知被告福某公司,要求其在收到通知之日起7日内对房屋进行维修。

因房屋漏水问题,原、被告双方经多次协商未果,致本案纠纷发生。

【法院审判】

新昌县人民法院认为,《最高人民法院关于审理商品房买卖合同纠纷案件适用法律若干问题的解释》第十二条规定:因房屋主体结构质量不合格不能交付使用,或者房屋交付使用后,房屋主体结构质量经核验确属不合格,买受人请求解除合同和赔偿损失的,应予支持。本案中,依据原告提供的证据及被告的维修情况,再结合该院的现场查看,案涉房屋确实存在多处漏水痕迹现象,但原告未提供相应的证据证明导致房屋漏水的形成原因,原、被告双方也未申请专业机构对房屋质量进行检测,故漏水问题是否由于使房屋主体结构质量不合格所致,该院难以认定,现原告依据《最高人民法院关于审理商品房买卖合同纠纷案件适用法律若干问题的解释》第十二条等规定以房屋质量问题要求解除商品房买卖合同,依据不足,该院对此不予认定。

但是,依据原、被告签订的浙江省商品房买卖合同,被告福某公司应当在2015年6月30日前将案涉房屋交付原告使用。原告表示被告福某公司在本案2015年11月3日开庭前,从未通知原告交房,被告福某公司在庭审中表示,要求正式第一次通知原告交付房屋,也恰好说明本案开庭之前被告确实从未通知原告交付房屋。并且,双方也未签署房屋交接单,被告福某公司也未提供证据证明其未按合同约定交付房屋系合同约定的特殊原因或因房屋渗漏问题原告拒绝接受房屋所致。因此,原告有权依约主张解除合同。虽然原告在本案起诉前即2015年7月16日发给被告福某公司的通知中提到了要求解除合同,但在此后原告2015年8月26日再次发给被告福某公司的通知中仍然要求对房屋进行相应的维修,据此可以认定原告的真实意思仍然是要继续履行合同,而并非解除合同,故该院认定原告在起诉前未明确主张要求解除合同。现原告通过直接起诉的方式主张解除合同,不违反法律规定。

至于原告以直接起诉的方式主张解除合同能否成立问题,关键在于解除合同的通知到达被告福某公司时距逾期交房是否已超过合同约定的90日。该院于2015年10月9日立案受理本案,于2015年10月12日向被告福某公司发送诉状副本,福某公司于2015年10月14日收到该诉状副本之日,可以认定原告主张解除合同的意思表示到达被告福某公司的日期。至此,被告逾期交付房屋已达106天,符合商品房买卖合同关于逾期交房超过90日的相关约定。据此,该院认定双方合同于2015年10月14日解除。现原告诉请解除商品房买卖合同、返还购房款170万元,符合法律规定,该院予以支持。另外,原告诉请要求赔偿相应的利息损失,因原告未提供证据证明被告逾期交房给其造成的实际损失达到已付购房款按中国人民银行同期同档次贷款基准利率四倍计算的标准,故该院对此不予认定。原、被告双方虽然在合同中对被告逾期交房的违约金作了约定,即按累计已付购房款的2%支付违约金,但结合被告占有使用原告资金给原告造成的利息损失情况,该违约金标准过低,故该院参照中国人民银行同期同档次贷款基准利率标准予以确定。但是,其中86万元购房款利息损失的起算点应为被告福某公司开具票据当天即2015年3月20日,原告诉请自2015年2月11日起算,该院难以支持。

关于原告要求被告宏某公司对被告福某公司承担连带责任的诉请,因被告宏某公司非本案商品房买卖合同的相对方,故原告要求其承担责任,缺乏合同约定和法律规定的依据,该院不予支持。综上,原告诉请合理部分,该院予以支持,超出该院认定部分,不予支持。依据《合同法》第九十三条第二款、第九十四条、第九十六条、第九十七条、第一百一十四条之规定,判决如下:(1)原告胡某某与被告嵊州市福某公司签订的浙江省商品房买卖合同于2015年10月14日解除;(2)被告嵊州市福某公司返还原告胡某某、俞某某购房款170万元,并赔偿已付购房款按中国人民银行同期同档次贷款基准利率计算至实际付清日止的利息损失,其中,51万元自2014年12月18日起算、33万元自2015年1月6日起算、86万元自2015年3月20日起算,限于本判决生效后二十日内履行完毕;(3)驳回原告胡某某、俞某某的其他诉请请求。

福某公司不服一审判决,向绍兴市中级人民法院提起上诉。

绍兴市中级人民法院在审理过程中,福某公司向该院申请撤回上诉,该院依照《民事诉讼法》第一百七十三条之规定,裁定如下:准许嵊州市福某公司撤回上诉。

【本案代理思路评析】

本案中,双方争议最大的是原告能否以案涉房屋存在渗漏水为由解除合同。对此,笔者检索相关案例发现,法院基本上不支持以非主体结构质量问题为由来解除买卖合同。在最高人民法院官方网站"中国裁判文书网"公布的2006~2014年裁判文书中,全国各级法院审理涉及"房屋质量问题严重影响正常居住"争议纠纷的案件判决书448篇(份);其中原告明确提出要求解除合同的98篇(份),在这98篇中法院以非主体结构质量问题影响正常居住并支持解除合同的1篇(份),上级人民法院认为依据《最高人民法院关于审理商品房买卖合同纠纷案件适用法律若干问题的解释》第十二条判决支持解除合同的理由不充分而裁定发回重审的2篇(份)。由此看来,在房屋质量问题不属于主体结构问题或者该等质量问题对房屋的主体结构没有产生严重影响的情况下,法院一般是不支持退房的,这样才有利于维护交易安全和稳定性。本案中,笔者认为原告不能以案涉房屋存在渗漏水问题为由解除合同,具体评析如下。

一、原告以案涉房屋漏水为由诉请解除合同、返还购房款,没有事实依据

(1)宏某建设公司已对本案房屋漏水修复完毕。2015年3月19日,被告福某置业公司向宏某建设公司发送《维修工作联系单》后,宏某建设公司已按照该联系单中的维修方案进行修复,且原告已于2015年6月2日签字确认。2015年7月11日,嵊州市遭遇50年来同期登陆浙江省的最强台风灿鸿,案涉房屋所在的区域受灾尤其严重。由于案涉房屋西侧排水沟来不及排水,导致积水反灌地下室。尽管这不属于保修范围,但宏某建设公司经现场勘察后清理了排水沟。因此,原告诉称案涉房屋现仍存在漏水问题与事实不符。

(2)案涉房屋为现房销售,原告购房时理应明知该房屋的现状。被告宏某建设公司于2012年7月12日将验收合格的包括案涉房屋在内的香缇墅一期工程全部交付给被告福某置业公司，距离原告于2014年12月18日购买案涉房屋已长达2年多时间。原告在购买案涉房屋时，必然已对该房屋的现状进行了了解，墙体的痕迹表明该房屋闲置两年后因为管理不善可能存在漏水现象。原告支付购房款给被告福某置业公司即证实其对案涉房屋的现状没有异议。在被告福某置业公司按现状交付案涉房屋后，原告现诉求解除合同没有相应的依据。

(3)本案所涉《浙江省商品房买卖合同》第十八条第三款约定：在商品房保修范围和保修期限内发生质量问题，出卖人应当履行保修义务。出卖人不及时履行保修义务的，买受人可以自行维修，费用由出卖人承担。据此，如果原告认为宏某建设公司没有彻底解决案涉房屋的漏水问题，那么原告可以自行维修。在原告没有自行维修或漏水问题没有被证实无法解决之前，原告诉求解除《浙江省商品房买卖合同》是不符合合同约定的。

二、原告以案涉房屋漏水为由诉请解除合同、返还购房款，法律依据不足

(1)《最高人民法院关于审理商品房买卖合同纠纷案件适用法律若干问题的解释》第十二条系关于房屋主体结构质量不合格导致购房合同解除有规定，而原告既没有以房屋主体结构存在质量问题为由起诉，也没有任何证据证实案涉房屋主体结构存在质量问题，故前述规定不适用本案。

(2)《浙江省实施〈中华人民共和国消费者权益保护法〉办法》第二十九条规定，经两次修理仍不能正常使用可以退房的情形特指：发生地基下沉、房屋倾斜、墙体开裂或者屋面、墙面、地面等部位发生严重质量问题。而原告诉称房屋漏水显然不属于前述规定情形，故前述规定不适用本案件。

(3)《合同法》第九十四条是关于解除权的规定。即便案涉房屋现在存在漏水问题，在原告没有装修入住且没有证据证实该房屋漏水问题无法解决的情况下，原告诉称将影响原告的居住和生活，不能实现原告的合同目的显属依据不足，不符合法定解除权的情形。

17 工业厂房，分割转让受限制

——俞某应诉上海金山卫某某实业发展有限公司房屋买卖合同纠纷案

权利永远不能超出社会的经济结构以及由经济结构所制约的社会文化发展。

——德国·马克思

【本案提示】

《最高人民法院关于适用〈中华人民共和国合同法〉若干问题的解释（二）》第十四条将法律、行政法规的强制性规定限定为效力性规定，大量违反管理性规定的合同因此被认定为有效。然而，很多合同实际上并不因为私法认定有效就能想当然地跨过行政强制性规定的鸿沟，合同仍然难以实际履行。诸如我们代理的俞某应诉上海金山卫某某实业发展有限公司房屋买卖合同纠纷一案，该公司将其建造的工业厂房分割出售，虽然法院认定所签订的《房屋转让协议书》有效，但仍以“转让标的物权利受到限制，致使所涉房屋根本无法办理过户手续，《房屋转让协议书》无法继续履行”为由判定解除合同。

【案例索引】

一审：上海市金山区人民法院（2010）金民三（民）初字第2943号民事判决书（2010年9月29日）

【诉称辩称】

原告：上海金山卫某某实业发展有限公司

被告：俞某

原告诉称：2009 年 7 月 19 日，原、被告经充分协商一致，签订了《房屋转让协议书》一份，约定原告将位于上海市金山区金山大道 × 弄 × 幢 690、691 室转让给被告，转让价为 1,178,730 元，房价款在协议书签订时一次性付清；若未按时付款，原告可以解除合同，并按照未付款的千分之一每日收取违约金等。然而，上述协议书签订后，被告却未依约支付分文价款。原告认为，被告不支付价款的行为构成违约，故请求依法解除《房屋转让协议书》，并判令被告支付违约金 430,236 元。

被告辩称：被告借款给原告法定代表人顾某某，原告及顾某某为偿还被告的借款，双方协商拟用房产抵偿债务，并签订 8 份《房屋转让协议书》，因原告擅自将工业用地"变身"汽配交易市场，致使房屋无法办理过户手续，原告及顾某某又承诺归还借款。被告认为，合同因未交付预付款而未生效，即便生效因双方有借款关系无须支付房款，故要求驳回原告的诉讼请求。

【事实查明】

上海市金山区人民法院经审理查明：2009 年 7 月 19 日，原告（甲方）与被告（乙方）经协商一致，签订了《房屋转让协议书》一份，协议约定，甲方将位于上海市金山区金山大道 × 弄 × 幢 690、691 室房屋转让给乙方，该房屋建筑面积为 261.94 平方米，土地使用权获得方式为出让，土地性质为工业用地。该房屋每平方米单价为 4500 元，总房价款为 1,178,730 元，该价款在协议书签订同时一次性付清。乙方付清房款后，甲方在 2009 年 5 月底之前交付该房屋。协议第十条约定：甲方未按本协议约定期限向乙方交接房屋，甲方应在延期之日起向乙方支付延期交房违约金，违约金按乙方已付款的银行同期存款利息双倍支付。乙方未按时付款（包括土地差价），甲方可向乙方收取逾期违约金，延期违约金按照未付款的千分之一每日收取；且自逾期之日起，甲方可解除合同。

另查明，2007 年 6 月 14 日，原告法定代表人出具收条一份，收条载明：

"今收到俞某某人民币电汇伍佰万元整,通过杭州某某时装有限公司出账至原告。收款人顾某某。"2009年7月19日,原告与被告签订8份《房屋转让协议书》(包含本案涉及的协议书)。2009年10月31日,顾某某出具承诺书,承诺书载明:"鉴于俞某某和顾某某于2007年7月13日签订《借款合同》,金额为人民币伍佰万元整。本人承诺于2009年12月15日之前全额归还。"原告在该承诺书上加盖公章。2010年5月11日,俞某某向杭州市上城区人民法院提起诉讼,要求顾某某等当事人归还借款本金500万元及其他费用。

【法院审判】

上海市金山区人民法院认为,原告系由顾某某一人投资设立的公司。2007年7月13日顾某某向被告借款500万元,被告按约将借款500万元电汇至顾某某指定的原告账户。2009年7月19日,原、被告签订8份《房屋转让协议书》,被告原本应当按约于签订协议书当日付清全部房款,但被告分文未付,原告也未曾向被告催讨房款。之后,顾某某又承诺归还借款,原告公司在承诺书上加盖公章。之后,被告因借款起诉,原告也提起本次诉讼。通过上述一系列行为,该院有理由相信,原、被告存在以借款冲抵房屋转让款之合意,否则原、被告的上述行为明显不符常理。更何况,原告在2009年12月以系争房屋办理抵押贷款时未告知被告,说明原告没有继续履行房屋转让协议的意愿。

本案所涉房屋类型为工厂,房屋用途为厂房,土地用途为工业用地,且设有抵押,权利受到限制,致使本案所涉房屋根本无法办理过户手续,《房屋转让协议书》无法继续履行,该院予以解除。鉴于被告不存在违约付款的行为,故原告要求其支付违约金的请求依据不足,该院不予准许。依据《合同法》第六条、第九十四条第(五)项,《民事诉讼法》第六十四条第一款、第一百二十八条之规定判决如下:(1)解除原告上海金山卫某某实业发展有限公司与被告俞某于2009年7月19日签订的编号为09－07－053《房屋转让协议书》;(2)驳回原告上海金山卫某某实业发展有限公司要求被告俞某支付违约金430,236元的诉讼请求。

一审判决后,双方均未上诉。

【本案代理思路评析】

本案原告的法定代表人顾某某与被告俞某均为浙江省上虞人,因原告资金紧张,顾某某就向俞某借款500万元,并签订了相应的《借款合同》。俞某依约将该500万元借款电汇至原告的账户后,原告的法定代表人顾某某当日出具收条一份。后因上述债务人不能如约偿还该500万元借款本息,经协商后俞某同意将原告开发建设的、包括案涉房屋在内的共计16套房屋折价5,234,096元抵偿借款本金,并于2009年7月19日签订了包含本案所涉《房屋转让协议书》在内的共计8份《房屋转让协议书》。后因原告没有依约交付房屋,原告和顾某某又于2009年10月31日共同向俞某出具了承诺书,承诺于2009年12月15日之前全额归还借款本息,双方不再以上述房产抵偿借款债务。因原告和顾某某没有履行上述承诺,也没有依约归还借款,俞某于2010年5月11日向杭州市上城区人民法院起诉,诉请偿还借款本息。诉讼中,原告向上海市金山区人民法院起诉俞某,要求解除《房屋转让协议书》并诉请支付巨额违约金。

本案系杭州市上城区人民法院受理的民间借贷案件的关联案件,虽然两者案由不同,但两者有着密切的牵连。应诉过程中,我们也将民间借贷案件的相关材料作为证据提交给上海市金山区人民法院,该法院也予以了采信,并作出"通过上述一系列行为,本院有理由相信,原、被告存在以借款冲抵房屋转让款之合意,否则原、被告的上述行为明显不符常理"的认定。然而,原告擅自改变土地利用规划,在本应建成厂房的工业用地上建起了汽车整车4S店,擅自将工业用地变为商业用地,根据《城镇国有土地使用权出让和转让暂行条例》第十九条"土地使用权转让是指土地使用者将土地使用权再转移的行为,包括出售、交换和赠与。未按土地使用权出让合同规定的期限和条件投资开发、利用土地的,土地使用权不得转让"之规定,改变用地性质的房屋不得分割转让,那么案涉《房屋转让协议书》是否违反该条规定就无效呢?对此,笔者做如下评析:

一、关于案涉《房屋转让协议书》是否有效的问题

合同无效,是指合同严重欠缺有效要件,绝对不许按当事人合意的内容赋予法律效果。《合同法》确立了鼓励交易原则,对合同效力不轻易作无效认定,只在该法第五十二条、第五十三条规定了合同或合同中有关条款无效的情形。《合同法》第五十二条第(五)项规定,“违反法律、行政法规的强制性规定”的合同无效。然而,对于何为法律、行政法规的“强制性规定”存在诸多争议,因此导致法院以违反“强制性规定”为由认定合同无效的尺度不一,对于相类似的合同,有的法院认定为有效,有的法院认定为无效,都归咎于关于“强制性规定”的不同理解。2009年4月24日,最高人民法院公布了法释〔2009〕5号《最高人民法院关于适用〈中华人民共和国合同法〉若干问题的解释(二)》,该解释第十四条规定,合同法第五十二条第(五)项规定的“强制性规定”,是指效力性强制性规定。

对于如何识别效力性强制性规定,可采取正反两个标准:(1)肯定性识别。首先的判断标准是该强制性规定是否明确规定了违反的后果是合同无效,如果规定了违反的后果是导致合同无效,该规定便属于效力性强制性规定;其次,法律、行政法规虽然没有规定违反将导致合同无效的,但违反该规定如使合同继续有效将损害国家利益和社会公共利益的,也应当认定该规定是效力性强制性规定。(2)否定性识别。首先,如果强制性规定的立法目的系实现管理的需要而设置,并非针对行为内容本身,则可认为并不属于效力性强制性规定,如《城市房地产管理法》第五十四条有关租赁合同应签订书面合同的规定以及租赁合同需备案的规定。其次,可以从强制性规定的调整对象来判断,效力性强制性规定一般针对的都是行为内容,而管理性强制性规定很多时候单纯限制的是主体的行为资格,如《公务员法》第五十九条对公务员禁止从事营利性活动的限制,并不妨碍其违反资格限制签订的合同的效力。

根据《城镇国有土地使用权出让和转让暂行条例》第十九条的规定,在没有按照土地使用权出让合同规定的期限和条件投资开发、利用土地时,土管部门不予办理土地使用权的变更登记,这主要是为了促使受让人按照规划开发,其立法目的系为实现管理的需要而设置,按照上述识别标准,不属于效力性强制性规定。因此,原告擅自将工业用地变为商业用地而签订《房屋转让协议书》,该协议不会由此而无效。事实上,于2005年6月18日颁布的《最高人民法院关于审理涉及国有土地使用权合同纠纷案件适用法律问题的解释》第八条规定："土地使用权人作为转让方与受让方订立土地使用权转让合同后，当事人一方以双方之间未办理土地使用权变更登记手续为由，请求确认合同无效的，不予支持。"由此看来，因违法利用土地而无法办理土地使用权变更登记时，不影响土地使用权转让合同效力；因为土地使用权登记是土地物权变动的要件，而非土地使用权转让合同生效的要件，不能因为当事人没有办理不动产过户登记手续而认定合同无效。

二、关于案涉《房屋转让协议书》能否继续履行的问题

如上所述，原告擅自将工业用地变为商业用地，没有按照土地使用权出让合同的规定开发利用土地，难以办理变更登记手续。况且，原告将工业厂房进行分割后转让，根据《城镇国有土地使用权出让和转让暂行条例》第二十五条"土地使用权和地上建筑物、其他附着物所有权转让，应当依照规定办理过户登记。土地使用权和地上建筑物、其他附着物所有权分割转让的，应当经市、县人民政府土地管理部门和房产管理部门批准，并依照规定办理过户登记"之规定，还应经得土地管理部门和房产管理部门的批准。对于能否过户的问题，笔者向上海市金山区房地产交易中心核实，本案所涉房屋根本无法办理过户手续。

原告作为案涉房屋的出卖人，其主要义务除了交付房屋之外，还应协助被告办理房屋产权过户手续；而被告作为买受人，其不仅要实际占有案涉房屋，还应取得案涉房屋的权属证书，这样才能实现其合同目的。鉴于案涉房屋根本无法办理过户手续，致使《房屋转让协议书》无法继续履行，属于必须解除的合同，故法院根据《合同法》第九十四条第（五）项"法律规定的其他情形"判决解除《房屋转让协议书》。

18 本案是家事代理还是无权处分

——程某某诉黄某某、余某某房屋买卖合同纠纷案

以至详之法晓天下，使天下明知其所避。

——中国·苏轼

【本案提示】

家事代理权，是指夫妻因日常家庭事务与第三人为一定法律行为时相互代理的权利，即夫妻于日常家事处理方面互为代理人，互有代理权。2018年1月18日实施的《最高人民法院关于审理涉及夫妻债务纠纷案件适用法律有关问题的解释》修正了既往法律和司法解释中关于夫妻共同债务的认定标准和具体规则，并确立了以日常家事代理权为核心的夫妻共同债务认定规则体系。诸如夫妻间因一方单独处分共同财产引发的纠纷，是属于家事代理还是属于无权处分？这在司法实践中存在很大的争议。

笔者代理的程某某诉黄某某、余某某房屋买卖合同纠纷案中，黄某某以其个人名义与程某某签订了《安置房买卖合同》，但该合同约定购房款汇入黄某某的妻子余某某的银行账户；后在合同履行过程中因房价上涨，黄某某以其单独处分夫妻共同财产无效为由不再继续履行合同。笔者接受程某某委托后，认为黄某某出售安置房的行为属于家事代理行为，该等行为对余某某具有法律约束力。诉讼过程中，本案在法院的主持下双方调解结案，黄某某、余某某也按照调解协议履行了全部义务，这确保了守约一方的合法权

益。然而,由于此类纠纷较为常见,因此很有必要进行探讨。

【案例索引】

一审:浙江省宁波市海曙区人民法院(2018)浙0203民初453号民事调解书(2018年2月8日)

【诉称辩称】

原告:程某某

被告:黄某某、余某某

原告程某某诉称:2017年7月31日,作为乙方的原告与作为甲方的被告黄某某签订了《安置房买卖合同》及《补充协议》。《安置房买卖合同》约定:甲方以1,245,000元的价格将其坐落在宁波市海曙区五江湾(南区)×幢×号502室的拆迁安置房屋出售给乙方;甲方应按拆迁办交房规定交房,不得超过10天,交房当日,甲方还应将该房屋附带钥匙、拆迁安置房屋相关的所有手续、余款、拆迁补偿款等一切和该出售房有关的文件及票据交付乙方;在办理到甲方名下不动产权证等手续之后三日内,甲方应与乙方一起到公证处办理委托乙方出售该房屋的房屋买卖委托公证手续;若甲方不按本合同约定的期限将该房屋或相关的手续资料或房屋不动产权证交给乙方的,每逾期交付一日,按照该房屋交易价格的万分之三向乙方支付违约金;若甲方不协助乙方办理房屋买卖委托公证(以甲方的名义对外出售该房屋)手续的,则甲方应向乙方支付违约金48万元;诉讼过程中产生的诉讼费、律师费、保全担保费等费用由违约方承担;该房屋交易价格为一口价,以后双方不得以市价涨跌等理由拒绝履行本合同。《补充协议》约定:甲乙双方协议约定乙方付甲方定金24万元,2017年8月10日前再付6万元,共计30万元;拆迁办钱到位前1~2天,乙方付80万元,等公证做出再付余款145,000元;甲方净得房款1,245,000元。鉴于两被告系夫妻关系,双方在《安置房买卖合同》特别约定案涉购房款支付至被告余某某在中国银行人丰支行的银行账户。前述合同、补充协议签订后,原告于2017年8月1日、2017年8月7日、2017年9月22日分别向被告支付24万元、6万元、80万元,合计已付款项110万元。2017年12月20日，宁波市海曙区人民政府房屋征收办公室已向被告交付案涉房屋以及被告可单方自行办理案涉房屋不动产权证的所有过户资料。然而，被告却要求原告额外补偿款项，否则将拒绝交付房屋、协助办理房屋过户等手续。为此，原告请求法院判令：(1)确认原告与被告黄某某于2017年7月31日签订的《安置房买卖合同》及《补充协议》合法有效；(2)被告办理宁波市海曙区五江湾(南区)×幢×号502室房屋的不动产权登记手续，并在办理完毕该不动产权登记手续后协助原告办理该房屋过户登记至原告名下的手续；(3)被告将宁波市海曙区五江湾(南区)×幢×号502室房屋交付给原告；(4)被告将与案涉房屋相关的余款、拆迁补偿款暂计110,856元(具体以被告与海曙区人民政府房屋征收办公室签订的产权调换差价结算单上的金额为准)交付给原告；(5)被告按照每日373.5元的标准自2018年1月1日起至实际交付案涉房屋给原告之日止的违约金；(6)被告向原告支付其实现债权发生的律师费、保全担保费合计52,000元；(7)被告承担本案诉讼费用。

被告黄某某、余某某辩称：一是案涉房屋系夫妻共同财产，黄某某与原告签订《安置房买卖合同》时余某某不知情，事后也未追认，故该《安置房买卖合同》对余某某不具有法律约束力，黄某某对案涉房屋的处分系无权处分。二是《安置房买卖合同》虽然约定案涉购房款支付至余某某在中国银行人丰支行的银行账户，但该银行卡系黄某某保管、使用，原告不能以此推定余某某对案涉房屋的买卖行为知情乃至追认。三是当时黄某某出售该房屋时，房价明显偏低，原告主观上不存在善意。综上，请求驳回原告的诉讼请求。

【法院审判】

宁波市海曙区人民法院于2018年2月8日对本案进行公开开庭审理。后在审理过程中，经该院主持调解，双方当事人达成如下协议：

(1)原告程某某与被告黄某某、余某某之间于2017年7月31日签订的《安置房买卖合同》及《补充协议》于2018年2月8日解除。(2)被告黄某某、余某某应返还原告房款1,100,000元，并补偿原告损失366,000元，该款由被告黄某某、余某某于2018年2月9日前返还原告房款650,000元,剩余款项816,000元(自2018年2月9日起按月利率1.2%计算利息)于2018年5月30日前付清。

一审调解后,被告按照调解书的约定向原告付清了全部款项。

【本案代理思路评析】

本案主要涉及夫妻对共同所有财产的处理权问题。《最高人民法院关于适用〈中华人民共和国婚姻法〉若干问题的解释(一)》第十七条规定:"婚姻法第十七条关于'夫或妻对夫妻共同所有的财产,有平等的处理权'的规定,应当理解为:(一)夫或妻在处理夫妻共同财产上的权利是平等的。因日常生活需要而处理夫妻共同财产的,任何一方均有权决定。(二)夫或妻非因日常生活需要对夫妻共同财产做重要处理决定,夫妻双方应当平等协商,取得一致意见。他人有理由相信其为夫妻双方共同意思表示的,另一方不得以不同意或不知道为由对抗善意第三人。"根据前述规定,夫妻对共同所有的财产有平等的处理权。然而在非因日常生活需要对夫妻共同财产做重要处理决定时,该等处分行为是否有效,即延伸出了家事代理的问题。笔者现结合本案进行如下评析。

一、关于"日常生活需要"标准的界定

家事代理权,是作为身份权的配偶权中的一项重要内容,它是指夫妻一方在因家庭日常事务而与第三人为一定的法律行为时,享有代理配偶他方的权利。具体地说,夫妻一方代表家庭所为的行为,视为夫妻共同的意思表示,夫妻他方亦应承担法律后果,夫妻双方对该行为承担共同责任。因日常生活需要而处理夫妻共同财产的,任何一方均有权决定;但夫或妻非因日常生活需要对夫妻共同财产做重要决定,夫妻双方应当平等协商,取得一致意见。由此看来,涉及夫妻一方对外所为民事法律行为效力与承担责任时,首先需要判断该行为是否属于日常生活需要还是非日常生活需要范畴,然而国家法律目前尚未对"日常生活需要"标准进行明确规定。部分省级高院在司法指导意见中对此作了明确,如《浙江省高级人民法院关于妥善审理涉夫妻债务纠纷案件的通知》第二部分规定:按照通常理解,"家庭日常生活需

要”是指夫妻双方及其共同生活的未成年子女在日常生活中的必要开支事项,如正常的衣食住行消费、日用品购买、医疗保健、子女教育、老人赡养、文化消费等。审理中,判断负债是否超出“家庭日常生活需要”,可以结合负债金额大小、家庭富裕程度、夫妻关系是否安宁、当地经济水平及交易习惯、借贷双方的熟识程度、借款名义、资金流向等因素综合予以认定。按照前述司法政策规定,本案中黄某某单方出售房屋的行为不属于日常生活需要范畴。

二、关于“共同意思”的认定

《最高人民法院关于审理涉及夫妻债务纠纷案件适用法律有关问题的解释》第一条规定:“夫妻双方共同签字或者夫妻一方事后追认等共同意思表示所负的债务,应当认定为夫妻共同债务。”该条列举了“夫妻双方共同签字”和“夫妻一方事后追认”作为夫妻共同意思表示的两种情形。第一种情形即“夫妻双方共同签字”,系“共债共签”原则,夫妻双方均签字的协议对夫妻双方都具有法律约束力,这在司法实践中不会产生争议;第二种情形即“夫妻一方事后追认”,如共同作出口头承诺、共同作出某种行为等也是夫妻共同意思表示的表现形式。若有证据证明配偶一方对负债知晓且未提出异议的,如存在出具借条时在场、所借款项汇入配偶掌握的银行账户、归还借款本息等情形的,可以推定夫妻有共同举债的合意。

本案中,《安置房买卖合同》特别约定案涉购房款支付至余某某在中国银行人丰支行的银行账户,且原告已将其中购房款103万元汇入余某某的银行账户,余某某在收到该等大额款项后并未提出任何异议,故应视为余某某追认原告与黄某某签订的《安置房买卖合同》及《补充协议》,同意出售案涉房屋,故该买卖合同及补充协议对被告余某某具有约束力,案涉买卖行为系黄某某、余某某的共同意思表示。余某某辩称该银行卡由黄某某持有和使用,应由被告提供充分的反驳证据,否则应承担不利的举证后果。司法实践中,如最高人民法院(2017)最高法民申3507号民事裁定书也作出类似认定,该案的裁判要旨明确:“夫妻一方是以其个人名义向债权人借款,但该笔借款经由夫妻另一方银行账户的,可认定该夫妻另一方对借款为明知并实际参与,应为夫妻共同债务。”

三、关于日常家事代理行为的判定

上述是否属于日常生活需要,系客观标准;是否属于共同意思,系主观标准。在进行分析判定夫妻一方对外行为是否属于日常家事代理行为时,通常按照客观标准和主观标准进行分析,具体为:

(一)日常家事代理行为的客观标准,应予考量的客观要素主要包括如下四个方面

第一,适用家事代理的民事法律行为应限于纯粹的财产性行为,包括购买物品或服务、出售财产等。涉及收养等身份行为或具有较强人身性的财产交易行为,则不应属于家事代理权规则的适用对象。

第二,家事代理所涉及的民事法律行为生成或指向的利益最终归属于夫妻团体或家庭成员,或者直接以家庭或家庭成员为交易行为的受益对象。尤其对于那些在外观上具有明显"共益性"的行为,更应径行推定为代表夫妻团体而为的家事代理行为。例如,夫妻一方以子女教育或娱乐为目的而与第三人订立合同的行为,其法律后果自然应由夫妻双方共同负担。

第三,综合衡量构成"日常家事"行为的核心要素,包括交易所涉标的金额大小、购买或处分财产的价值与家庭收入间的比例关系、行为目的与家庭事务的关联程度等。如《浙江省高级人民法院关于妥善审理涉夫妻债务纠纷案件的通知》第二部分规定,以下情形,可作为各级法院认定"为家庭日常生活需要所负债务"的考量因素:(1)单笔举债或对同一债权人举债金额在20万元(含本数)以下的;(2)举债金额与举债时家庭收入状况、消费形态基本合理匹配的;(3)交易时债权人已尽谨慎注意义务,经审查举债人及其家庭支出需求、借款用途等,有充分理由相信债务确系为家庭日常生活需要所负的。

第四,处理紧急性重大家庭事务的行为应当视为日常家事代理行为,适用家事代理权规则。在某些急迫情形下,即使是超出"日常家事"一般性标准的民事法律行为也应赋予其家事代理的法律效果。

(二)日常家事代理行为判定的主观标准

日常家事代理行为的主观方面,应当同时考察实施家事代理行为的一方和处于被代理人地位的另一方配偶的内在意图及外在表示行为等相关因

素。一方面,行为人在发出要约或接受承诺的意思表示中应包含将行为后果及其所属利益归于夫妻团体的意图,并在外在表示过程中予以表露。这种表意的形式可以是在交易中披露动机、婚姻状况、潜在主体等隐藏信息,也可以是通过电子通信等方式询证被代理的配偶方意愿等。另一方面,配偶方对待交易行为的主观认识状态也属于重要的评价要素。尤其当该行为具有表见代理外观,且交易双方对该行为是否构成有效的家事代理行为存在争议时,配偶一方在磋商阶段的信息占有状态、交易过程中的放任、干预或促进交易等主观心态,都将构成影响评价结果的动态因素。

本案中,黄某某将案涉房屋出售给程某某,程某某将大部分购房款汇入余某某的银行账户,符合上述日常家事代理行为判定的客观标准和主观标准,故该等家事代理行为合法有效。基于案涉房屋涨价约30多万元,加上程某某为此支付的律师费、诉讼保全担保费等费用,故由黄某某、程某某在退还购房款的同时再补偿程某某损失36.6万元,这保障了作为守约方的程某某的合法权益。

19 无权处分与善意取得

——傅某某诉方某、茹某某房屋买卖合同纠纷案

婚姻的结合要求夫妻双方都要忠实，忠实是一切权利中最神圣的权利。

——法国·卢梭

【本案提示】

夫妻一方未经另一方同意，擅自处理夫妻共同房产，与第三人订立的房屋买卖合同属于无权处分合同。在共有人不同意转让的情况下，即使合同有效，第三人亦不能取得房屋所有权，一般也不适用善意取得制度。诸如笔者代理的傅某某诉方某、茹某某房屋买卖合同纠纷一案中，茹某某擅自将其与傅某某共有的房屋出售给方某，虽然方某已按照约定向茹某某支付购房款，但其未尽到善意购房人应有的注意义务，不构成善意取得，并判决案涉转让合同无效。

【案例索引】

一审：浙江省杭州市西湖区人民法院（2009）杭西民初字第 2144 号民事判决书（2010 年 4 月 8 日）

【诉称辩称】

原告:傅某某

被告:方某、茹某某

原告傅某某诉称:2006 年 2 月 8 日,原告与茹某某登记结婚,婚后共同购置了杭州市西湖区同仁家园景新苑 × 幢 801 室房屋(以下简称 801 室房屋)。2006 年 9 月 9 日,原告与茹某某签订一份《房产协议》,约定 801 室房屋归原告所有。2008 年 4 月,在原告不知情的情况下,方某与茹某某签订《转让合同》,将 801 室房屋卖给方某,方某于 2008 年 4 月 10 日开始使用该房屋。原告认为方某、茹某某侵犯其合法权益,故起诉要求判令:(1)确认方某与茹某某签订的《转让合同》无效;(2)方某立即腾退 801 室房屋并返还给原告;(3)方某赔偿原告损失 27,000 元(暂从 2008 年 4 月 10 日算至 2009 年 8 月 10 日,按每月 1800 元计算,以后损失按同样标准算至实际腾退房屋之日止);(4)本案诉讼费用由方某、茹某某承担。

被告方某辩称:茹某某系完全民事行为能力人,方某与其签订的转让合同系双方真实意思表示、内容合法,系有效合同。即使合同无效,相互返还,原告也应返还方某已付房款 82 万元。原告主张的房屋租金损失无依据。故要求驳回原告的诉讼请求。

被告茹某某未做答辩。

【事实查明】

杭州市西湖区人民法院经审理查明:茹某某与宋某甲原系夫妻,1995 年茹某某将户口迁入宋某甲父亲宋某乙位于杭州市西湖区大港桥社区的户口内。2002 年 9 月 8 日,因杭州西湖科技经济园区二期北片项目建设,需拆迁位于大港桥社区的房屋,茹某某与宋某甲一家等 7 人作为一户拆迁安置。2004 年 12 月 3 日,茹某某与宋某甲协议离婚,双方约定待拆迁安置房落实后,宋某甲愿意给茹某某住房 80 平方米。2006 年 2 月 8 日,原告与茹某某结婚,但原告户口未迁入大港桥社区。2006 年 8 月 1 日,杭州市三墩镇同仁家园安置领导小组发布《三墩镇同仁家园回迁工作实施方案》,明确此次回迁安置对象包括西湖科技经济园区二期项目的拆迁户,安置地点在同仁家园;截至2006年6月5日24时,被拆迁人家庭成员中有户口未迁入本市的配偶,持结婚证可按规定一人安置面积。回迁方案实施后,经审查宋某乙户内在册人口包括茹某某在内共7人,新增已婚未迁2人即原告与案外人唐某,安置人口9人,安置面积450平方米。后经抽签宋某乙户共分得包括801室房屋在内共5套房屋,总面积469.52平方米。2006年8月12日,宋某乙、宋某甲、茹某某之间签订了一份《协议》,约定将801室房屋归茹某某,其他4套房屋归宋某甲。2006年宋某甲与茹某某又另签订了一份《关于住房分割的协议》,亦约定801室房屋归茹某某所有。大港桥社区居民委员会在以上两份协议上均加盖公章。

2008年4月3日,方某(乙方)与茹某某(甲方)通过中介人张某某介绍签订了一份《转让合同》,约定甲方拥有的801室房屋为农民拆迁安置房,暂无产权三证,建筑面积125平方米左右,以102万元出售给乙方。甲方保证对房屋拥有合法处置权,保证房屋无抵押及产权纠纷,并且上述房屋产权共有权人、共同居住权人、承租人均同意房屋转让。如因上述权利发生争议,或提供的交易证明材料不真实,影响本合同正常履行的,由甲方承担全部法律责任。乙方在2008年4月10日前支付给甲方82万元,于2009年4月10日前支付15万元,待三证过户完毕后,支付5万元。甲方于2008年4月10日完成物业交割手续。付款后,甲方出具收据,在甲方收到第一笔房款后,房屋所有权归乙方所有。合同签订当日,方某接收了801室房屋。后方某于2008年4月8日支付给茹某某50万元,其中10万元用于归还801室房屋的银行贷款及利息。加上之前方某于2008年3月31日支付给中介张某某的2万元购房意向金,方某共计支付房款52万元。茹某某于2008年4月8日出具收条载明:“今收到方某购本人位于三墩镇同仁家园景新苑×幢801室住房第一次付款计人民币捌拾贰万元整。”该房屋目前尚未办理产权证书。另查明,因方某认为茹某某出售801室房屋涉嫌合同诈骗罪,故其向杭州市公安局西湖区公安分局报案,该局未立案。张某某、方某在该局所作的询问笔录中明确,茹某某在出售801室房屋时陈述系其个人所有,并出示了户籍证明及与前妻宋某甲之间的《关于住房分割的协议》,证明房屋为其个人所有。方某与茹某某约定801室房屋实际价格为72万元,合同中约定为102万元包括30万元的信用保证金。方某实际支付房款52万元，茹某某出具82万元的收条也因双方约定如茹某某反悔不卖房，则应赔偿方某30万元。宋某甲在该局所作的询问笔录中明确801室房屋约120平方米，包括其分割给茹某某的70平方米及原告的50平方米安置面积。

【法院审判】

杭州市西湖区人民法院认为，根据杭州市三墩镇同仁家园安置领导小组发布的《三墩镇同仁家园回迁工作实施方案》的规定，原告作为茹某某的妻子属于拆迁安置人口。现有证据表明，原告亦作为宋某乙户内的新增已婚未迁人口实际分配到了50平方米的房屋安置面积。根据茹某某与前妻宋某甲及宋某乙之间的《协议》以及茹某某与宋某甲之间《关于住房分割的协议》，明确茹某某分得801室房屋，面积为125.04平方米。该房屋包括了茹某某的70多平方米以及原告享受的50平方米安置面积，且该房屋系在原告与茹某某的婚姻关系存续期间取得，故该房屋应属于原告与茹某某的夫妻共同财产。现茹某某将该房屋以个人名义转让给方某系无权处分行为，该无权处分行为未得到共有人即原告的追认，也无证据证明茹某某在《转让合同》签订后，完全取得了801室房屋的处分权，故茹某某的上述转让行为应属无效。因此，原告要求确认方某与茹某某之间签订的《转让合同》无效的请求，理由正当，该院予以支持。至于方某辩称其购买801室房屋时系善意，故《转让合同》有效的意见，因801室房屋系拆迁安置房，交易时该房屋尚未办理房屋产权三证，故方某购买时应充分了解茹某某的婚姻状况以及前往房屋的拆迁安置部门或所在社区了解房屋的所有权情况，但方某仅凭茹某某出具的户籍证明及与前妻宋某甲之间《关于住房分割的协议》就轻易相信房屋归茹某某个人所有，并未尽到善意购房人应有的注意义务，故该院对方某的上述辩称意见不予采信。至于原告要求方某返还801室房屋的诉讼请求，因原告并非《转让合同》的相对方，且该房屋系原告与茹某某的共有财产，故原告的该项诉请，该院在本案中不予处理。关于原告要求方某赔偿损失的主张，因无事实和法律依据，故该院不予支持。被告茹某某经该院合法传唤无正当理由拒不到庭不影响案件的审理。综上，依照《合同法》第五十一条,《物权法》第九十七条,《民事诉讼法》第六十四条第一款、第一百三十条之规定,判决如下:(1)确认方某与茹某某于2008年4月3日签订的《转让合同》无效;(2)驳回傅某某的其他诉讼请求。

本案一审判决后,双方均未提起上诉。

【本案代理思路评析】

本案中,茹某某擅自将其与傅某某共有的房产出售给方某,属于无权处分;方某能否取得案涉房屋的物权,取决于其是否符合善意取得的构成要件。我国《合同法》规定了无权处分行为,而善意取得制度规定在我国《物权法》中。通说认为,无权处分行为保护的是静态安全,善意取得制度保护的是动态安全。无权处分与善意取得之间互为条件、相互制约。笔者现对本案所涉无权处分及善意取得等法律问题评析如下。

一、关于无权处分的问题

在现实生活当中常常出现无处分权人利用合同擅自处分他人财产的行为,如何对待这些合同的效力,经历了从无效到有效的司法实践过程。1999年10月1日起施行的《合同法》第五十一条规定:"无处分权的人处分他人财产,经权利人追认或者无处分权的人订立合同后取得处分权的,该合同有效。"根据该规定,如果无处分权人订立合同后取得处分权,该合同仍为有效合同。无权处分的本质是处分人在无权处分的情况下处分他人财产,从而侵害了他人的财产权。如果处分人在合同订立后取得了财产权利或者取得了对财产的处分权,就可以消除无权处分的状态,从而使合同产生效力。反之,如果事后未经追认或未取得处分权,那么所订立合同是否有效就存在争议,这导致民商事审判实践对无权处分合同效力没有统一标准。对于实务中常见的出卖人在缔约和履约时没有所有权或处分权的买卖合同的效力问题,2012年7月1日起施行的《最高人民法院关于审理买卖合同纠纷案件适用法律问题的解释》第三条予以了明确肯定。该条规定:"当事人一方以出卖人在缔约时对标的物没有所有权或者处分权为由主张合同无效的,人民法院不予支持。出卖人因未取得所有权或者处分权致使标的物所有权不能转移,买受人要求出卖人承担违约责任或者要求解除合同并主张损害赔偿的,人民法院应予支持。”该条规定旨在防止大量买卖合同遭遇无效认定之命运,更好地保护买受人之权益,明晰交易主体之间的法律关系,强化社会信用,维持交易秩序。

本案审理期间,《最高人民法院关于审理买卖合同纠纷案件适用法律问题的解释》尚未颁发实施。本案中原告依法取得了杭州市同仁家园景新苑×幢 801 室房屋的所有权,依法享有该房屋的占有、使用、收益和处分的权利。但茹某某却在原告不知情下,于 2008 年 4 月 3 日与被告签订了《转让合同》,擅自将该房屋转让给了方某。而原告对茹某某房屋买卖行为并未予以追认,茹某某也未在合同签订后取得该房产所有权,因此,法院判决《转让合同》无效。

二、关于善意取得的问题

善意取得,指受让人以财产所有权转移为目的,善意、对价受让且占有该财产,即使出让人无转移所有权的权利,受让人仍取得其所有权。善意取得既适用于动产,又可适用于不动产。善意取得中的受让人须是善意的,不知出让人是无处分权人,否则不构成善意取得。根据《物权法》第一百零六条第一款“无处分权人将不动产或者动产转让给受让人的,所有权人有权追回;除法律另有规定外,符合下列情形的,受让人取得该不动产或者动产的所有权:(一)受让人受让该不动产或者动产时是善意的;(二)以合理的价格转让;(三)转让的不动产或者动产依照法律规定应当登记的已经登记,不需要登记的已经交付给受让人”之规定,善意取得的条件:第一,受让人须是善意的,不知出让人是无处分权人;第二,受让人支付了合理的价款;第三,转让的财产应当登记的已经登记,不需要登记的已经交付给受让人。三项条件必须同时具备,否则不构成善意取得。本案中,方某不符合善意取得的构成要件,具体理由如下:

(一)方某受让本案所涉房屋时其主观并非善意

主观“善意”系指行为人在为某种民事行为时不知存在某种足以阻碍该行为法律效力的因素的一种心理状态。由于善意只是受让人取得财产时的一种心理状态,这种状况很难为局外人得知,故应考虑当事人从事交易时的客观情况,推定方某主观上是否为善意,比如:

(1)方某与茹某某签订的《转让合同》第一条明确约定,“此房屋为农民拆迁安置房,现暂无证”,中介居间人张某某出具的证明也证实:“当时我告诉他这房子没有三证,是不能买卖的”……方某明知该房屋不能买卖,却仍然与茹某某签订《转让合同》,其行为违反了《城市房地产管理法》第三十八条的规定和《城市房地产转让管理规定》第六条的规定。

(2)方某在购房时根据茹某某提供的《离婚协议书》可以证实,茹某某可得住房面积仅为80平方米,根据《征用集体所有土地房屋拆迁补偿安置协议书》第六条的规定可知:茹某某家庭共有安置人口7人,每人安置面积为50平方米,安置建筑面积为350平方米。而根据方某提交的《同仁家园回迁抽签房号单》可知安置面积为450平方米。据此,可以证实方某在购房时明知案涉房屋为两人共有,因为只有存在2个安置人口时,茹某某户获得的房屋面积才会达到130平方米左右。因此,方某仅仅凭借茹某某提供的、与其所说相互矛盾的材料就签订《转让合同》,缺乏交易应有的谨慎。

(3)方某是在中介居间人张某某的积极协助下与茹某某签订了《转让合同》。作为具有相当房屋买卖经验的张某某,应当知道房屋买卖时,房屋出让方须提供房屋所有权证原件、婚姻证明复印件(校验原件)等证明文件。《民政部办公厅关于出具无婚姻登记记录证明的答复》规定,当事人在办理房产交易、贷款、出国结婚等活动中所需婚姻状况证明时,民政部门可以根据所掌握的婚姻登记档案为当事人出具在本辖区域内“无婚姻登记记录证明”,并须备注不包括在本辖区域外的其他地方的婚姻登记。据此,婚姻证明应当由民政部门出具,其与常住人口登记卡、户籍证明有明显区别。常住人口登记卡、户籍证明是由户口所在地的派出所出具的,是证明公民身份状况的文件资料,婚姻证明与户籍证明在证明效力上有本质区别,而有些户籍证明上甚至根本没有标明当时的婚姻状况。方某仅根据茹某某提供的显示“出差用”的户籍证明来确定茹某某的婚姻状况为“离婚”,在其提交的证明房屋权属的相关资料出现矛盾后,仍然没有要求茹某某提供民政部门出具的婚姻证明,主观上不存在善意。

(4)方某与茹某某签订的《转让合同》补充约定,“甲方在收到乙方第一次付款后,立即归还银行欠款”。方某提交的张某某证明也载明:“由茹某某现场还给信用社欠款及利息，茹和信用社结清了房款。”从这些材料可以看出，方某是知道茹某某向银行贷款来购置案涉房屋的，其应向银行或相关同仁家园安置领导小组了解房屋的权属状况，据此可知道房屋为原告和茹某某共同所有。否则，就可推断方某在交易时存在故意或重大过失。

（二）方某并非以合理的价格受让案涉房屋

方某与茹某某签订的《转让合同》约定出售价格为 102 万元，2008 年 4 月 10 日前支付 82 万元，2009 年 4 月 10 日前支付 15 万元，三证过户完毕后支付 5 万元。但方某仅仅提供了一份茹某某出具的 82 万元的房款收条。对于这么一笔大额交易，应当通过银行转账、汇款等方式交付，否则就很难让第三人相信方某和茹某某之间进行过公平交易。在原告与方某就本案所涉房屋进行交涉时，方某承认该房屋实际成交价为 72 万元，合同价写为 102 万元；实际首付款为 52 万元，而其要求茹某某出具收条价为 82 万元。显然，方某实际取得该房屋的价款远远低于市场价，不是以合理价格取得案涉房屋。

（三）方某取得案涉房屋未经依法登记，房屋所有权未移转

《物权法》第九条第一款规定：“不动产物权的设立、变更、转让和消灭，经依法登记，发生效力；未经登记，不发生效力……”因此，对于不动产的善意取得，需要登记时才能生效。方某至今未予登记，也无房屋的权属证明，未取得该房屋所有权。

20 租赁合同解除后的损失赔偿

——江某某与舟山市普陀区六横镇某某股份经济合作社、舟山某某集团有限公司房屋租赁合同纠纷案

法律的基础有两个，而且只有两个……公平和实用。

——瑞士·伯克

【本案提示】

租赁合同能否正常履行，直接关系出租人和承租人的切身利益。在经济活动高度发达的当今社会，房屋租赁市场相当活跃，同时伴随大量的纠纷。其中经营类房屋租赁合同纠纷涉及的法律关系更为复杂，矛盾更为尖锐，有时还需要勘查现场、鉴定评估，因此审理周期相对较长。如笔者办理的原告江某某承租房屋用于开办超市、后因租赁房屋无法办理营业执照导致被关门停业而产生纠纷一案中，双方当事人在长达4年的马拉松式谈判协商无果后，最终诉至法院。诉讼过程中，本案涉及房屋装修和超市货架、货柜、购物车等动产的价值评估及评估鉴定时点的确认，以及损失承担责任比例的确定等一系列问题，在我和原告的共同努力下，本案取得了理想的诉讼结果。

【案例索引】

一审：浙江省舟山市普陀区人民法院（2016）浙0903民初3183号民事判决书（2017年4月13日）

【诉称辩称】

原告:江某某

被告:舟山市普陀区六横镇某某股份经济合作社(以下简称某某经济合作社)

舟山某某集团有限公司(以下简称舟山某某集团)

原告江某某诉称:2010年1月23日,原告江某某与被告某某经济合作社签订了《某某经济合作社农贸市场二楼租赁协议》,该协议约定:为振兴龙山经济繁荣和方便群众购物,经村二委会及区市场局讨论同意,被告某某经济合作社将位于六横镇某某村农贸市场二楼租赁给原告用于经营超市;承租年限为15年,从2010年5月1日起至2025年4月30日止,第一年免费,第二年租金30万元,第三年至第五年租金为399,800元,第六年至第十年租金在第五年的价格上增加15%,第十一年至第十五年租金在第六年的价格上再增加15%;原告应支付保证金5万元,被告某某经济合作社要求原告在2010年5月1日开业。合同又约定了租金的支付期限及租期到期后的货梯及人行自动电梯的归属等事项。租赁协议签订后,原告支付了保证金5万元,并将租赁的房屋进行了装修,购置了经营所需的设备及用具等。为此,原告投入了200多万元费用。2010年4月21日,原告取得了舟山市工商局六横分局出具的《个体工商户名称预先核准通知书》。2010年4月23日又取得了《烟草专卖零售许可证》。2010年5月1日,超市如期开业。原告在办理个体工商户设立登记的过程中,虽舟山市六横开发建设管理委员会及被告某某经济合作社出具了租赁房屋系经营场所的证明,但被告某某经济合作社无法提供该出租房屋的产权证及租赁房屋消防设施未经验收等原因,致使原告无法办理营业执照。2010年11月3日,原告被舟山市工商局六横分局行政处罚,对原告警告及罚款2万元。此后,被告某某经济合作社承诺可以办理消防验收及办好产权证书等,要求原告继续营业。2012年6月14日,舟山市工商局六横分局责令原告立即停业,并被罚款1万元。由于被告方出租的房屋未办理产权证书及没有进行消防验收,致使原告无法经营超市,不能实现合同目的。对原告的损失,被告方应予以赔偿。原告的损失为:装修损失、设计费损失、商品折价损失、行政罚款、加盟费等。为此,原告诉至法院,要求判决:(1)解除原、被告于2010年1月23日签订的《某某经济合作社农贸市场二楼租赁协议》;(2)要求被告方返还原告保证金5万元;(3)要求被告方赔偿原告经济损失200万元;(4)要求被告方承担本案诉讼费用。庭审中,原告将诉讼请求变更为:(1)解除原、被告于2010年1月23日签订的《某某经济合作社农贸市场二楼租赁协议》;(2)要求被告某某经济合作社与被告舟山某某集团赔偿原告经济损失1,890,522元;(3)要求两被告承担鉴定费用及本案诉讼费用。原告撤回要求被告方返还原告保证金5万元的诉讼请求。

被告某某经济合作社辩称:对原告诉称的原、被告之间租赁事实没有异议,同意与原告解除合同。但原告在签订租赁合同时就知道租赁的房屋没有产权证。合同签订后原告就立即装修房屋,在没有领取营业执照的情况下就开业,而且原告在被工商部门处罚的情况下还继续营业,原告也应承担相应的责任。对于被告方的房租损失40万元,原告也应承担相应的责任。

被告舟山某某集团辩称:同意被告某某经济合作社的辩称意见,考虑到原告的身体状况,如果能协商一致,租赁房屋内的动产及不动产可以折价给被告方。

【事实查明】

舟山市普陀区人民法院经审理查明:被告某某经济合作社与原舟山市市场管理服务局普陀分局在普陀区龙山墩里57号合作建造了一幢综合市场楼。2010年1月23日,舟山市原市场管理服务局普陀分局与被告某某经济合作社将建成后的综合市场楼的二楼进行出租,并以被告某某经济合作社的名义与原告江某某签订了《某某经济合作社农贸市场二楼租赁协议》,协议约定租赁期限为15年,租赁房屋用途为经营超市。合同约定了每一年的租金及支付期限等相关内容。合同签订后,原告对租赁的房屋进行了装修,并购置了经营超市所需设备及用具等。因当时该租赁的房屋没有取得产权证等原因,致使原告无法办理相关的营业执照。2010年5月1日,原告在未取得营业执照的情况下予以营业。后因无照经营,原告又被舟山市工商局六横分局行政处罚。其中2012年6月14日,舟山市工商局六横分局责令原告立即停业,并被罚款1万元。原告处理了库存商品后,一直停业。

另查明,舟山市原市场管理服务局普陀分局已被撤销,其权利义务现由被告舟山某某集团承受,租赁的房屋现在产权所有人为被告舟山某某集团。

庭前,原、被告双方当事人对租赁房屋的装修价值及动产物品的价格鉴定方式达成一致意见,双方一致确认原告停止营业的时间为2012年8月1日,确定价格鉴定对象与范围为:租赁房屋(包括电梯、楼梯、三间厨房)2012年8月1日的装修价值、存放租赁屋内的动产2012年8月1日和2014年7月1日的价值。原、被告确认动产的这两个时间点的价格差异为动产(动产物品已经原、被告双方确认)的实际损失。经舟山市普陀远航资产评估有限公司价格评估,2012年8月1日租赁房屋的装修价值为110.15万元,动产物品价值为43.57万元,2014年7月1日的动产物品价值为29.70万元。

庭审中,经原、被告双方当事人协商,达成如下一致意见:一是原、被告均同意解除合同;二是原告的各项损失为160万元,两被告的房租损失为40万元;三是关于租赁房屋内的所有财产(包括室内装修及不动产物品)归两被告所有;四是原告承担总损失的20%,两被告承担总损失的80%,原告应承担的房租损失在原告应得的损失赔偿款中扣除;五是本案的鉴定费用原、被告各半承担。达成一致意见后,原告将租赁房屋的钥匙交付给两被告,且原告将诉讼请求中要求两被告赔偿损失的数额变更为120万元。

【法院审判】

舟山市普陀区人民法院认为,被告某某经济合作社与舟山市原市场管理服务局普陀分局在普陀区龙山墩里57号合作建造了一幢综合市场楼,并将二楼租赁给原告。现舟山市市场管理服务局普陀分局撤销后,权利义务归属被告舟山某某集团承受。故原、被告之间成立房屋租赁合同关系。2010年1月23日,房屋租赁合同签订后,舟山市原市场管理服务局普陀分局与被告某某经济合作社未能提供房屋产权证等原因,致使原告不能经营超市。现虽租赁的房屋已具备产权证,租赁期限也尚未届满,但已造成原告的实际损失。现原、被告均同意解除合同,该院予以确认。对于原、被告的各项损失和承担的问题及相关物品的归属,双方已达成一致意见,该院予以确认。

根据原、被告双方的一致意见，两被告应赔偿原告各项损失120万元（已扣除原告应承担的租金损失）。综上，根据《合同法》第九十三条第一款、第九十七条的规定，判决如下：（1）解除原、被告于2010年1月23日签订的《某某经济合作社农贸市场二楼租赁协议》；（2）被告某某经济合作社与被告舟山某某集团于本判决生效之日起三日内共同赔偿原告江某某各项损失120万元；（3）现在租赁房屋内的所有财产（包括室内装修及不动产物品）归被告某某经济合作社与被告舟山某某集团所有。

本案一审判决后，双方均未提起上诉。

【本案代理思路评析】

本案合同属于经营类房屋租赁合同，该类租赁合同往往因各种原因无法正常办理营业执照而引发大量纠纷。若当事人无法正常办理营业执照导致合同解除的，由于不能办理营业执照的原因不同，且租赁双方都认为是因对方的原因无法正常办理营业执照，这时确认损失承担比例就存在很大的争议。同时，在确定损失承担比例之前，损失金额的确定又往往涉及评估鉴定；而委托评估鉴定之前，就要确定评估对象和评估时点。本案审理过程中均遇到前述问题，现逐一评析如下。

一、关于司法评估鉴定时点和评估对象的确定

《最高人民法院关于审理城镇房屋租赁合同纠纷案件具体应用法律若干问题的解释》根据有效合同和无效合同的不同法律效果，对装饰装修损失采用了现值损失和残值损失两种不同的标准。现值损失是指合同被认定无效时，装饰装修的现存价值。在合同无效场合，承租人通常已经占用使用租赁房屋一段时间，其在此期间享有的装饰装修利益，不应再列入合同无效的损失范围。残值损失是指在合同解除时，装饰装修的“剩余价值”，该价值通过装饰装修的造价扣减房屋占有使用期间消耗的装饰装修价值来确定。通常情况下，残值损失与装饰装修的现值相符，但因为装饰装修费用在租赁期间内摊销完毕，故合同履行期间已经摊销的装饰装修费用，不应纳入合同解除后的损失范围。残值损失应考虑因合同解除未摊销的费用，该费用可能高于或者低于装饰装修的现值，此时确定装饰装修残值损失采用“就低”原

则:如果未摊销费用高于现值,残值损失按照装饰装修的现值确定。因装饰装修损失作为合同解除的损失,应当以实际损失为基础确定;如果未摊销费用低于现值,残值损失按照未摊销的费用确定。因装饰装修费用在租赁期间摊销完毕是基本原则,如果每年摊销的费用高于按照审计确定的折旧费用,双方应按照已摊销的费用确定租赁期间消耗的费用,按照未摊销的费用确定残值损失;否则,装饰装修费用在租赁期内摊销完毕的原则无法体现。

本案原告开办的超市于2010年5月1日开始营业,于2012年6月14日被责令停止营业,此后原告对剩余货物进行折价处理。甩价处理后,原告向舟山市普陀区六横管理委员会申请要求被告赔偿损失进行调解。2014年7月1日,六横管理委员会出具《关于江某某信访事项答复意见书》,建议原告通过诉讼途径解决。原告于2016年10月24日向法院提起诉讼,原告要求赔偿经济损失的项目有:装修及动产物品损失、设计费损失、商品折价损失、工商罚款以及加盟费。

根据上述事实,承办法官认为原告主张的装修损失需要评估鉴定,于是组织双方就评估鉴定时点和评估对象进行确认,后双方当事人对相关事实进行了一致确认。由于动产部分中还涉及货架、货柜等定做物品,笔者提出这部分应按照装修部分方式处理,法院及对方当事人予以认可。

二、关于现场勘查及评估物品明细的确认

双方当事人对评估鉴定时点和评估对象达成一致后,法院组织双方对现场进行勘查。由于案涉超市经营面积达3000多平方米,当时属于当地最大的超市,里面物品繁多且零碎。笔者根据超市原先设计的区域,清点每个区域的物品名称、数量,并附上图片,之后由被告进行清点、确认。被告确认无误后,双方签字。之后,笔者将该物品清单作为评估鉴定申请书的附件。

法院确定评估鉴定机构后,评估鉴定机构也进行现场勘查。由于在法院组织的第一次现场勘查环节已经确认了评估对象明细,因此第二次现场勘查进行得很顺利。

三、关于协助评估鉴定机构进行价值评估

评估鉴定机构现场勘查完之后,笔者向其提供了超市当时的全部设计图纸,以及当时装修、购置物品的原始凭证,并详细列出《快乐购超市主要固定装修参考价格清单》《快乐购超市动产物品参考价格清单》等两份清单给评估鉴定机构。经评估鉴定机构价格评估,2012 年 8 月 1 日租赁房屋的装修及电梯价值为 110.15 万元,2016 年 10 月 24 日租赁房屋的装修及电梯价值为 83.97 万元;2012 年 8 月 1 日的动产物品价值为 43.57 万元,2014 年 7 月 1 日的动产物品价值为 29.70 万元。由于我及原告本人的大量协助工作,本次评估鉴定结论很客观、真实,达到了原告的预期结果。

四、关于原告损失的确定

原告的经济损失包括装修及动产物品损失、设计费损失、商品折价损失、工商罚款以及加盟费。前述损失中的装修及动产物品损失已经经过评估鉴定,但因评估时点的不同,也有相应的多个评估数据,这就涉及如何选择评估结论的问题,笔者认为:

(1)关于装修及电梯等损失。《评估报告书》显示,装修及电梯等在 2012 年 8 月 1 日的评估值为 110.15 万元,在 2016 年 10 月 24 日的评估值为 83.97万元。鉴于原告开设的快乐购超市已于 2012 年 6 月 14 日被责令停业,原告从该月的 15 日至次月 15 日期间对大部分商品进行了折价处理,因此原告使用装修及电梯的时间基本截止于 2012 年 7 月 15 日,故原告在 2012 年 8 月 1 日之后就没有使用装修及电梯,对于原告来说,原告享有了 2012 年 8 月 1 日之前的装饰装修利益,之后就没有享有利益,故装修及电梯的损失应当以 2012 年 8 月 1 日的评估值 110.15 万元作为损失。

(2)关于动产物品损失。《评估报告书》显示,动产物品在 2012 年 8 月 1 日的评估值为 43.57 万元,在 2014 年 7 月 1 日的评估值为 29.70 万元。《最高人民法院关于审理城镇房屋租赁合同纠纷案件具体应用法律若干问题的解释》对已形成附合的装饰装修物的处理作了规定,已附合的装饰装修物不可移动使用,承租人在无法再次利用的情况下前述法律才作出如此规定。本案中,鉴于定制展柜仅适用于案涉房屋,是特种物,不同于一般的动产,故应参照不动产方式进行赔偿。因此,在动产物品损失中,应当分为定制展柜损失和其他物品损失。而定制展柜应当以 2012 年 8 月 1 日的评估值 187,060元作为损失;对于其他物品,2012 年 8 月 1 日的物品价值为 24.864 万元,2014 年 7 月 1 日的动产物品价值为 15.762 万元,这两个时间点评估值的差额91,020元作为其损失。因此,动产物品损失应为278,080(187,060元+91,020元)。

关于原告主张的设计费损失、加盟费损失、工商罚款损失,应按照实际发生金额204,000元计算;对于超市停业后剩下的各种商品折扣处理,肯定会有一定损失,这部分损失由法院酌情确定。

被告对笔者有关评估鉴定结论报告中的评估数据的选定没有太大异议,但对设计费损失、工商罚款、商品折价处理损失不予认可。经过双方的多次谈判协调,最终在法院的主持下双方确定原告的各项损失为160万元。

五、关于损失承担责任比例的确定

笔者认为,关于导致本案租赁合同提前解除的过错责任分担问题,被告作为出租人相对于原告更清楚房屋是否已取得房屋产权证及是否可以办理消防手续,在其明知该房屋未取得产权证的情况下,并无证据证明其向原告告知了相关情况,对租赁合同提前解除应承担主要责任;原告作为承租人在订立租赁合同前也应对该房屋的合法情况进行核查,但其在未审查核实的情况下,即与原告订立租赁合同,其应对该租赁合同无效承担次要责任。鉴于原告盲目相信被告,导致损失扩大,原告自愿承担该等损失的10%。但是,被告要求原告承担60%的责任。鉴于此,法院从合同履行情况、原告的预期利益等因素考虑,最终促成原告承担损失的20%、被告承担损失的80%的调解意向。

六、关于以调解的形式进行判决

民事调解与民事判决是解决纠纷的两种不同方式。民事调解书反映的是人民法院依法进行调解,促成双方当事人自愿、合法地达成协议的内容;民事判决书反映的则是人民法院依法以判决的形式解决纠纷的内容。鉴于舟山某某集团属于当地大型国有企业,出于集团审计的要求,各方对有争议的事实进行确认,然后由法院进行判决。

本案中,原告在装修完毕后不能取得营业执照,此时原被告双方均已经知晓合同目的无法实现,但被告仍承诺原告可以办理出房产证,而原告仍违规无照经营超市,无形中扩大了损失。通过本案评析,笔者建议:出租人在签订合同时,应问清承租人的使用目的,并确保提供的房屋能够实现合同约定的使用目的;承租人提前向其所欲开办的商业项目可能涉及的管理部门做好咨询,核实房屋产权情况以及是否存在行政管理限制,一旦发现合同目的无法实现时,应及时止损,尽快提出解除合同的要求,避免损失进一步扩大。

21 本案是租赁权转让还是房屋转租

——杭州恒某电子科技有限公司诉周某房屋租赁合同纠纷案

法律之明了，不尽在其条文之详尽，乃在其用意之明显，而民得其喻也。

——英国·霍布斯

【本案提示】

房屋转租是指承租人经出租人同意后将租赁物转租给第三人，承租人与出租人之间的合同继续有效，承租人不退出租赁关系。租赁权转让是指承租人将租赁权转让给第三人，承租人退出承租关系，而租赁关系存在于受让人与出租人之间。实践中，人们往往对房屋转租、租赁权转让产生混淆。笔者代理的杭州恒某电子科技有限公司诉周某房屋租赁合同纠纷一案中，双方签订《房屋租赁权转让协议》后，杭州恒某电子科技有限公司即与出租人解除租赁合同，而周某此后也并未使用租赁房屋，此时前述《房屋租赁权转让协议》能否继续履行乃至是否有效就存在极大的争议。笔者对房屋转租、租赁权转让这两者法律关系进行详细梳理，并与三级法院的承办法官进行有效沟通交流，最终取得了本案胜诉的良好效果。

【案例索引】

一审：浙江省杭州市江干区人民法院（2016）浙 0104 民初 3481 号民事

判决书(2016 年 7 月 13 日)

二审:浙江省杭州市中级人民法院(2016)浙 01 民终 5597 号民事判决书(2016 年 11 月 28 日)

再审:浙江省高级人民法院(2017)浙民申 2331 号民事裁定书(2017 年 9 月 21 日)

【诉称辩称】

原告(反诉被告):杭州恒某电子科技有限公司(以下简称恒某公司)

被告(反诉原告):周某

原告恒某公司诉称:2013 年 11 月 6 日,原告就承租杭州市江干区五星路 188 号荣安大厦××室房屋与荣和置业集团有限公司(以下简称荣和公司,后更名为香华公司)签订了房屋租赁合同。合同签订后,原告即对房屋进行装修。后因业务发展需要,原告将××室房屋的租赁权以及相应的装修、家具一并转让给被告后搬入该大厦 1101 室房屋办公。2015 年 11 月 5 日,原被告双方签订了《房屋租赁权转让协议》,约定转让价格为人民币 15 万元,2015 年 11 月 30 日前支付人民币 3 万元作为定金,余款人民币 12 万元在房屋交付日前支付,即 2015 年 12 月 25 日前由被告支付给原告;若被告未及时支付转让费的,按照每日租金的 2 倍赔付原告由此造成的损失,对延迟未支付款项的,原告有权没收定金。上述协议签订后,原告搬离了上述××室房屋,且荣安大厦招商部同意处理荣安大厦××室房屋原租赁合同的权利和义务无缝对接转让的相关事宜。但被告却未能在 2015 年 12 月 25 日付清全部款项。2016 年 1 月 6 日,双方又签订了关于《房屋租赁权转让协议》的补充协议,约定将原协议包含装修及家具转让费为人民币 15 万元,调整为仅包含装修费用人民币 10 万元。被告已支付人民币 5 万元转让费,原告同意被告对剩余的人民币 5 万元转让费延后至 2016 年 2 月 29 日前支付,若被告未能在限定日期前支付剩余转让费用的,被告承诺愿意按照剩余转让费的 1‰计算日息,原告将按原协议追诉被告相关责任。然而,被告至今仍未支付剩余转让费用,故具状起诉请求法院判令:被告立即向原告支付尚欠转让费人民币 5 万元及按照每日 1‰自 2016 年 3 月 1 日起计算至付清之日止的违约金，暂计至起诉日 2016 年 4 月 26 日为人民币 2800 元；被告承担本案诉讼费。

被告周某辩称：原告隐瞒了荣安大厦××室房屋租金第三年要上浮 8% 的事实，而是仅告知被告年租金为人民币 377，175 元，引诱被告于当天即 2015 年 11 月 5 日签订了《房屋租赁权转让协议》。次日，被告经向原告法定代表人何某查询，方知租金价格上浮的情况。根据双方签订的租赁权转让协议，被告尚需与房屋出租人荣和公司签订续承租协议，但经被告与该公司协商，该公司不同意均以年租金人民币 377，175 元的价格租赁。故原告隐瞒事实真相，欺骗被告签署的房屋租赁权转让协议无效，请求驳回原告的诉请。

反诉原告周某诉称：基于以上合同无效理由，请求判令：恒某公司退还周某已支付的房屋租赁权转让款人民币 5 万元，及自支付款项时间至退还之日止按照银行同期贷款利率计算的利息；恒某公司向周某道歉；诉讼费由恒某公司承担。

反诉被告恒某公司辩称：被告反诉称原告隐瞒房租上涨、以欺诈方式与其签订协议与事实明显不符。被告与出租人荣和公司签约代表邓某某系夫妻，双方签订《房屋租赁权转让协议》之前，原告亦已将其与出租人签订的房屋租赁合同复印件给被告，被告对此无异议后才签订了协议。且协议第一条即约定：被告按照原告签订的租金价格与房屋所有单位荣和公司签署后续的承租协议，若被告不知晓房租价格却签订了该转让协议，责任应自负。被告称不了解房租情况即签订了合同，但其仍于 2015 年 12 月 5 日支付定金人民币 3 万元、12 月 30 日支付转让费人民币 2 万元，并于 2016 年 1 月 6 日与原告签订补充协议，被告的系列行为足以证实其在履行合同约定的义务，因此案涉协议及补充协议均是被告的真实意思表示，真实有效，故被告提出的请求缺乏根据，应予驳回。

【事实查明】

杭州市江干区人民法院经审理查明：2013 年 11 月 6 日，荣和公司职工邓某某代表荣和公司与原告签订房屋租赁合同，约定：荣和公司将杭州市江干区五星路 188 号荣安大厦××室作为办公用房租赁给原告，建筑面积总计

356.33 平方米,房屋租赁期限 3 年,自 2014 年 1 月 16 日起到 2017 年 1 月 15 日止,第一年年租金为人民币 377,175 元,第二年年租金为人民币 377,175 元,第三年年租金递增 8% 为人民币 407,349 元,等等。签订协议后,原告对房屋进行了装修并入住。

被告与邓某某系夫妻关系。2015 年 11 月 5 日,原告与被告就上述房屋荣安大厦××室签订了《房屋租赁权转让协议》,双方约定:原告将现租赁使用的荣安大厦××室租赁权转让给被告,转让后被告按照原告与房屋所有单位签订的租金价格协议与房屋所有单位直接签署后续的承租协议,原告保持现有装修完整,并将办公家具一并转让被告使用;鉴于原有房屋装修及家具的价值,经双方商定转让价格确定为人民币 150,000 元;款分两期支付,2015 年 11 月 30 日前支付人民币 30,000 元作为定金,余款人民币 120,000 元于房屋交付之日即 2015 年 12 月 25 日前付清;原告应于被告交清转让费,并于被告与房屋所有单位签订租赁协议生效后(租赁协议与转让时间相互衔接),在 2015 年 12 月 25 日前,在房屋所有权人物业的同意下,将该房屋的全部钥匙及相关资料交付给被告;并约定了违约责任,等等。该协议签订后,2015 年 11 月 12 日,原告与香华公司签订了关于租赁荣安大厦 1101 室的房屋租赁协议,并从××室搬离;2015 年 12 月 15 日被告支付原告人民币 3 万元,2015 年 12 月 30 日支付人民币 2 万元。2016 年 1 月 6 日,双方签订《关于房屋租赁权转让协议的补充协议》,约定:案涉房屋中的家具全部归原告所有,转让费调整为人民币 10 万元;截至 2015 年 12 月 30 日被告已支付人民币 5 万元的转让费,余款人民币 5 万元延后至 2016 年 2 月 29 日前支付;若被告未能在限定日期前支付剩余转让费的,承诺愿意按照剩余转让费的每日 1‰计算罚息,原告将按照原协议追诉被告的相关责任。事后,被告未搬入荣安大厦××室,该房屋于 2016 年上半年由香华公司出租他人并已入住使用。在原告与被告签订房屋租赁权转让协议期间,香华公司同意原告将荣安大厦××室原租赁合同的权利义务概括转让,并出具声明。

【法院审判】

杭州市江干区人民法院认为,当事人一方经对方同意,可以将自己在合同中的权利义务一并转让给第三人。原告经取得案涉房屋出租方香华公司同意，将荣安大厦××室房屋的租赁权利义务及屋内装修转让给被告，并签订租赁权转让合同，该转让合同系双方真实意思表示，合法有效，应诚信遵守。被告与出租方原签约代表邓某某系夫妻，且在签订合同后，双方已按合同约定实际履行，故被告辩称系原告故意隐瞒房屋租金涨价情况，应属不实，对其辩称观点及反诉请求该院不予支持。原告诉请被告支付剩余转让费，理由正当，应予支持。原告诉请按合同约定每日1‰计算逾期付款利息过高，该院调整至按银行同期贷款利率予以支付。被告概括受让房屋租赁权利义务后，与出租方香华公司无法履行案涉房屋租赁合同，现香华公司已将房屋另租他人，被告可向案外人香华公司主张抗辩，该纠纷可另案处理。据此判决如下：被告支付原告尚欠转让费人民币50,000元及按照银行同期贷款利率自2016年3月1日起计算至付清之日止的逾期付款利息，暂计至起诉日2016年4月26日为人民币358元；驳回原告的其他诉讼请求；驳回反诉原告的反诉请求。

被告周某不服一审判决，向杭州市中级人民法院提起上诉。

杭州市中级人民法院认为，恒某公司与周某于2015年11月5日签订的《房屋租赁权转让协议》和2016年1月6日签订的《关于房屋租赁权转让协议的补充协议》，系双方当事人真实意思表示，内容并不违反国家法律、法规的强制性规定，且该转让协议经案涉房屋出租方香华公司的同意，符合《合同法》第八十八条“当事人一方经对方同意，可以将自己在合同中的权利和义务一并转让给第三人”之规定，应属有效，对双方当事人均具有约束力。香华公司与恒某公司于2015年12月15日确签有《解除合同协议书》，《解除合同协议书》的签订是在2015年12月10日香华公司明确同意恒某公司将原租赁合同的权利义务无缝对接转让给下家和2015年12月3日香华公司的经办人顾某某承诺新签署的租赁合同的相关事项跟荣安招商部协商的情况下，为便于对剩余租金和保证金进行结算而签订了该协议书，并不影响恒某公司与周某签订的《房屋租赁权转让协议》和《关于房屋租赁权转让协议的补充协议》的效力。至于周某以2016年7月28日香华公司出具的情况说明，用于证明香华公司2015年12月10日出具的同意转租的协议是事后补的,且不是针对转租给周某,但香华公司没有证据证明2015年12月10日出具的情况说明是事后补的,香华公司在2015年12月10日出具的情况说明中是同意无缝对接转让给下家,并未设定下家的限制,该下家当然包括周某在内。故周某的上述观点不能成立。香华公司与恒某公司签订的《房屋租赁合同》中明确约定了三年的年租金,即第一年年租金为377,175元,第二年年租金为377,175元,第三年年租金递增8%为407,349元,香华公司又明确同意恒某公司将原租赁合同的权利义务无缝对接转让给下家,故周某在一审辩称系恒某公司故意隐瞒房屋租金涨价情况的理由不能成立。周某所提出的上诉理由不能成立,该院不予采纳。原审判决认定事实清楚,适用法律和实体处理正确。据此判决:驳回上诉,维持原判。

周某不服二审判决,向浙江省高级人民法院申请再审。

浙江省高级人民法院认为,周某申请再审称,恒某公司故意隐瞒房屋第三年租金要上涨8%的事实,骗取周某签订了租赁转让合同,经查,周某的妻子邓某某系香华公司招商部经理,且作为香华公司的前身荣和公司的代表与恒某公司签订案涉房屋租赁合同,周某称恒某公司故意隐瞒房屋租金涨价情况,自己不清楚第三年租金需上涨8%,与常理不符,不予采信。即使根据一审中周某的陈述,其是在签订合同的次日即2015年11月6日才知道第三年租金需上涨8%,但其仍然在2015年12月15日、12月30日分别支付恒某公司3万元、2万元,表明周某愿意按照其与恒某公司《房屋租赁权转让协议》的约定履行。香华公司与恒某公司于2015年12月15日签订的《解除合同协议书》,是在2015年12月10日香华公司明确同意恒某公司将原租赁合同的权利义务无缝对接转让给下家和2015年12月3日香华公司的经办人顾某某承诺新签署的租赁合同的相关事项跟荣安招商部协商的情况下,为便于对剩余租金和保证金进行结算而签订的,并不影响恒某公司与周某签订的《房屋租赁权转让协议》和《关于房屋租赁权转让协议的补充协议》的效力。周某二审期间提交香华公司、顾某某的证言,均不能否定香华公司于2015年12月10日出具的情况说明及顾某某所作承诺。周某关于《房屋租赁权转让协议》《关于房屋租赁权转让协议的补充协议》应予撤销或无效的理由均不能成立。

综上,周某的再审申请不符合《民事诉讼法》第二百条规定的情形。依照《民事诉讼法》第二百零四条第一款、《最高人民法院关于适用〈中华人民共和国民事诉讼法〉的解释》第三百九十五条第二款之规定,裁定如下:驳回周某的再审申请。

【本案代理思路评析】

本案标的金额小,但争议非常大。从情理来看,周某已经支付了5万元转让费,而房东已经将房屋租赁给他人,周某再继续支付剩余5万元转让费后其仍然无法使用到该房屋,对周某不公;恒某公司将包括装修在内的房屋租赁权转让给周某后,如果周某不继续支付剩余5万元转让费,这对恒某公司也是不公平的。尤其在二审期间,周某提供了恒某公司与房东签订的《解除合同协议书》,这给本案又带来了更大的争议。审理过程中,笔者与三级法院的经办法官均进行了多次沟通,大家从法理上进行了详细的探讨。本案的主要争议焦点为案涉合同法律关系性质是房屋转租合同还是债权债务概括转移合同?若是债权债务概括转移合同,那么是否有效?在房东已将案涉房屋出租给他人的情况下,恒某公司是否仍有权向周某收取剩余转让费5万元及相应违约金?对此,笔者逐一评析如下。

一、案涉合同性质是债权债务概括转移合同,而非转租合同

关于转租,《合同法》第二百二十四条规定:"承租人经出租人同意,可以将租赁物转租给第三人。承租人转租的,承租人与出租人之间的租赁合同继续有效,第三人对租赁物造成损失的,承租人应当赔偿损失。承租人未经出租人同意转租的,出租人可以解除合同。"可见,转租的重要特征之一是:承租人与出租人之间的合同继续有效,承租人不退出租赁关系。

关于租赁权转让,《合同法》对此未作出明确规定,但理论界、实务界的概念均指,承租人将租赁权转让给第三人,承租人退出承租关系,而租赁关系存在于受让人与出租人之间;租赁权转让并非单纯的权利让与,而是包括义务在内的一种法律地位的转让,即属于债权债务概括转移合同。

本案中,恒某公司与周某签订的是《房屋租赁权转让协议》;且该协议第一条约定:转让后,周某按照恒某公司与房东签订的租金价格协议与房东直接签署后续的承租协议;而房东出具的《情况说明》也明确,同意恒某公司所提将荣安大厦××原租赁合同的权利和义务无缝对接转让给下家(周某)。由此可见,双方设立的合同性质是债权债务概括转移合同。

二、恒某公司与周某双方设立的债权债务概括转移合同合法有效

《合同法》第八十八条规定:"当事人一方经对方同意,可以将自己在合同中的权利和义务一并转让给第三人。"根据该条规定,理论界又细分了债权债务概括转移的生效要件,有严有松。严格的版本如《合同法精要与依据指引》认为,合同转让必须具备如下条件,始得发生法律效力:(1)必须有合法有效的合同关系存在;(2)合同的转让应当符合法律规定的程序,要通知原合同另一方第三人或者取得其同意;(3)合同转让必须让与人与受让人达成协议;(4)合同转让必须合法并且不得违背社会公共利益。本案中,恒某公司提交的恒某公司与房东签订的《房屋租赁合同》、恒某公司与周某签订的《房屋租赁权转让协议》、房东出具的同意原租赁合同权利义务无缝对接转让的《情况说明》这三份证据,证实了恒某公司与周某双方设立的债权债务概括转移合同已满足上述四项要件,合法有效。案涉合同的转让本身是恒某公司与周某之间的合同关系,合同转让在恒某公司与周某之间达成意思表示一致即可,法律没有规定一定要签署三方协议。

三、在房东已将案涉房屋出租给他人的情况下,恒某公司仍有权向周某收取剩余转让费5万元及相应违约金

如上所述,恒某公司与周某双方设立的债权债务概括转移合同已合法有效,恒某公司退出荣安大厦××室房屋的承租关系后,××室房屋租赁关系存在于周某与房东之间,即周某取代了恒某公司在其与房东签订的××室《房屋租赁合同》中的承租方地位,周某与房东双方均应继续履行该租赁合同。因此,周某是否与房东另行签订租赁协议已无实际意义。

鉴于案涉合同是恒某公司、周某之间的一个转让合同关系,与该转让行为所产生的后果即周某与房东之间设立的租赁合同关系属于两个不同的法律关系,只要恒某公司与周某双方达成转让合意并经过房东同意,概括转移行为即可完成,房屋交付并不属于概括转让合同范围之内。在恒某公司与周某达成转让合同、房东出具《情况说明》后,房东与周某之间即存在租赁关系，房东负有交付房屋的法定义务。如今，案涉房屋已出租给他人，这会导致房东与周某之间的租赁合同难以履行，但不会妨碍案涉《房屋租赁权转让协议》的履行，因为转让行为已经履行完毕。

事实上，恒某公司在搬离案涉房屋时，已经将房屋钥匙交给周某妻子，她同时也是房东代表邓某某，房屋空置已达近4个月，周某对此理应清楚。至于周某有无实际使用房屋、房东有无要求周某支付租金，这均属于周某、房东他们对各自民事权利的自行处分，不属于本案审理范畴。鉴于《房屋租赁权转让协议》及补充协议均合法有效，周某理应支付剩余转让费5万元及相应违约金；况且，恒某公司的诉请属于金钱给付，而不属于《合同法》第一百一十条有关“不履行非金钱债务或者履行非金钱债务不符合约定”的情形，故恒某公司的诉请依法有据，且可以实际履行。

22 房屋租赁闲置损失难获赔偿，化为违约金巧避风险

——台州新某控股有限公司诉余某某房屋租赁合同纠纷案

法律是一切人类智慧聪明的结晶，包括一切社会思想和道德。

——古希腊·柏拉图

【本案提示】

在经济全球化的今天，房屋租赁关系日益紧张，几乎每天都有租赁问题通过法律途径解决。与其他法律关系相比，房屋租赁关系有其特殊性：一是如果承租人提前搬离，将导致租赁合同无法继续履行，法院也基本会判决解除合同，这相当于违约方变相达到了解除合同的目的；二是承租人提前搬离后，出租人将另行招商、出租，该期间将会产生房屋闲置损失，该部分损失也将由承租人承担，但对如何确定损失没有统一的标准。笔者代理的台州新某控股有限公司诉余某某房屋租赁合同纠纷一案中，双方对哪方违约及房屋闲置损失的承担产生了很大的争议；由于租赁合同明确约定了提前解除合同的违约赔偿金，这大大避免了出租人承担损失赔偿的举证责任，有力维护了出租人的合法权益。

【案例索引】

一审：浙江省温岭市人民法院（2015）台温民初字第1455号民事判决书

（2016年8月25日）

【诉称辩称】

原告（反诉被告）：台州新某控股有限公司

被告（反诉原告）：余某某

原告台州新某控股有限公司诉称：2014年4月28日，原告与被告签订了《租赁合同》，约定：原告将温岭市某某新天地2-213号铺位（建筑面积277.9平方米）出租给被告使用，合同租赁期限为5年72天，自2014年5月6日起至2019年7月18日止；五年租金依次为233,680元、233,680元、245,370元、257,640元、270,520元；物业管理费前三年为50,716元，第四年和第五年均为101,433元；租金和物业管理费按年支付，自2014年7月1日起计算收取；依据先付后租原则，上一期租金和物业管理费到期日之前一个月将下期租金付至原告指定账户。上述合同订立后，原告依照合同约定于2014年5月6日向被告交付了商铺，被告也支付了第一年租金及物业管理费后进场装修，并连续开业经营至今。根据合同约定，被告本应在2015年8月30日之前支付第二年租金及物业管理费总计284,396元（其中，租金233,680元，物业管理费50,176元）。但合同约定的付款期限已过，被告却迟迟没有向原告付款。其间原告曾多次与被告进行沟通，并向被告发送催款通知，多次催促被告交款，但被告均未履行付款义务，至今仍分文未付。被告已明确提出单方提前解除租赁合同，为了防止损失进一步扩大，原告于2015年12月25日向被告发达告知函，告知同意自行接收商铺，但仍依法追究被告单方解约的违约责任。现原告起诉要求判令：被告向原告支付2015年9月30日至2015年12月31日的租金59,060元、物业管理费12,818元，以及按前述71,878元为基数、每日千分之一从2015年8月30日起计算至付清之日的逾期付款违约金；被告向原告支付装修期内的租金38,947元；被告向原告支付赔偿金116,840元；被告向原告支付因本案诉讼而支出的律师代理费等费用20,000元。

被告余某某答辩并反诉称：原告与被告在2014年4月28日签订租赁合同，约定将温岭市某某新天地2-213号铺位出租给被告使用，但原告实际交付的商铺与合同中约定的商铺结构不一致，原告在签订合同之后未经相关部门批准擅自在二楼顶棚添加玻璃隔层，导致被告无法向温岭市消防部门申请消防验收及进行审批，无法办理营业执照，也无法正常经营，为此被告于2015年9月30日已向原告提出要求解除合同，故原告要求被告支付2015年9月30日至2015年12月31日的租赁费、物业管理费没有事实依据，被告已于9月30日解除合同并将商铺交还原告。原告要求被告支付装修期内的租金，因双方签订合同是在2014年4月28日，约定的租赁期限是2014年5月6日开始，但原告未能在2014年5月6日按约交付商铺，商场也未按约于2014年7月1日统一开始营业，而是推迟到10月1日，故原告违约在先，被告不应支付这一时间的租赁费。原告另要求被告支付赔偿金，但解除合同的原因是原告交付的房子不符合出租条件，也不符合被告租赁房子的使用目的，原告不应该按照合同约定单方面解除合同这一条款要求赔偿。原告的诉讼请求没有事实依据，被告要求驳回其诉请并反诉要求：确认原、被告签订的租赁合同于2015年9月30日解除；原告返还合同保证金及押金共73,750元（其中，履约保证金50,000元、装修保证金20,000元、施工出入证押金750元、水电表押金1500元、POS机设备押金1500元）；原告支付因本案诉讼而支出的律师代理费等费用10,000元。

反诉被告对反诉原告的诉请答辩称：一是被告陈述内容与实际不符，案涉租赁合同签订后，被告便进驻新天地对租赁物进行装修，装修完成后于2014年9月30日开始正式对外营业。租赁期内经营状况正常，甚至在原告向法院提起诉讼之后，被告经营的餐厅仍在正常开业。二是被告主张因安装玻璃顶棚导致其消防审批被拒、无法办理营业执照，对此理应进行举证，但其至今未提供任何证据予以证明。被告无法证实其曾经申请过消防审批，更无法证实这与原告有何关系，被告应当依法承担举证不能的后果。三是被告一直都在正常经营，租赁期间亦有经营收益，被告声称合同目的无法实现显然无法成立，以此为由提出解除合同欠缺法律依据。四是由于租赁合同因被告违约而解除，故租赁保证金50,000元应根据行业规则予以没收。被告因装修对一楼的商铺造成漏水损失，装修押金20,000元不予退还。对施工出入证750元及POS机设备押金1500元，被告未返还15个施工出入证及POS设备的情况下不予退还。水电费押金1500元同意返还。因本案系被告单方违约,其要求原告支付律师费10,000元没有依据。综上,请求法院驳回除返还水电押金1500元之外其余不合理的反诉请求。

【事实查明】

温岭市人民法院经审理查明:2014年4月28日,原告与被告签订租赁合同,被告承租了新天地2－213号铺位(建筑面积277.9平方米)。合同约定:租赁期限为5年72天,自2014年5月6日起至2019年7月18日止;五年租金依次为233,680元、233,680元、245,370元、257,640元、270,520元;物业管理费前三年为50,716元,第四年和第五年均为101,433元;租金和物业管理费按年支付,免收第一年装修期间的60天租金,租金自2014年7月1日起计算收取;依据先付后租原则,上一期租金和物业管理费到期日之前一个月将下期租金付至原告指定账户;被告延迟缴纳本合同项下租金及其他费用的,则每延迟一日,被告应当向原告支付相当于欠费金额1‰的延迟履行违约金;一方如违背本协议,另一方可向温岭市人民法院起诉,要求违约方赔偿因违反此约定给另一方造成的一切损失及主张损失产生的一切费用(包括但不限于诉讼费、律师费、交通费、住宿费)。合同另约定,若被告违反合同约定,擅自提前解除或终止本合同,则不享有装修期的免租权,应向原告支付相应的租金款项;如任一方单方面擅自终止合同,则按终止合同当年的6个月租金作为赔偿金支付给另一方。合同订立后,原告向被告交付了商铺,被告支付了第一年租金及物业管理费,并于2014年5月8日支付了租赁保证金50,000元,于2014年5月24日支付了装修押金20,000元、施工出入证押金750元、水电表押金1500元、POS设备押金1500元,被告开始对承租商铺进行装修,并于2014年国庆开始对外营业。

原、被告双方于2014年5月6日签订了另一份租用协议书,内容为被告向原告承租温岭市锦屏公园新天地2－213房屋为经营场所,面积为182平方米,租期自2014年5月6日至2019年7月18日,年租金为116,000元。

原告于2015年8月31日向被告送达费用催缴通知书一份,要求被告支付租金233,680元、物业费50,716元,并载明逾期支付期间将按合同约定按应交费用的1%收取滞纳金；若被告在2015年9月29日前仍未支付，原告将在2015年9月30日收回铺位。被告于2015年9月30日向原告送达告知书一份，载明因原告私自违建玻璃顶棚，造成无法办理消防等审批手续，故告知原告不予承认双方的租赁合同，店铺于9月29日停止营业。原告于2015年12月25日向被告送达告知函一份，表明若被告在2015年12月31日前未对原告自行接收商铺事宜提出书面异议，视为被告于2016年1月1日交还商铺。

另查明，台州市公安局消防支队于2014年3月13日出具台公消验(2014)第0011号建设工程消防验收意见书，对新天地1号、2号楼建设工程综合评定消防验收合格。原、被告因本案诉讼分别支付了律师代理费20,000元、10,000元。

【法院审判】

温岭市人民法院认为，本案的争议焦点为：一是何方违约导致合同解除；二是合同解除的时间；三是原被告提出的各项支付金额问题。

针对第一个争议焦点，原、被告于2014年4月28日签订的房屋租赁合同系双方真实意思表示且不违反相关法律规定，依法应认定有效。双方虽于2014年5月6日对同一租赁物另签订了一份租赁协议，但实际履行的为前一份租赁合同，双方均应按该份合同约定履行义务。原告已交付了租赁物，被告已进行装修并对外营业，被告按照合同约定应于2015年7月1日支付第二年租金及物业费用，现被告经原告多次催缴仍未支付，已构成违约。被告主张因原告私自违建玻璃顶大棚导致其无法通过消防验收，也无法办理营业执照，但原告已举证证明本案所涉商铺所在的新天地1号、2号楼建设工程经消防部门评定消防验收合格，且位于同一楼层的其他餐厅也已正常办理了营业执照。综上，被告已对承租商铺进行装修并自2014年10月1日开始营业，而办理营业执照需要原告进行工商、卫生、环保等多项审批，现被告未能提供任何证据证明系原告搭建玻璃顶大棚导致其无法办理营业执照，原告并不存在导致合同解除的违约行为。

针对第二个争议焦点，双方在租赁合同中约定，若被告延迟支付租金，原告有权单方解除合同。根据原告的催款通知书载明，原告已于2015年8月15日书面通知被告缴纳租金，但被告未予支付，故原告又于2015年8月31日向被告送达催缴通知书，明确若被告在2015年9月29日之前未支付租金，原告将于2015年9月30日收回铺位。该通知书并非单一的催缴通知，也是表明原告将在被告逾期未付时行使单方合同解除权的通知，该通知在到达被告时应对被告发生效力。被告在收取该通知书后，在通知约定的2015年9月29日前未支付租金，并于2015年9月30日告知原告已停止营业，应认定为被告未对原告的解除通知提出异议，双方对解除合同已达成合意，合同应在2015年9月30日解除。原告虽在2015年9月11日起诉要求被告支付相应租金，该诉讼行为应认定为原告追究被告违约责任的表现形式，但不能因此认定为原告合同解除权的撤销。

针对第三个争议焦点，有六点分析：(1)关于租金、物业费及逾期违约金。因原、被告的租赁合同已于2015年9月30日解除，故原告要求被告按合同约定支付2015年9月30日至12月31日租金、物业费及违约金的诉请，该院不予支持，但若被告继续占有使用租赁物，应向原告支付该期间相应的占有使用费。现原告主张其于2015年12月31日自行收回商铺，被告主张其于2015年9月30日交还商铺。该院认为，在原告明确告知被告其将于2015年9月30日收回铺位的情况下，被告未支付租金并告知原告已停止营业，原告应产生接收商铺的义务。原告未举证证明双方解除合同后被告仍存在占有租赁物的行为，应视为其怠于接收，至2015年12月25日自行接收的商铺空置时间，不应由被告承担相应的费用。(2)关于装修期内的租金。双方在合同中约定原告免收60天装修期间租金，若被告违反合同约定擅自提前解除或终止本合同，则不享有装修期的免租权，应向原告支付相应的租金款项。现因被告违约造成合同解除，故原告要求其支付该60天租金38,946元的诉请，该院予以支持。(3)关于赔偿金。双方在合同约定中，如任一方单方面擅自终止合同，则按终止合同当年的6个月租金作为赔偿金支付给另一方，本案中因被告违约未支付租金导致合同解除，原告要求被告支付赔偿金116,840元的诉请合法有据，该院予以支持。(4)关于原、被告双方均主张的律师代理费。租赁合同中约定，如一方违约，另一方可起诉要求违约方赔偿因主张损失产生的包括律师费在内的一切费用。现合同因被告违约而解除，故对原告要求被告支付律师费 20,000 元的诉请，该院予以支持；对反诉原告要求反诉被告支付律师费 10,000 元的诉请，该院不予支持。(5)关于租赁保证金。反诉原告要求反诉被告返还租赁保证金 50,000 元，反诉被告辩称合同因反诉原告违约而解除，根据行业规则，该保证金应予没收。该院认为，双方已在租赁合同中明确约定了被告违约解除合同时的违约条款，即要求支付 6 个月的租金作为违约赔偿金，故不应再以没收履约保证金作为违约条款，该保证金应予返还。(6)关于装修保证金及施工出入证押金、水电表押金、POS 设备押金。反诉被告同意返还水电表押金 1500 元，对反诉原告的该诉请，该院予以支持。对装修保证金，反诉被告辩称反诉原告装修对一楼商铺造成了损失，故而不予返还，但反诉被告未能提供相应证据予以佐证，而反诉原告早已装修完毕并对外营业，故对其要求返还装修保证金 20,000 元的诉请，该院予以支持。另反诉原告领取了施工出入证及 POS 机设备，并支付了相应的押金共 2250 元，应当在返还相应的证件及设备时要求返还押金，现反诉原告未能举证证明其已返还了证件及设备，故对其要求返还该 2250 元押金的诉请，该院不予支持。

综上，依照《合同法》第六十条第一款、第一百零七条、第一百一十四条、第二百二十七条的规定，据此判决：(1)原告与被告于 2014 年 4 月 28 日签订的《房屋租赁合同》于 2015 年 9 月 30 日解除；(2)被告应支付给原告免租期内的租金 38,947 元；(3)被告应支付给原告违约赔偿金 116,840 元；(4)被告应支付给原告律师代理费 20,000 元；(5)反诉被告应返还给反诉原告租赁保证金 50,000 元，装修保证金 20,000 元、水电表押金 1500 元；(6)驳回原告的其他诉讼请求；(7)驳回反诉原告的其他诉讼请求。

一审判决后，各方均未提起上诉。

【本案代理思路评析】

房屋租赁合同是一种双务性、有偿性、继续性的合同。客观情况的变化有时会导致合同无法继续履行或者不符合订立合同之时的预期目的，此时法律赋予双方解除合同的权利对于处理双方之间的法律关系显得尤为重要,故法律规定约定解除权的同时,还规定了法定解除权。本案中,原告主张行使约定解除权,被告主张行使法定解除权,而哪方违约将会承担相应的违约责任。况且,租赁合同提前解除将会产生房屋闲置损失,该等损失如何认定在司法实践中也存在很大争议。笔者现就本案评析如下。

一、关于房屋租赁合同解除权的问题

房屋租赁合同解除权有三种类型,即约定解除权、法定解除权和任意解除权。其中约定解除权是指根据《合同法》第九十三条的规定,当事人在合同中事先约定解除条款,在履行合同过程中,当解除条款约定的条件成就时,由享有解除权的一方当事人行使解除权,从而使合同关系终止;法定解除权是指根据《合同法》第九十四的规定,守约方为维护自身合法权益、在符合法定情形时提出解除合同,不仅能够使得守约方从所期待得到的履行困境中摆脱出来,而且能够避免或者减少因违约方违约所造成的损失;任意解除权是指根据《合同法》第二百三十二条的规定,当事人对租赁期限未约定或者约定不明,视为不定期租赁,双方当事人可以随时解除合同。

本案中,根据案涉租赁合同第十二条第一款"自乙方(被告)逾期支付第5个工作日起,甲方(原告)有权以书面通知方式解除合同"之约定,被告逾期支付租金早已达到5个工作日以上,故原告有权解除合同,原告行使的是约定解除权。

被告提起反诉认为,原告未经相关部门批准擅自在二楼顶棚添加玻璃隔层,导致其无法向温岭市消防部门申请消防验收及进行审批,无法办理营业执照,也无法正常经营,为此向原告提出解除合同。据此,被告行使的是法定解除权。法定解除权能否成就,就需要审查消防验收无法通过是否会影响被告的经营活动,并导致其合同目的无法实现。由于《公安消防部门深化改革服务经济社会发展八项措施》中已取消了建筑面积在300平方米以下的建设工程消防设计和竣工验收消防备案,案涉房屋租赁面积为277.9平方米,故无须进行消防备案。况且,被告也一直在经营餐厅,被告以此为由主张解除合同没有事实和法律依据。

二、关于房屋租赁合同提前解除违约赔偿金的认定问题

《合同法》第一百零七条规定:"当事人一方不履行合同义务或者履行合

同义务不符合约定的，应当承担继续履行、采取补救措施或者赔偿损失等违约责任。”房屋租赁纠纷中的房屋闲置损失，就属于前述法律规定的“损失”范围之内。房屋闲置损失的基本原理是：假如租赁合同如约履行，出租方可以在租赁合同到期前寻找新租户，以避免房屋闲置；而当承租方违约造成合同终止时，由于出租方事先无法寻找新租户，将造成房屋闲置，其本可收取的租金无法收取，从而产生了损失。在租赁合同未就房屋闲置损失进行约定的情况下，主张支持房屋闲置损失赔偿的依据为市场惯例，该等租金为可得利益损失，即出租人可期待利益，属《合同法》第一百一十三条规定的“包括合同履行后可以获得的利益”。例如，《江苏省高级人民法院关于审理城镇房屋租赁合同纠纷案件若干问题的意见》第二十六条第二款规定，“因承租人违约行为导致房屋租赁合同解除的，出租人可以要求承租人赔偿租赁房屋闲置期间的租金损失，但最长不得超过六个月”；再如，《北京市高级人民法院关于审理房屋租赁合同纠纷案件若干疑难问题的解答》第二十六条规定，“因承租人根本违约行为导致房屋租赁合同解除，出租人要求承租人赔偿其房屋闲置期间的租金等实际损失的，可予支持，但合同另有约定的除外。因出租人根本违约行为导致房屋租赁合同解除，承租人要求出租人赔偿其另行寻找替代房屋周转期间所受损失的，可予支持，但合同另有约定的除外。损失具体数额不能确定的，可以推定为租赁房屋闲置期间或寻找替代房屋周转期间的租金损失，但最长一般不得超过六个月”。

由于租赁合同提前解除后，房屋租赁闲置期间不能确定，闲置损失难以估算。更有甚者，部分法律人士认为房屋闲置损失并非可得利益损失，因为在租赁合同正常履行完毕之后，出租方也未必马上寻找到新的承租方，也很有可能存在房屋闲置损失。

本案中，案涉租赁合同第十二条第七款约定：“如任一方单方面擅自终止合同，则按终止合同当年的 6 个月租金作为赔偿金支付给另一方。”该条约定的赔偿金，包括房屋闲置损失、租金差价损失及重新租赁产生的招商费用。这样的约定，避免出租方陷入损失难以举证的困境。然而在司法实践中，赔偿金仍会被认定为违约金性质，如果剩余租赁年限不足 1 年或出现解除合同不久之后出租方就将房屋另行出租给他人，此种情况下赔偿6 个月的租金就显属违约责任约定过高。因此，该条款修改成“如任一方单方面擅自终止合同，或因违约而被提前解除合同的，或因一方原因导致合同无法继续履行的，则均按本合同租赁期剩余年限相应的租金总额的10%～20%作为赔偿金支付给守约一方”相对合理些。

23 车库十年纷争终破局

——费某、陈某甲、何某某、张某、裘某某、黄某某诉李某某、陈某乙、沈某甲、沈某乙车库使用权纠纷案

律者，所以定分止争也。

——中国·管子

【本案提示】

地下车库因无确权登记，导致其在权利界定上存在模糊和不确定性，这也是司法实践中最容易引发的一类纠纷。《物权法》第七十四条是裁判此类纠纷的直接法律依据，但该条未明确在没有约定或约定不明的情形下该如何处理。笔者办理的一起顾问单位职工所有的房改房下面的自行车库被邻居无权占有使用案件，也是杭州市在《物权法》颁布实施后的第一起案件，因本案属于历史遗留问题，笔者经过深入调查了解情况，取得大量证据材料，成功解决了持续十多年的车库纠纷，切实维护了当事人的合法权益，取得了良好的社会效应。

【案例索引】

一审：浙江省杭州市下城区人民法院（2007）下民一初字第714号民事判决书（2008年12月30日）

【诉称辩称】

原告:费某、陈某甲、何某某、张某、裘某某、黄某某

被告:李某某、陈某乙、沈某甲、沈某乙

原告诉称:原告费某、陈某甲、何某某、张某、裘某某、黄某某依次分别系杭州市下城区打铁关新村×幢×单元102室至602室房屋的所有权人。1996年7月8日,浙江省某某机械器材工业公司将杭州市下城区打铁关新村×幢×单元102室至602室房屋下面同等面积的自行车库合法转让给浙江省某某供销有限公司使用。后浙江省某某供销有限公司将上述自行车库分配给102室至602室住户永久使用。然而被告李某某、陈某乙与沈某甲、沈某乙在与原告相邻而居时先后无权使用与其相邻、朝南的原告共有的一间自行车库,原告多次交涉,要求被告归还均未成功,给原告造成较大损失。诉请判令:(1)被告立即将其无权使用的原告房屋下面相对应的、朝南且与其相邻的一间自行车库返还给原告;(2)赔偿原告损失14,400元(按照杭州市住宅小区停车收费中摩托车的收费标准计算)。

被告李某某、陈某乙辩称:房子是2000年杭州某某厂分配的,同时包括下面自行车库的使用权,当时自行车库是一个通间,当中没有分隔,并不存在原告所说的朝南的单间。后来被告将房屋转让给沈某乙,同时也将车库交付给沈某甲。被告认为,原告的诉讼与事实不符,要求判令驳回原告的诉讼请求。

被告沈某甲、沈某乙辩称:房屋是2005年向李某某、陈某乙买的,自己为该单元住户,当然对下面的自行车库拥有使用权。而六原告每户也都有各自使用的自行车库,只是大小问题。被告认为,自己对车库拥有合法的使用权,要求判令驳回原告的诉讼请求。

【事实查明】

杭州市下城区人民法院经审理查明:坐落于杭州市打铁关新村×幢的楼房最初为杭州市石桥乡打铁关村经济合作社所建造,1993年浙江省某某机械器材工业公司向该合作社购买了其中×单元共计18套房屋及底层车库。同年浙江省某某工业供销公司(后更名为浙江省某某供销有限公司)向

浙江省某某机械器材工业公司购买了×单元中间套1~6楼六套房屋(即杭州市打铁关新村×幢×单元102室、202室、302室、402室、502室、602室),1996年7月8日两公司签订协议书,浙江省某某机械器材工业公司同意将上述六套住宅下面等面积的自行车库无偿转让给浙江省某某工业供销公司。浙江省某某工业供销公司取得上述房屋及车库后,将其交付职工使用,并确认车库由住户永久使用。后在使用过程中,住户逐渐对该部分车库进行了分隔使用,将该部分车库分隔成相对独立的四间,其中朝南开门的三间、朝北开门的一间。被告李某某、陈某乙原为杭州市打铁关新村×幢×单元103室住户,由于该户长期占用与×单元中间套对应自行车库中朝南且与103室下方车库相邻接的一间,与×单元中间套住户产生矛盾。2006年被告李某某、陈某乙将杭州市打铁关新村×幢×单元103室房屋连同上述占用车库一并转让给被告沈某乙。被告沈某甲为被告沈某乙父亲,目前该房屋及车库为沈某甲使用。原告费某、陈某甲、何某某、张某、裘某某、黄某某现已分别通过房改购得杭州市打铁关新村×幢×单元102室、202室、302室、402室、502室、602室房屋所有权人,由于一直向被告主张归还被占用的车库未果,故提起诉讼。

【法院审判】

杭州市下城区人民法院认为,对建筑物中一些可以单独分割的共有部分,依法可以依据其使用性质和区分所有人的共同约定,而由共有人按份共有、分别使用,诸如地下停车场、专供某些区分所有人所使用的阳台等,就可以由某一个或数个区分所有人享有排他、独占使用权。杭州市打铁关新村×幢×单元中间套住宅下对应自行车库部分,根据使用情况来看,可以进行分隔使用,对该部分车库的归属,在浙江省原某某工业供销公司向浙江省某某机械器材工业公司购买房屋时即进行了约定,该约定不违反法律的禁止性规定,打铁关新村×幢×单元中间套的住户由此合法取得对住宅下该部分车库的专有使用权。四被告对先后占用×单元中间套对应车库中的一间的事实并未提出异议,作为邻居,四被告未能正当地行使权利,其占用车库的行为侵害了原告的合法权益,由于目前诉争车库实际仍为被告沈某甲、沈某乙所占用,故被告沈某甲、沈某乙应承担立即归还的责任,对原告该部分的诉讼请求该院予以支持。被告沈某乙虽是由李某某、陈某乙处有偿受让到诉争车库的,但该受让行为缺乏合法依据,不能对抗六原告对诉争车库所拥有的合法使用权,对被告沈某甲提出的被告拥有合法使用权的意见,该院不予采纳。四被告先后占用原告所合法拥有的车库,侵害了原告的正当权益,原告对四被告提出的损失赔偿请求,理由正当,但原告提出应参照杭州市住宅小区停车收费中摩托车的收费标准计算损失的意见,缺乏合理性,该院不予以采纳,考虑到被告李某某、陈某乙与沈某甲、沈某乙对诉争车库的使用时间,从有利于邻里和睦相处、互谅互让的角度出发,该院酌情确定四被告应承担的赔偿责任。据此判决如下:(1)被告沈某甲、沈某乙于本判决生效之日起10日内将所占用的与杭州市打铁关新村×幢×单元中间套住宅相对应的、朝南且与该单元103室下方自行车库相邻接的自行车库一间返还给原告费某、陈某甲、何某某、张某、裘某某、黄某某;(2)被告李某某、陈某乙于本判决生效之日起10日内赔偿原告费某、陈某甲、何某某、张某、裘某某、黄某某600元;(3)被告沈某甲、沈某乙于本判决生效之日起10日内赔偿原告费某、陈某甲、何某某、张某、裘某某、黄某某180元。

一审判决后,原被告双方均未提起上诉。但被告拒不履行生效判决,原告申请法院强制执行。进入执行程序后,被告沈某甲、沈某乙主动腾空车库,交还给原告。

【本案代理思路评析】

随着我国城市化进程的深化和城市人口的激增,土地资源的稀缺性进一步凸显,城市建筑不断向多层高空发展,一户一房的传统居住格局被彻底颠覆,取而代之的是功能齐全、人群多样化的住宅小区。在这些小区里,住房所有权被众多住户拥有,住房所有权人之间的权利义务关系应有合理明确的划分,住宅所有权人对建筑物共有部分的使用、维修及共同管理的法律关系也应明确规范。2007年3月16日经由第十届全国人民代表大会第五次会议通过了《物权法》,在其第二编第六章规定了业主的建筑物区分所有权的概念及规则,符合我国住房制度改革的客观要求,为我国城市居民的住宅法律纠纷提供了明确的物权法律依据。鉴于本案所涉自行车库是原告单位以独立买卖方式所得，且可以单独分隔，具有利用上的独立性，可以排他使用，不属于建筑物的共有部分。《物权法》第七十四条第二款明确了建筑区划内车库的归属应属于当事人的约定范畴，在处理相关权属争议时，应首先审查当事人之间是否存在关于车位、车库权属的约定。就本案所涉事实及法律争议部分，笔者评析如下。

一、原告依法享有案涉102－602室房屋垂直下面、相对应的同等面积的自行车库所有权

原告系案涉102－602室房屋所有权人。1993年，原告所在单位浙江省某某供销有限公司为解决职工住房困难，从浙江省某某机械器材工业公司合法有偿取得案涉102－602室房屋后，陆续分配给原告居住；1996年7月，浙江省某某供销有限公司在上交112，320元的城市配套费后取得了该102－602室房屋下面相对应的同等面积的自行车库所有权。为了进一步提高职工的住房福利待遇，充分发挥自行车库的使用效能，浙江省某某供销有限公司将该102－602室房屋下面相对应的同等面积的自行车库分配给原告永久性使用。根据《物权法》第七十四条第二款“建筑区划内，规划用于停放汽车的车位、车库的归属，由当事人通过出售、附赠或者出租等方式约定”之规定，建筑区划内车库的归属应属于当事人的约定范畴，在处理相关权属争议时，应首先审查当事人之间是否存在关于车位、车库权属的约定。本案所涉自行车库流转过程为：先由杭州市石桥乡打铁关村出售给浙江省某某机械器材工业公司，后浙江省某某机械器材工业公司将自行车库出售给浙江省某某供销有限公司，最后浙江省某某供销有限公司将自行车库作为职工福利赠送给原告。在上述流转过程中，均有相应的转让合同、付款凭证等为依据，且合法有效，是上述当事人对车库归属约定的真实意思表示。《物权法》第十五条规定：“当事人之间订立有关设立、变更、转让和消灭不动产物权的合同，除法律另有规定或者合同另有约定外，自合同成立时生效；未办理物权登记的，不影响合同效力。”因到目前为止，我国还没有出台相关车库的所有权登记制度，故只能依照当事人之间的约定进行确权归属；上述《物权法》第七十四条的规定也是该条规定的具体延伸。因此，案涉102－602

室房屋下面相对应的同等面积的自行车库均归属于原告所有。

二、案涉自行车库是以独立买卖方式所得，被告没有取得其房屋下面相对应的自行车库使用权

（一）本案所涉自行车库是可分割的，均可以独立买卖方式所得，不包含在房屋公摊面积之内

（1）浙江省某某机械器材工业公司于1993年以170.1万元从杭州市石桥乡打铁关村经济合作社合法有偿取得杭州市打铁关新村×幢×单元共计18套房屋及其下面相对应的同等面积的自行车库（2.1米技术层）时，自行车库的价格是另行计算的，即按照房屋单价的75%计算。

（2）浙江省某某机械器材工业公司合法取得打铁关新村×幢×单元共计18套房屋及其下面相对应的自行车库后，分别将101－601室和102－602室房屋及其下面同等面积的自行车库转让给水利水电局第某某工程局和浙江省某某供销有限公司，剩下的103－603室房屋分配给其职工并将相对应同等面积的自行车库折价转让给其职工。因此，打铁关新村×幢×单元的自行车库是可分割的，且分为三个部分，即101－601室房屋正下方部分，102－602室房屋正下方部分，以及103－603室房屋正下方部分；并且已分别转让给了不同的受让人。

（3）浙江省某某供销有限公司从浙江省某某机械器材工业公司合法有偿取得该单元102－602室房屋时，并未同时无偿取得其下面相对应的同等面积的自行车库；而是在三年以后，在交纳了112,320元的城市配套费后才取得了该102－602室房屋下面相对应的同等面积的自行车库所有权。

（4）房屋、自行车库平面图及现场照片清楚地反映了打铁关新村×幢所有的自行车库都是分开的，每一个自行车库都是一个独立的空间、都有一扇独立的门。

（5）浙江省某某机械器材工业公司在分配该单元103－603室房屋下面相对应的同等面积的自行车库时，是以内部优惠价格折价卖给本公司职工的。

综上，打铁关新村×幢×单元房屋下面相对应的同等面积的自行车库是独立买卖的，不包含在房屋公摊面积之内。

此外，从房屋的建筑面积计算，也可以印证自行车库不属于房屋的附属

设施，而是专有部分的建筑物，应由各权利人依法享有。房地产证记载：杭州市打铁关新村×幢×单元102－602室每套房屋建筑面积为57.60平方米，分摊面积3.80平方米，而每户可平分的自行车库面积却为9.33（126÷75%÷18）平方米，远远大于分摊面积3.80平方米，显然房屋产权证上的分摊面积是指楼道公用等分摊面积，不包括自行车库平均面积。同样，根据图纸计算，被告所买房屋面积即该单元103室房屋建筑面积61平方米，也不包括房屋下面的自行车库面积。

（二）被告没有取得其房屋下面相对应的自行车库使用权

被告李某某、陈某乙没有证据证明其合法有偿取得本案所涉自行车库使用权，也没有证据证明取得了其原房屋下面相对应的自行车库使用权。浙江省某某机械器材工业公司情况说明及证明证实：被告李某某、陈某乙因其自身原因没有购买该103－603室房屋下面相对应的同等面积的自行车库，而自行车库又不属于公共享有部分，因此，被告李某某、陈某乙自始没有取得其原房屋下面相对应的自行车库使用权，更没有合法取得过本案所涉自行车库使用权。

同样，被告沈某甲、沈某乙也没有证据证明其合法有偿取得本案所涉自行车库使用权。退一步讲，即便如其在庭审时所述的是以8000元购得，按照储藏室的面积13平方米计算，储藏室单价为每平方米615.38元，明显远远低于市价；在本案自行车库原来转让交易中，转让价款也远远高于615.38元：（1）浙江省某某机械器材工业公司于1993年从杭州市石桥乡打铁关村合法有偿购得时的价款为每平方米1127.7×（1.79×12×70）元；（2）浙江省某某供销有限公司在1996年从浙江省某某机械器材工业公司合法有偿取得时价款为每平方米2005.7×[112,320÷（168÷3）]元。

《物权法》第一百零六条第一款规定："无处分权人将不动产或者动产转让给受让人的，所有权人有权追回；除法律另有规定外，符合下列情形的，受让人取得该不动产或者动产的所有权：（一）受让人受让该不动产或者动产时是善意的；（二）以合理的价格转让；（三）转让的不动产或者动产依照法律规定应当登记的已经登记，不需要登记的已经交付给受让人。"作为购房者的被告沈某乙，有一个很重要的法定义务，那就是对所要购买的房屋及其附属设施的权属问题应当首先了解清楚,然后再决定是否购买,否则就要承担相应的责任。而被告沈某乙明知该自行车库在原告房屋垂直对应下面,也明知被告李某某、陈某乙没有使用权凭证不能对外出售的情况下,更何况其是以远远低于市场价的价格购得自行车库,这明显不属于善意取得,理应得不到法律保护。

第三部分　与房地产相关的权利转让篇

24 受让债权的实现

——曲某某、卞某某诉海南龙某投资有限公司、蔡某甲、高某某债权转让纠纷案

法律的力量应当跟随着公民，就像影子跟随着身体一样。

——意大利·贝卡利亚

【本案提示】

随着当今社会商品经济的飞速发展，企业与企业之间、个人与个人之间、企业与个人之间所形成的连锁债务越来越多。为解决这类“三角债”现象，债权转让和债务转移被广泛采用。债权受让人基于受让债权的事实，以债务人为被告提起诉讼，要求债务人来履行债务。然而，由于债权受让人往往不清楚受让债权的形成、结算等过程，而在主张权利过程中一旦债权让与人反悔乃至与债务人恶意串通以帮助债务人逃避债务，这将给债权人实现受让债权带来很大的法律风险。

笔者代理的曲某某、卞某某诉海南龙某投资有限公司及第三人蔡某甲、高某某债权转让合同纠纷一案中，海南龙某投资有限公司因开发房地产而向蔡某甲、高某某借款，后双方达成以房抵债协议；蔡某甲因未能履行法律生效判决，而将其对海南龙某投资有限公司享有的部分债权转让给曲某某、卞某某，因该受让债权原为投资款，并达成以房抵债的协议，此种情形能否再主张金钱给付？曲某某、卞某某曾向法院申请强制执行蔡某甲，后因蔡某甲无财产可供执行而终结执行程序，此种情形下曲某某、卞某某主张受让债

权是否属于重复诉讼？而在诉讼过程中，因蔡某甲与海南龙某投资有限公司的法定代表人蔡某乙系兄妹关系，庭审中蔡某甲否认转让债权给曲某某、卞某某，而海南龙某投资有限公司又坚称受让债权不存在，双方串通以逃避债务。

所幸的是，笔者团队调取了蔡某甲将其从海南龙某投资有限公司受让的房产转让给他人的相关证据，在法庭发问环节中精心设计，环环相扣，海南龙某投资有限公司的回答自相矛盾，这有力印证受让债权是真实存在的。针对其他争议焦点，笔者团队进行了大量的法律研讨及案例论证，因本案案情复杂，标的额大，曾经过海南省高级人民法院审判委员会讨论，虽历经两年多旷日持久的诉讼，但最终取得了全胜的诉讼结果。

【案例索引】

一审：海南省海口市中级人民法院（2013）海中法民二初字第 50 号民事判决书（2013 年 9 月 24 日）

二审：海南省高级人民法院（2014）琼民一终字第 11 号民事裁定书（2014 年 4 月 8 日）

重一审：海南省海口市中级人民法院（2014）海中法民二重字第 1 号民事判决书（2014 年 12 月 25 日）

重二审：海南省高级人民法院（2015）琼民一终字第 34 号民事判决书（2015 年 7 月 24 日）

【诉称辩称】

原告：曲某某、卞某某

被告：海南龙某投资有限公司（以下简称龙某公司）

第三人：蔡某甲、高某某

原告曲某某、卞某某诉称：蔡某甲因拖欠原告款项且无力偿还，故将其对被告享有的到期债权 3032.15 万元中的 1015 万元及相应权利转让给原告，为此原告与蔡某甲于 2013 年 5 月 11 日签订了《债权转让合同》，该合同同时约定在合同签订后蔡某甲应立即告知被告该债权转让事项。上述《债权转让合同》签订后，原告通过蔡某甲向被告主张债权，但其至今未能履行还款责任；无奈，原告特此诉至法院，请求法院判令：(1)被告龙某公司立即向原告支付款项1015万元及自立案之日起至款项付清之日止按照中国人民银行同期同档次贷款基准利率计算的利息；(2)本案诉讼费用由被告承担。

被告龙某公司辩称：一是龙某公司与蔡某甲、高某某之间不存在真实有效的侵权之债。(1)龙某公司与蔡某甲、高某某签订《协议书》之前，双方没有存在真实有效的侵权之债，蔡某甲、高某某也未对龙某公司项目进行实质性投资。事实上，蔡某甲、高某某对龙某公司没有享有债权，双方签订《协议书》的目的在于方便蔡某甲融资资金，未有债权债务往来凭证，所谓的《协议书》内容不是真实的。(2)即使龙某公司与蔡某甲、高某某之间存在以房抵债关系，那么《协议书》的合同关系仅在于以约定的房价抵债（以每平方米4860元抵债），龙某公司是按约定的房价履行交房义务，无其他金钱给付的合同关系，侵权之债已消灭。二是曲某某、卞某某与蔡某甲签订的《债权转让合同》无效。(1)在龙某公司与蔡某甲、高某某未存在侵权之债的前提下，曲某某、卞某某与蔡某甲签订《债权转让合同》，何来债权转让，所谓的债权转让不是真实的。(2)龙某公司与蔡某甲、高某某签订的《协议书》内容仅为以房抵偿，不存在金钱给付的债权债务，但《债权转让合同》内容属于金钱给付的债权，与《协议书》交房内容相抵触，《债权转让合同》应属无效。(3)本案缺乏侵权之债来源，《债权转让合同》损害龙某公司的合法权益，法院应予以驳回曲某某、卞某某的诉讼主张。三是曲某某、卞某某的债权已在他案中行使主张。(1)据了解，曲某某、卞某某的债权已在浙江省临安市人民法院行使主张，且案件已进入执行分配阶段。经司法程序确认的债权，不应重新起诉。(2)浙江省临安市人民法院(2013)杭临商初字第70号、第198号《民事调解书》均确认曲某某、卞某某的债权由蔡某甲承担还款义务，且该两份调解书属于生效法律文书。该两案执行阶段，临安市人民法院查封及扣押蔡某甲、高某某名下财产，曲某某、卞某某已取得部分债权利益。(3)蔡某甲一直积极履行还款义务，且提供房产给法院拍卖还债，本身不认可债权已转让给曲某某、卞某某。综上，曲某某、卞某某与蔡某甲签订的《债权转让合同》，其缺乏真实有效的债权来源，应属无效合同，请求判决驳回曲某某、卞某某的诉讼请求。

【事实查明】

海口市中级人民法院经审理查明：蔡某甲、高某某多次借钱给龙某公司用于投资经营。2012年8月25日，龙某公司与蔡某甲、高某某签订《协议书》，约定龙某公司与蔡某甲、高某某就蔡某甲、高某某投资给龙某公司"龙城天地"项目资金，因国家政策调控及各种原因不能及时返还，现龙某公司与蔡某甲、高某某经过充分协商就如何返还蔡某甲、高某某投资资金达成以下协议：(1)通过龙某公司与蔡某甲、高某某结算，龙某公司应支付给蔡某甲、高某某连本带利3032.15万元；(2)龙某公司将已建成的海南屯昌"龙城天地"项目9号楼计4319平方米住宅和2号楼1930平方米住宅以每平方米4860元作价抵债给蔡某甲、高某某；(3)龙某公司抵债给蔡某甲、高某某的房源不能下浮15%价格抵债或销售，低于规定的价格抵债或销售，龙某公司有权不给办理任何购房手续；(4)抵债给蔡某甲、高某某的房源，龙某公司应积极配合，负责办理购房手续与办理的房产证，税、费按国家规定，由各自交纳；(5)协议签订后，以前龙某公司给蔡某甲、高某某出具的任何借据、借条一律作废，并收回西市街土地证及南苑小区房产证各一本。2012年9月2日，龙某公司出具一份《协议更正与承诺》，龙某公司将9号楼更改为10号楼，并且承诺，协议中抵押平方数如不够，将用11号楼补上，补足协议中所签订的平方数(约6250平方米)。

2012年12月11日，高某某与蔡某甲签订《离婚协议书》，约定：双方婚姻存续期间的所有债权及债务由蔡某甲享有及承担。

2015年5月11日，蔡某甲与曲某某、卞某某签订《债权转让合同》(共2页)，约定：蔡某甲与前夫高某某于2012年8月25日与龙某公司签订了《协议书》，享有债权人民币3032.15万元整，且高某某与蔡某甲签订《离婚协议书》上明确双方婚姻存续期间的所有债权及债务由蔡某甲享有及承担；现蔡某甲和曲某某、卞某某在平等自愿的基础上，就蔡某甲将其对龙某公司享有的债权转让给曲某某、卞某某事宜签订本合同。并约定：截至本合同签订日，蔡某甲对龙某公司依法享有2012年8月25日签订的《协议书》项下债权人民币3032.15万元整，现蔡某甲将前述债权中的1015万元及相应权利转让给曲某某、卞某某，曲某某、卞某某同意受让该债权；蔡某甲同时将证明该债权的《协议书》《离婚协议书》及相关资料交付给曲某某、卞某某。2013 年 5 月 11 日，蔡某甲将上述债权转让给曲某某、卞某某的事实通知了龙某公司。

龙某公司与蔡某甲、高某某签订《协议书》后，蔡某甲、高某某将与龙某公司签订的《协议书》及《协议更正与承诺》项下的房屋转让给其债权人陈某某、邵某、汪某、蒋某某、方某某，以抵偿借款。陈某某（龙城天地 10 号楼 1001 室）、邵某（龙城天地 10 号楼 605 室）、蒋某某（龙城天地 10 号楼 702 室）、方某某（龙城天地 10 号楼 701 室、801 室、901 室、1002 室）与龙某公司签订了相应的《商品房买卖合同书》并办理了预售备案登记。2013 年 4 月 7 日，海南博泉会计师事务所出具 2012 年度龙某公司《审计报告》，内容包括 2012 年 12 月 31 日的资产负债表、2012 年度利润表和现金流量表以及财务报表附注。

【法院审判】

海口市中级人民法院认为，其一，关于龙某公司与蔡某甲、高某某签订的《协议书》是否有效的问题。本案中，龙某公司与蔡某甲、高某某签订的《协议书》，是在双方充分协商的基础上签订的，双方当事人的意思表示真实，内容符合法律规定，并且有龙某公司法定代表人蔡某乙的签名和龙某公司的盖章，应认定为有效合同。龙某公司认为《协议书》是无效合同，根据《合同法》第五十二条之规定，本案中，龙某公司无任何证据证明《协议书》符合合同无效的任一情形，且《协议书》签订后，龙某公司已依约将《协议书》《协议更正与承诺》项下的部分房屋转让给了陈某某、邵某、汪某、蒋某某、方某某等人，以抵偿蔡某甲、高某某所欠债务。据此可以证实，该《协议书》已实际履行。龙某公司认为陈某某、邵某、汪某、蒋某某、方某某在《情况说明》等文件上的签名与《商品房买卖合同》上的签名不相符合，并要求进行笔迹鉴定，该院认为，龙某公司与陈某某、邵某、汪某、蒋某某、方某某等人签订《商品房买卖合同》并在相关部门进行预售备案登记，即使存在签名不符的情况，签订《商品房买卖合同》并在相关部门进行了备案登记的事实是真实存在的。因此，该院对龙某公司要求笔迹鉴定申请不予采纳。龙某公司认为蔡某甲、高某某从未在"龙城天地"中投资,并提供《审计报告》予以证明,该院认为,《审计报告》仅是根据龙某公司单方提供的材料进行审计,且仅是2012年度的,不能证明蔡某甲、高某某是否投资的问题,而且蔡某甲、高某某是否在"龙城天地"中实际投资,是另一法律关系,不能以此否定《协议书》的效力。

其二,关于龙某公司是否应依《债权转让合同》向曲某某、卞某某履行债务的问题。依龙某公司与蔡某甲、高某某签订的《协议书》约定,蔡某甲、高某某对龙某公司享有3032.15万元的债权,双方约定,龙某公司将以建成的海南屯昌"龙城天地"项目9号楼计4319平方米住宅和2号楼1930平方米住宅以每平方米4860元作价抵债给蔡某甲、高某某;根据《协议更正与承诺》,龙某公司将9号楼更改为10号楼,并且承诺,协议中抵押平方数如不够,将用11号楼补上,补足协议中所签订的平方数(约6250平方米)。据此,双方之间存在3025.15万元的债权债务关系确定,龙某公司应向蔡某甲、高某某履行债务,鉴于蔡某甲、高某某离婚后,双方约定双方婚姻存续期间的所有债权及债务由蔡某甲享有及承担,蔡某甲又与曲某某、卞某某签订了《债权转让合同》将3032.15万元中的1015万元的债权转给曲某某、卞某某,该债权转让也已通知了龙某公司。因此龙某公司应附有向曲某某、卞某某偿还债务的义务。龙某公司认为,其与蔡某甲、高某某所签订的《协议书》中约定以房抵债,且已经履行完毕。对此主张,龙某公司没有提供证据证明。因此,对龙某公司提出的《协议书》中约定以房抵债,且已经履行完毕的主张,该院不予支持。

其三,关于曲某某、卞某某诉请龙某公司支付1015万元款项及相应利息是否有法律依据的问题。如前所述,蔡某甲对龙某公司享有的是3032.15万元债权,曲某某、卞某某已经依法取得《协议书》项下1015万元的债权,《协议书》虽约定以房抵债,但龙某公司没有依约完全履行向蔡某甲、高某某交付房屋的义务,因此曲某某、卞某某有权要求龙某公司支付1015万元款项及相应利息。

综上,曲某某、卞某某的诉讼请求有事实和法律依据,该院予以支持。依照《合同法》第五十二条、第七十九条、第八十条之规定,判决如下:限海南龙某公司于本判决生效之日起十日内向曲某某、卞某某支付1015万元及利息(利息计算方法:自2013年5月21日起至本判决限定履行之日止,以1015万元为本金,按中国人民银行同期流动资金一年期贷款利率计付)。

龙某公司不服一审判决,向海南省高级人民法院提起上诉。

海南省高级人民法院经开庭审理后认为,龙某公司与案外人蔡某甲、高某某所签订的《协议书》及龙某公司出具给蔡某甲、高某某的《协议更正与承诺》是否真实有效,是本案争议的蔡某甲与曲某某、卞某某签订的《债权转让合同》是否真实有效的前提,蔡某甲、高某某对龙某公司项目事实上是否进行了投资则是本案所涉转让债权是否真实存在的前提,原判未能查清《协议书》《协议更正与承诺》是否真实存在以及蔡某甲、高某某事实上是否对龙某公司享有债权;同时,原判仅认定蔡某甲与高某某于2012年12月11日签订了《离婚协议书》,但对二人是否依法办理了离婚手续的事实未查明,从而影响到蔡某甲个人与曲某某、卞某某所签《债权转让合同》的效力。上述情况均属认定事实不清。蔡某甲、高某某与本案的处理结果有法律上的利害关系,其参加诉讼有利于查清案件相关事实,原审未通知其参加诉讼,属遗漏当事人,可能影响本案的正确处理。经该院审判委员会讨论决定,依照《民事诉讼法》第一百七十条第一款第(三)项、第(四)项之规定,裁定如下:(1)撤销海南省海口市中级人民法院(2013)海中法民二初字第50号民事判决;(2)发回海南省海口市中级人民法院重审。

发回重审后,海口市中级人民法院依法追加蔡某甲、高某某作为第三人参加本案诉讼。

第三人蔡某甲陈述:对于原告提交的《债权转让合同》和《债权转让通知书》,需要鉴定真伪,原告陈述的事实不属实,两份协议都是虚假的。2013年5月11日的《债权转让合同》两页纸间骑缝的手印,不是蔡某甲的,这个手印可能是电脑复制的,合同第一页不真实,欠钱数字1015万元不是蔡某甲写的,都是电脑复制的;合同第二页蔡某甲的签名是真实的。2013年5月11日《债权转让通知书》的内容不是蔡某甲书写的,"蔡某甲"的签名也不是蔡某甲本人签署的。

第三人高某某未做陈述。

海口市中级人民法院经重新审理，对原审查明的事实予以确认。另查明：

2012年12月11日，高某某与蔡某甲签订《离婚协议书》，双方于同日在临安市民政局婚姻登记处办理离婚登记，并领取离婚证。

2013年5月17日，曲某某向龙某公司邮寄《债权转让通知书》，该邮件投递签收成功。对于相关邮寄凭证，在该院（2013）海中法民二初字第50号原告曲某某、卞某某诉被告龙某公司债权转让合同纠纷一案庭审过程中，曲某某、卞某某将其作为证明曲某某、卞某某及蔡某甲已依法通知龙某公司债权转让并催促其还款等事实的证据向法庭提交，龙某公司质证意见为："对真实性没有异议，但不予认可，因为我们不欠他们钱。"

庭审中，曲某某、卞某某提交《龙城天地10号楼价格表》一份，证明龙某公司用于抵偿蔡某甲、高某某债务的龙城天地10号楼共有41套房屋，已按蔡某甲指示售出27套房（含以上出售给陈某某、邵某、汪某、蒋某某、方某某的8套房屋），面积2708.15平方米，尚余13套房未售出，未售出的房号为：10-203、10-205、10-401、10-404、10-503、10-603、10-802、10-902、10-904、10-905、10-1003、10-1004、10-1005，按《协议书》及《协议更正与承诺》约定的抵债单价，每平方米4860元，已抵偿债务数额为：2708.15平方米×4860元/平方米=13,161,609元，尚有3032.15万元-13,161,609元=17,159,891.15元债务未予清偿。龙某公司在（2013）海中法民二初字第50号原告曲某某、卞某某与被告龙某公司债权转让合同纠纷一案庭审质证过程中确认该证据的真实性，在本案庭审中以该证据系复印件为由不予质证，但未提交相反的证据予以反驳。在回答曲某某、卞某某提出的关于"是否按照蔡某甲的指示交付房屋"问题时，龙某公司回答："没有具体统计，大概是27套房屋。"蔡某甲对该证据的质证意见为"不清楚，是高某某在做"。

又查，浙江省临安市人民法院于2013年1月6日作出（2013）杭临商初字第70号《民事调解书》，确认蔡某甲应归还卞某某借款447万元；于2013年3月14日作出的（2013）杭临商初字第198号《民事调解书》确认，蔡某甲尚欠曲某某借款本息469.404万元。由于蔡某甲未依上述调解书履行支付义务，卞某某于2013年4月18日、同年8月23日、同年10月17日三次向浙江省临安市人民法院申请强制执行蔡某甲的财产，浙江省临安市人民法院均以蔡某甲暂无其他财产可供执行为由，于2013年6月18日、同年9月5日、同年10月28日分别作出（2013）杭临执民字第1296号、2556号、3343号《执行裁定书》，裁定终结执行。曲某某于2013年5月2日向浙江省临安市人民法院申请强制执行蔡某甲的财产，浙江省临安市人民法院亦以蔡某甲暂无其他财产可供执行为由，于2013年6月18日作出（2013）杭临执民字第1419号《执行裁定书》，裁定终结执行。在庭审中，曲某某、卞某某陈述由于蔡某甲欠了许多人的债未还，蔡某甲根本没有支付能力，才与其签订《债权转让合同》。曲某某、卞某某确认《债权转让合同》中蔡某甲转让给曲某某、卞某某的1015万元债权包括：蔡某甲依据（2013）杭临商初字第198号《民事调解书》应支付给曲某某的469.4万元，利息10.6万元以及其他费用20万元，合计500万元；蔡某甲依据（2013）杭临商初字第70号《民事调解书》应支付给卞某某的447万元、利息10.3万元，其他欠款37.7万元以及其他费用20万元，合计515万元。蔡某甲对在上述调解书所确定的债务之外，尚欠卞某某其他欠款37.7万元无异议。蔡某甲未能举证证明曲某某、卞某某在申请法院强制执行其财产时，已获得部分或全部清偿。

曲某某、卞某某认可2013年5月11日的《债权转让合同》两页纸间骑缝的指印是曲某某、卞某某所捺。

在庭审中，该院要求龙某公司说明龙某公司股东构成情况，龙某公司未予说明，并且在庭审后亦未提交相关材料。经查，龙某公司在曲某某、卞某某起诉后，向该院起诉被告蔡某甲、高某某，请求确认龙某公司与蔡某甲、高某某签订的《协议书》及《协议更正与承诺》无效，该院在审理该案过程中，追加第三人曲某某、卞某某、叶某某、汪某、邵某、方某某、蒋某某参加诉讼，之后，龙某公司以该案主要事实已在该院（2013）海中法民二初字第50号民事判决书作出认定为由申请撤诉，该院于2013年10月21日作出（2013）海中法民二初字第63号《民事裁定书》，裁定准许龙某公司撤回起诉。

海口市中级人民法院认为：其一，关于龙某公司与蔡某甲、高某某签订的《协议书》及《协议更正与承诺》是否真实、有效的问题。龙某公司认为其与蔡某甲、高某某之间不存在债权债务关系，其与蔡某甲、高某某签订《协议书》仅仅是为了方便蔡某甲融资,《协议书》的内容是不真实的。对此,该院认为,首先,蔡某甲主张其对龙某公司享有债权,《协议书》及《协议更正与承诺》是真实的。其次,上述《协议书》及《协议更正与承诺》签订后,龙某公司将《协议书》及《协议更正与承诺》中约定抵债的部分房屋,即龙城天地10号楼转让给了陈某某、邵某、汪某、蒋某某、方某某等人,以抵偿蔡某甲、高某某所欠债务,据此可以证实,该《协议书》及《协议更正与承诺》已实际履行。龙某公司主张《协议书》的内容不真实与事实不符,对其主张,该院不予支持。由于龙某公司与蔡某甲、高某某签订的《协议书》及《协议更正与承诺》,是在各方充分协商的基础上签订的,各方当事人的意思表示真实,内容符合法律规定,并且有龙某公司法定代表人蔡某乙的签名和龙某公司的盖章,应认定为有效合同。

其二,关于曲某某、卞某某与蔡某甲签订的《债权转让合同》是否有效的问题。该院认为,蔡某甲与高某某原为夫妻关系,龙某公司与蔡某甲、高某某签订的《协议书》约定,蔡某甲、高某某对龙某公司享有3032.15万元的债权,该协议签订后,蔡某甲与高某某协议离婚,双方约定在婚姻关系存续期间的所有债权及债务由蔡某甲享有及承担,因此,蔡某甲对上述《协议书》所确定的债权具有处分权。蔡某甲与高某某离婚之后,蔡某甲与曲某某、卞某某签订了《债权转让合同》,该合同是各方当事人的真实意思表示,内容符合法律规定,应认定为有效合同,受法律保护。龙某公司主张其与蔡某甲、高某某签订的《协议书》内容仅为以房抵债,不符合金钱给付的债权债务关系,而《债权转让合同》内容属于金钱给付的债权,与《协议书》的内容相抵触,因而《债权转让合同》应属无效。对此,该院认为,首先,《协议书》在确认蔡某甲、高某某对龙某公司享有3032.15万元债权的情况下,确定了债务的偿还方式,即以房抵债,而《债权转让合同》则约定将《协议书》项下3032.15万元债权中的1015万元及相应权利转让给曲某某、卞某某。《债权转让合同》的约定并未与《协议书》相抵触。其次,《协议书》约定将相关房产用以抵偿债务,但龙某公司与蔡某甲、高某某均未举证证明已将用以抵债的房产登记在蔡某甲、高某某的名下,亦未举证证明龙某公司已经以房产抵偿了全部债务,而该事项的举证责任应由龙某公司与蔡某甲、高某某承担。如果龙某公司不能完全履行以房抵债的约定，未抵偿部分对应的债权仍由蔡某甲、高某某享有，龙某公司仍需要履行债务。综上，龙某公司的上述主张没有法律与事实依据，该院不予支持。

在本案审理过程中，蔡某甲承认《债权转让合同》第二页其本人的落款系真实的，但又提出《债权转让合同》两页纸间骑缝的指印，不是其本人的，可能是电脑复制的；合同第一页是不真实的，欠钱数字 1015 万元不属实，都是电脑复制的，要求对合同两页纸间骑缝的指印和合同第一页进行鉴定。该院认为，合同两页纸间骑缝指印经曲某某、卞某某承认，系曲某某、卞某某所捺，并非蔡某甲的指印，故无须再进行鉴定。《债权转让合同》共两页，除落款与时间为手写的以外，其余均为打印字体，蔡某甲请求鉴定合同第一页的真伪不具有可操作性，该院不予支持。

蔡某甲还提出《债权转让通知书》的内容不是由蔡某甲书写，“蔡某甲”的签名也不是其本人签名，请求鉴定《债权转让通知书》上“蔡某甲”的签名。该院认为，《债权转让通知书》涉及的是债权转让有无通知到龙某公司，该院在审理(2013)海中法民二初字第 50 号原告曲某某、卞某某与被告龙某公司债权转让合同纠纷一案过程中，龙某公司对《债权转让通知书》及其邮寄凭证表示：“对真实性没有异议，但不予认可，因为我们不欠他们钱。”因此，债权转让的事实已通知到龙某公司，无须再对《债权转让通知书》进行鉴定。

其三，关于曲某某、卞某某的债权已在浙江省临安市人民法院提起诉讼，且案件已进入执行分配阶段，曲某某、卞某某与蔡某甲能否就经司法程序确认的债权签订《债权转让合同》并起诉的问题。该院认为，《债权转让合同》中确认的曲某某、卞某某的债权包含了浙江省临安市人民法院作出的(2013)杭临商初字第 70 号、第 198 号《民事调解书》中所确认的债权，但以上两份调解书经法院强制执行，均因蔡某甲无财产可供执行而终结执行程序。曲某某、卞某某为了使其债权得以实现，积极寻找蔡某甲财产，而与蔡某甲签订《债权转让合同》，其通过法院确认《债权转让合同》有效以求债权得以实现，并不属于重复起诉。此外，龙某公司与蔡某甲、高某某均未提交证据证明法院已执行蔡某甲、高某某的任何财产。综上，龙某公司主张曲某某、卞某某在本案中的诉讼请求属于重复起诉及曲某某、卞某某在调解书的强制执行中部分债权已经偿还无事实和法律依据,该院不予支持。

其四,关于曲某某、卞某某诉请龙某公司支付1015万元款项及相应利息是否有法律依据的问题。该院认为,蔡某甲、高某某及龙某公司对于《协议书》及《协议更正与承诺》的履行情况负有举证责任。就目前的证据显示,龙某公司能否完全履行以房抵债的约定尚属未知。但可以确定的是,龙某公司尚有《协议书》及《协议更正与承诺》项下17,159,891.15元债务未予清偿。在此情况下,曲某某、卞某某诉请龙某公司支付1015万元款项及相应利息应予支持。

综上,曲某某、卞某某的诉讼请求有事实和法律依据,该院予以支持。依照《合同法》第五十二条、第七十九条、第八十条之规定,判决如下:限海南龙某公司于本判决生效之日起十日内向曲某某、卞某某支付1015万元及利息(利息计算方法:自2013年5月21日起至本判决限定履行之日止,以1015万元为本金,按中国人民银行同期流动资金一年期贷款利率计付)。

龙某公司不服重一审判决,向海南省高级人民法院提起上诉。

海南省高级人民法院认为,本案争议的焦点为:(1)上诉人龙某公司与原审第三人蔡某甲、高某某签订的《协议书》及《协议更正与承诺》是否真实、有效;(2)被上诉人曲某某、卞某某与原审第三人蔡某甲、高某某签订的《债权转让合同》《债权转让通知书》是否真实、有效;(3)本案是否属于重复主张债权。

第一,关于上诉人龙某公司与第三人蔡某甲、高某某签订的《协议书》及《协议更正与承诺》是否真实、有效的问题。首先,蔡某甲主张其对龙某公司享有债权,《协议书》及《协议更正与承诺》是真实的,并且有龙某公司法定代表人蔡某乙的签名和龙某公司的盖章,系双方真实意思表示。《协议书》中明确写明是因蔡某甲、高某某投资给龙某公司"龙城天地"项目资金不能及时返还才签订该协议,龙某公司关于蔡某甲、高某某与龙某公司之间未发生任何借贷或投资关系,双方不存在有效的债权债务的上诉理由不成立。其次,上述《协议书》及《协议更正与承诺》签订后,龙某公司将《协议书》及《协议更正与承诺》中约定抵债的部分房屋,即龙城天地10号楼转让给了陈某某、邵某、汪某、蒋某某、方某某等人,以抵偿欠蔡某甲、高某某的债务,据此可以证实，该《协议书》及《协议更正与承诺》已实际履行，可以佐证其真实性。因此，该《协议书》及《协议更正与承诺》应认定为有效合同。

第二，关于被上诉人曲某某、卞某某与原审第三人蔡某甲、高某某签订的《债权转让合同》《债权转让通知书》是否真实、有效的问题。蔡某甲与高某某原为夫妻关系，龙某公司与蔡某甲、高某某签订的《协议书》约定，蔡某甲、高某某对龙某公司享有 3032.15 万元的债权，该协议签订后，蔡某甲与高某某协议离婚，双方约定在婚姻关系存续期间的所有债权及债务由蔡某甲享有及承担，因此，蔡某甲对上述《协议书》所确定的债权具有处分权。蔡某甲与高某某离婚之后，蔡某甲与曲某某、卞某某签订了《债权转让合同》，该合同是各方当事人的真实意思表示，内容符合法律规定，应认定为有效合同，受法律保护。龙某公司主张《债权转让合同》骑缝中的指印非蔡某甲所捺，第一页为曲某某、卞某某伪造，且曲某某单方在《债权转让合同》第二页上签名，非蔡某甲本人签订。龙某公司还提出，原审中蔡某甲请求对《债权转让合同》的骑缝指印和其本人的签名进行鉴定，而原审法院未组织鉴定，属于程序违法。经查，在原审庭审中，蔡某甲答辩称："第一页和骑缝不是我签名的，第二页是我的签名。"合同两页纸间骑缝的指印经曲某某、卞某某承认，确系曲某某、卞某某所捺。因此，无须进行鉴定。由于蔡某甲承认《债权转让合同》上蔡某甲的签名确系其本人所签，且合同中的骑缝章由起草合同一方加盖在实践中也是存在的，因此，可以认定《债权转让合同》的真实性。龙某公司仅以蔡某甲未同时在骑缝中加盖指印而否认《债权转让合同》的真实性，证据不足，且该合同未违反法律、行政法规的强制性规定，属有效合同。关于《债权转让通知书》，上诉人主张《债权转让通知书》并非蔡某甲本人所写，另提出，蔡某甲请求原审法院对《债权转让通知书》中其本人的签名进行鉴定，但原审法院未组织鉴定，属于程序违法。我国《合同法》第八十条第一款规定："债权人转让权利的，应当通知债务人。未经通知，该转让对债务人不发生效力。"根据该条规定，债权转让须通知债务人，才对债务人发生效力。但是，没有规定必须由债权人本人通知，本案龙某公司承认已收到《债权转让通知书》，表明债权转让的事实已经有效通知了债务人龙某公司，《债权转让通知书》是否为蔡某甲本人所写不影响通知的效力。因此，原审法院也无须对《债权转让通知书》中的蔡某甲的签名进行鉴定。

第三,关于本案是否属于重复主张债权的问题。《债权转让合同》中确认的曲某某、卞某某的债权包含了浙江省临安市人民法院作出的(2013)杭临商初字第 70 号、第 198 号民事调解书中所确认的债权,但以上两份调解书经法院强制执行,均因蔡某甲无财产可供执行而终结执行程序。曲某某、卞某某为了使其债权得以实现,积极寻找蔡某甲财产,而与蔡某甲签订《债权转让合同》,其通过法院确认《债权转让合同》有效以求债权得以实现,并不属于重复主张权利。

综上所述,上诉人龙某公司的上诉请求与理由均不能成立,应予驳回。原审判决认定事实清楚,适用法律正确,程序合法,判决结果并无不当,应予维持。该院依照《民事诉讼法》第一百七十条第一款第(一)项规定,判决如下:驳回上诉,维持原判。

【本案代理思路评析】

债权转让又称债权让与,是指不改变合同内容的合同权利转让,债权让与人将其与债务人订立合同中的债权全部或部分转移于债权受让人。债权转让法律关系中包含三个法律关系,一是债权让与人与债务人之间的债权债务关系,二是债权让与人与债权受让人之间的债权转让关系,三是债权受让人基于债权转让关系,与债务人之间形成的债权债务关系。债权受让人因债权转让行为,享有对债务人的债权请求权。由于债权转让具有无因性的特点,诉讼时可以不将债权让与人列为第三人。然而,在债务人否认受让债权真实存在的情况下,为查明案件事实,法院也会依职权追加债权让与人作为第三人。本案中,各方针对受让债权是否真实存在、债权转让是否有效通知、本案是否属于重复主张债权、未实际履行代物清偿协议后能否主张金钱给付等问题展开辩论,笔者现就本案前述争议问题评析如下。

一、关于受让债权是否真实存在的问题

由于蔡某甲系龙某公司法定代表人蔡某乙的妹妹,有关第三人在临安筹集资金后投资到龙某公司房地产项目,这在本案当事人的老家已是人尽皆知的事实,受让债权是真实存在的。

(一)从第三人的庭审陈述及其对外举债后的资金去向来看,该等资金明显投入到"龙城天地"项目中,第三人对龙某公司依法享有债权

第三人蔡某甲庭审中陈述,其对龙某公司有大额投资,实际的投资额大于案涉协议书中结算的3025.15万元,是以现金、汇款的形式直接交付给龙某公司的法定代表人蔡某乙及其妻子庄某某。如果没有投资,龙某公司也不会与其签订协议书。而且,第三人还向法庭陈述了其与龙某公司结算后签订案涉协议书的过程。据此,第三人向龙某公司进行投资是真实存在的。

事实上,第三人向原告陆续借款近1000万元后,就投资到海南"龙城天地"项目。不仅如此,邵某、汪某、蒋某某、陈某某、方某某等人出具的《情况说明》均能证实,当初将款项出借给第三人时,借款用途就是作为第三人投资给龙某公司开发"龙城天地"的项目资金。第三人对外举债后的资金去向,除了投资海南"龙城天地"项目外没有其他投资活动。

龙某公司辩称"第三人的钱交到蔡某乙、庄某某个人手里,属于个人债务,对龙某公司没有投资"是不能成立的。龙某公司既然已承认其法定代表人蔡某乙及其妻子庄某某已收到过第三人交付的款项,而龙某公司又书面确认该等款项投资到"龙城天地"项目,那么毫无疑问蔡某乙及其妻子庄某某的收款行为是职务行为,应由龙某公司来承担责任,况且龙某公司业已盖章确认。

(二)从案涉协议内容来看,第三人就其投资给龙某公司"龙城天地"项目资金以及龙某公司如何返还投资资金等事项签订了《协议书》,第三人对龙某公司依法享有债权

该协议书第一条约定,"通过甲乙双方结算,甲方(即龙某公司)应支付给乙方(即第三人)连本带利3032.15万元",第五条约定,"协议签订后,以前甲方给乙方出具的任何借据、借条一律作废,并收回西市街土地证及南苑小区房产证各一本"。由此可见,此前龙某公司出具给第三人足以证明双方存在借贷合意和借贷关系实际发生的系列借据、借条均已被龙某公司收回,取而代之是该份《协议书》,故该份协议书兼具结算凭证和债权凭证的法律效力,第三人对龙某公司依法享有债权。

龙某公司辩称其与第三人签订案涉协议的目的,是方便第三人对外借

款，这不能成立。从龙某公司提交的曲某某、卞某某诉第三人蔡某甲的民事起诉状，以及案外人邵某、汪某、蒋某某、陈某某、方某某等人与第三人签订的以房抵债协议书来看，曲某某、卞某某及前述案外人借款给第三人的时间明显早于案涉协议书的签订时间，故龙某公司辩称明显不符合常理和事实。况且，倘若龙某公司的辩称成立，那么龙某公司、蔡某乙及第三人明显涉嫌共同诈骗，本案将移送公安机关查处。庭审中，龙某公司又改口辩称，其与第三人签订案涉协议的目的是帮助第三人应付债务，这明显与龙某公司此前辩称相矛盾。正是由于案涉协议书是真实存在的，因此龙某公司难以自圆其说。

（三）从案涉协议书履行情况来看，龙某公司已自认按照协议书的约定向第三人指定的案外人给付了部分房屋，这能证实第三人对龙某公司依法享有债权

案涉《协议书》《协议更正与承诺》签订后，第三人已将协议项下的部分房屋转让给了邵某、汪某、蒋某某、陈某某、方某某等多人，以抵偿第三人所欠债务。况且，龙某公司也按照第三人的指示与前述受让人签订了相应的《商品房买卖合同》，并办理了房屋预售备案登记。庭审中，龙某公司也承认按照《协议书》的要求向第三人指定的案外人给付了27套房屋，并办理相关手续。不仅如此，第三人高某某还就龙城天地10幢204室、304室等与龙某公司签订了《商品房买卖合同》。龙某公司和第三人的前述行为，证实案涉《协议书》及《协议更正与承诺》真实存在，第三人事实上对龙某公司享有债权。

（四）从常理和日常生活经验来看，第三人事实上对龙某公司依法享有案涉协议项下的债权

（1）临安市人民法院在执行第三人民间借贷纠纷案件中，执行法官方某已经核实了第三人享有《协议书》《协议更正与承诺》项下的债权。而且，龙某公司的法定代表人蔡某乙就《协议书》《协议更正与承诺》的真实性及履行情况向方某法官作了汇报，并承诺在三个月内处理好，将《协议书》《协议更正与承诺》项下的房屋按照第三人的指示转让至其他受让人名下。

（2）龙某公司于2012年8月25日与第三人签订了《协议书》，假如仅仅是为了做生意方便，这已经足够了，那龙某公司又为什么还于一个星期后的

2012年9月2日再另行出具《协议更正与承诺》呢？假如仅仅是为了做生意方便，为什么双方结算的款项竟然精确到3025.15万元呢？假如仅仅是为了做生意方便，为什么将协议书的签订日期由2012年7月25日改为2012年8月25日呢？

(3)龙某公司于2013年6月27日向法院起诉第三人，要求判决案涉《协议书》及《协议更正与承诺》无效时，当即就激起了公愤，并有七位利害关系人坚决要求并申请以第三人身份参加到诉讼中，后龙某公司根据客观实际情况主动向法院申请撤回了起诉。倘若第三人没有对龙某公司进行投资，还会有这么多利害关系人主动申请参加诉讼吗？

(五)从证明标准来看，原告有关"第三人对龙某公司依法享有债权"已经达到了高度盖然性的证明标准

鉴于《协议书》已明确约定第三人与龙某公司已进行过结算，该协议兼具结算凭证和债权凭证的法律效力，且第三人也承认了该事实，而龙某公司没有任何证据能够推翻。况且，第三人已将案涉协议项下的部分房屋用于抵债，龙某公司也已与部分受让人签订售房合同并办理预售备案登记。根据《最高人民法院关于民事诉讼证据的若干规定》第七十三条规定，且在龙某公司没有其他证据的情况下，曲某某、卞某某的举证已达到了高度盖然性的证明标准，可认定第三人对龙某公司依法享有债权。不仅如此，根据《最高人民法院关于民事诉讼证据的若干规定》第九条第一款第(三)项"根据法律规定或者已知事实和日常生活经验法则，能推定出的另一事实"，"当事人无须举证证明"之规定，龙某公司及第三人在签订案涉协议后的系列行为，也可推定第三人已向龙某公司进行了投资，依法享有债权。

二、关于债权转让是否有效通知的问题

尽管债权转让主要在债权让与人与债权受让人之间完成，但债权转让并非因此与债务人无关。因为在债权转让生效的同时，债权让与人与债务人之间就有关转让部分的债权债务关系也同时消灭。在我国，法律对债权转让的规定，经历了一个发展变化的过程，从传统民法的债务人同意主义，到合同法采用的通知主义，这体现了对债权人自由处分的尊重，也不忽视对债务人的保护。

《合同法》第八十条规定:“债权人转让权利的,应当通知债务人。未经通知,该转让对债务人不发生效力。债权人转让权利的通知不得撤销,但经受让人同意的除外。”该条规定并没有明确债权转让的通知主体必须是债权人,由受让人通知并不违反前述法律的规定。况且,在司法实践中,债权转让的通知方式并未限定只能由原债权人履行。例如,有观点认为:“合同法并未明确规定债权让与的通知主体和通知方式,结合债权让与制度的立法本意及司法实践,债权让与的通知主体应包括转让人和受让人;受让人直接起诉债务人要求履行债务,应视为债权让与的一种通知方式。”①再如,最高人民法院在(2016)最高法民申2296号民事裁定书中认为:“因法律对债权转让的通知方式并未限定只能由原债权人履行,兆博公司委托北京佐腾飞公司向国电酒泉公司履行债权转让通知义务并不违反法律规定。债权转让通知书到达国电酒泉公司后,兆博公司在未征得受让人北京佐腾飞公司同意的情况下不得撤销。故本案债权转让已经履行了通知义务,依法对债务人产生法律效力。”由此可见,债务人收到债权转让的通知后即表明债权转让已生效,不论该通知是转让人还是受让人发出的。

本案中,蔡某甲辩称《债权转让通知书》上“蔡某甲”并非其本人签字,并申请法院进行笔迹鉴定。而龙某公司庭审时承认已收到《债权转让通知书》,但对该通知书中的内容不予认可。按照上述法律分析,龙某公司在收到曲某某邮寄的《债权转让通知书》后即表明债权转让已生效,故《债权转让通知书》已发生应有的法律效力,无论该通知书上的签名是否真实,龙某公司均已知悉债权转让的事实。

三、关于本案是否属于重复主张债权的问题

《最高人民法院关于适用〈中华人民共和国民事诉讼法〉的解释》第二百四十七条规定:“当事人就已经提起诉讼的事项在诉讼过程中或者裁判生效后再次起诉,同时符合下列条件的,构成重复起诉:(一)后诉与前诉的当事人相同;(二)后诉与前诉的诉讼标的相同;(三)后诉与前诉的诉讼请求相

① 何洪波、彭婧婕:《受让人起诉可视为债权让与后对债务人的通知》,载《人民司法》2014年第16期。

同，或者后诉的诉讼请求实质上否定前诉裁判结果。当事人重复起诉的，裁定不予受理；已经受理的，裁定驳回起诉，但法律、司法解释另有规定的除外。”对比前述规定，曲某某、卞某某在临安法院起诉蔡某甲，与在海口中院起诉龙某公司，这属于两个完全不同的案件，当事人不同，诉讼标的不同，诉讼请求也不同，不属于重复诉讼。

因本案属于债权转让纠纷，有观点认为：债权转让合同具有无因性，不以支付对价为生效要件。故债权转让后受让人起诉债务人的民事纠纷中，对债权转让合同进行合法性审查时应采用形式审查标准。债权转让是否有原因，该原因有无瑕疵，对债权转让的法律效果均不产生影响。[①] 因此，本案审查的重点是龙某公司是否需要支付 1015 万元的债务，而不应审查曲某某、卞某某取得 1015 万元后如何与蔡某甲结算的问题，曲某某、卞某某与蔡某甲在临安法院的案件跟本案没有关联性，也不是龙某公司所述的“重复行使债权”。

事实上，曲某某、卞某某在临安法院起诉蔡某甲，与在海口中院起诉龙某公司，这不会损害本案当事人的合法权益。对于龙某公司而言，履行完毕案涉协议项下的债务是其法定义务，一旦龙某公司向曲某某、卞某某履行了 1015 万元及相应利息的债务，那么该部分债务就无须再向蔡某甲继续履行。对于蔡某甲而言，其自愿将案涉债权转让给了曲某某、卞某某，并已依法通知了龙某公司，这属于对自己权益的处分，不损害他人利益，这是市场经济强调契约自由、尊重自由意志的体现，故合法有效。至于蔡某甲和曲某某、卞某某如何结算，这不是本案审理的范畴，龙某公司以此作为向曲某某、卞某某拒付款项的抗辩理由不能成立。

四、关于未实际履行代物清偿协议后能否主张金钱给付的问题

案涉《协议书》第二条、第三条、第四条约定以房抵债，龙某公司以 6250 平方米的房屋来抵偿所欠蔡某甲、高某某的债务 3025.15 万元，这实际上为债的代物给付（或代物清偿）。

---

① 程顺增、刘清启：《对债权转让合同的审查应采形式审查标准——浙江衢州中院判决徐慧琦诉徐江洪债权转让合同纠纷案》，载《人民法院报》2012 年 2 月 16 日，第 3 版。

代物给付(或代物清偿),是指债务人以他种给付代替其所负担的给付,从而使债消灭,为清偿债务的方法之一。依据民法理论,在给付完成之前,不必然发生原有金钱给付之债消灭的法律效力,债权人仍然有权利要求债务人给付金钱之债。具体分为如下情形:

(1)代物清偿合同成立后,新债务当然成立。但此新债务并非原债务的继续,而是异于原债务之另一个债务。因此,关于原债务之抗辩,在新债务不得主张,此点应该是债权人接受代物清偿主要的利益所在,因为债务人不得以关于原债务的抗辩对抗债权人,债权人在代物清偿中更容易实现债权。

(2)代物清偿合同成立后,新债务之清偿期未届至之前,债权人不得行使原债权。只有新债务不能履行,或无效或被撤销时,始能就原债务请求履行。因为虽然债权人有两个债权,但债权人既已同意债务人以新债务清偿原债务,即对债务人负有一定义务,也就是说,应先自新的、独立的债权寻求满足,债务人如履行了新债务,则等于同时履行了原债务。

(3)代物清偿合同成立后,如果新债务没有履行,原债务就并不消灭,所以原债务之担保等从债务自亦继续存在。这是因为当事人签订代物清偿合同,系以清偿原债务为目的,换个角度说,即债务人对原债务的确认。因此,如代物清偿合同系债权人与债务人签订,则原债务之诉讼时效即应中断、重新起算,合同如仅系第三人与债权人订立,则原债务之诉讼时效不中断。

(4)新债务与原债务如均已届清偿期,则因新债务不履行时,其原债务并不消灭,债权人自然可以请求履行新债务,亦可以请求履行原债务。债务人如履行新债务时,原债务随同消灭;反之,如债务人履行原债务时,新债务失去了存在的原因,亦随同消灭。

(5)如代物清偿合同系由第三人与债权人订立,则债权人是行使原债权还是行使新债权,不受限制。

在司法实践中,如《最高人民法院公报》刊登的(2011)民提字第210号案件的裁判要旨为:债务人与次债务人约定以代物清偿方式清偿债务的,因代物清偿协议系实践性合同,故若次债务人未实际履行代物清偿协议,则次债务人与债务人之间的原金钱债务并未消灭,债权人仍有权代位行使债务人的债权。

本案中,蔡某甲、高某某同意龙某公司以给付房屋作为履行原来给付金钱的方法,在没有给付房屋前,原来的金钱给付债务并不消灭,当全部给付房屋后,原来的金钱给付债务同时消灭。由于龙某公司以案涉《协议书》《协议更正与承诺》无效来对抗其依法履行债务的法律责任,在案涉协议签订至今没有依约完全履行向蔡某甲、高某某交付房屋的义务,故前述代物清偿并未全部履行,原来的金钱债务并未消灭,曲某某、卞某某依据《债权转让合同》诉请龙某公司支付 1015 万元款项及相应利息的给付之诉应依法予以支持。何况,这样更能彻底解决纠纷,实现“案结事了”的目的。

25 案由选择定胜负

——宁波同某置业有限公司应诉张某某股权转让纠纷案

法治概念的最高层次是一种信念，相信一切法律的基础，应该是对于人的价值的尊重。

——中国·陈弘毅

【本案提示】

民事案件案由事关涉讼实体法律关系性质，并与法律适用及实体处理彼此影响。由于民事活动复杂多样且法律关系并非单一，如何准确选择案由越来越重要。正确选择案由不但关系当事人获得赔偿数额的多少，有时甚至直接决定着案件的成败。如笔者代理的宁波同某置业有限公司应诉张某某股权转让纠纷一案中，张某某因其投资的房地产开发项目长期搁置，导致其投资收益暂时无法实现，就选择解除合同、退回投资款；诉讼过程中，笔者充分运用了在选择案由、确定诉讼方向方面的法律技巧，最终取得了本案胜诉的良好效果。

【案例索引】

一审：浙江省宁波市鄞州区人民法院（2014）甬鄞民初字第996号民事判决书（2015年4月3日）

二审：浙江省宁波市中级人民法院（2015）浙甬商终字第569号民事裁

定书(2015 年 8 月 10 日)

【诉称辩称】

原告:张某某

被告:宁波同某置业有限公司(以下简称同某公司)

原告张某某诉称:被告同某公司系案外人象山鑫力置业有限公司(以下简称鑫力公司)的股东,持有 68.75% 的股权。2011 年 7 月 29 日,原、被告和鑫力公司签订《宁波同某置业有限公司象山项目合作开发协议》(以下简称《项目合作开发协议》)一份,约定被告将其持有的鑫力公司在象山产业某二类居住用地 3 号地块(以下简称 3 号地块)商品房项目上的 68.75% 的股权部分转让给原告,转让后原告占鑫力公司 8% 的股权,占被告 11.64% 的股权。协议还约定,原告投资比例确定前,被告应当将原告投资股权比例等事项,告知鑫力公司其他股东。原告按约定时间支付股权转让款;被告应当确保原告在 3 号地块的投资收益,原告应遵守被告和鑫力公司的章程;投资款到账后,原告可参加被告以及鑫力公司的董事会会议或者全体股东大会,原告享有除表决权以外的其他权利。2011 年 8 月 10 日和 12 日,原告按照协议约定向被告支付 1280 万元和 382,848 元款项。由于被告原因合作地块至今没有开工建设,被告也未按约将股权变更到原告名下,没有向原告提供任何合同以及股东会决议或者通知原告参加任何会议。原告与被告之间是以股权转让形式实施的合作开发房地产的投资行为,双方签订合同的目的就是开发 3 号地块,原告不想要被告的股权,而是要求合作开发房地产的分红。现在房地产开发无法进行,被告至今不履行协议,导致原告投资收益无法实现,故请求判令:解除原、被告于 2011 年 7 月 29 日签订的《项目合作开发协议》;被告返还原告股权转让款 13,182,848 元,并按年利率 12% 的标准支付从 2011 年 8 月 12 日起至法院判决确定的履行之日止的利息损失(暂算至 2014 年 6 月 11 日为 4,482,168 元)。

被告同某公司辩称:一是原告诉称被告违约明显与事实不符,也没有任何证据支持,其诉求解除案涉协议没有任何依据。原告诉称被告的违约行为有三项:因被告原因合作地块至今没有开工建设,被告没有按约定将股权变更至原告名下,被告没有向原告提供任何合同以及股东会决议或通知原告参加任何会议。原告诉称被告的前述违约行为,明显与事实不符,分项简述如下:(1)现已投入的1.6亿元,已作为土地出让金和相关税费支付给相关部门。若要对案涉地块进行开工建设,根据行业惯例和案涉协议第三条的约定,需要包括原告在内的所有投资者再继续投入资金。由于受到国家房地产调控政策的严重影响,房地产市场一直处于低谷状态,银行贷款受到限制,包括原告在内的投资者又不愿继续投入资金,导致案涉项目的后续资金无法到位,致使该项目迟迟没有开工建设,这与被告是无关的,更不是被告原因造成的。(2)根据案涉协议的约定,原告实际享有鑫力公司8%的股权是没有表决权的,由被告代持并行使相应股东权利,因此案涉协议也没有任何有关股权交割的约定。此前,原告也从未向被告要求过将8%的股权变更至原告名下。如果原告现在要求变更股权的,被告也愿意予以协助变更至原告名下。(3)案涉协议签订后,被告依约向原告交付了鑫力公司章程、案涉地块合同等资料,如果原告现在还要求被告再次提供前述资料的,被告也愿意提供。由于案涉地块没有开工建设,鑫力公司没有正常经营,也没有召开会议,故谈不上通知原告参加会议。综上,原告诉称被告存在的上述违约行为根本不存在,更没有导致原告投资入股的目的不能实现。由于案涉协议没有任何有关解除条件的约定,那么只有在合同一方当事人构成根本违约时,守约的一方当事人才享有法定解除权,鉴于被告没有任何违约行为,因此原告诉求解除案涉协议没有相应依据。二是原告诉求返还股权转让款及相应利息没有相应的请求权基础。原告诉求返还股权转让款及相应利息的依据是案涉协议已经解除。但是,如上所述,原告无权单方解除案涉协议,因此原告返还款项的请求不应得到支持。况且,该项诉请也与事实不符:根据案涉协议第二条第二款的约定,1280万元及相应利息为前期投入资本,而不是股权转让款;利率是按照同期银行贷款利率计算的,而不是年息12%。综上所述,由于被告不存在违约行为,原告诉求解除案涉协议的事由不成立。双方签订案涉协议至今已长达三年多时间,此时若允许解除案涉协议,将导致已趋稳定的法律关系遭到破坏,并极易产生对被告显失公平的后果。为维护合法交易的正常履行,为维护社会诚信体系的建设,为维护法律的公平正义,被告请求法院依法驳回原告的诉讼请求。

【事实查明】

宁波市鄞州区人民法院经审理查明:2011 年 2 月 25 日,被告通过竞拍取得象山产业区某 3 号地块的国有建设用地使用权,成交总价为 15,100 万元。被告已全额缴纳了土地出让金及契税 453 万元、印花税 75,500 元。2011 年 4 月 7 日,被告与华某、史某、方某共同出资成立鑫力公司。2011 年 4 月 29 日,鑫力公司与象山县国土资源局签订《国有建设用地使用权出让合同》,合同约定土地使用权出让年限为 70 年,建设项目在 2012 年 4 月 29 日之前开工,在 2014 年 4 月 29 日之前竣工。受让人不能按期开工,应提前 30 日向出让人提出延建申请,经出让人同意延建的,其项目竣工时间相应顺延,但延建期限不得超过一年。受让人造成土地闲置,闲置满一年不满两年的,应依法缴纳土地闲置费,土地闲置满两年且未开工建设的,出让人有权无偿收回国有建设用地使用权。

2011 年 7 月 29 日,原告与被告签订《项目合作开发协议》,鑫力公司作为鉴证方在协议上盖章。合同约定,被告将所持有的鑫力公司在 3 号地块房地产项目上的 68.75% 的股权部分转让给原告,转让后原告占鑫力公司 8% 的股权(占被告同某公司 11.64% 的股权)。原告投资比例确定前,被告应当将原告投资股权比例等事项,告知鑫力公司其他三位股东,并取得三位股东同意。3 号地块前期投入(含土地成本及被告启动资金)约 1.6 亿元,被告已按 68.75% 的比例于 2010 年 2 月 21 日出资,原告需在协议签订后一周内向被告支付前期投入资本金 1280 万元,并按银行同期贷款利率支付被告自 2010 年 2 月 21 日至原告投入资金到账止的利息。3 号地块开发如需增加投资,原、被告和鑫力公司其他三位股东应当按照投资比例和同股同权的原则共同追加项目后续开发投资资金。后续资金出资时间和出资金额由原、被告和鑫力公司其他三位股东共同商定。协议还约定,3 号地块项目在开发建设及销售过程中如有资金结余,经董事会或全体股东大会讨论决定,可提前提取第一期投资收益或投资分红,提取第一期投资收益或分红时间原则上应当在该地块项目取得商品房产权证后一个月内。被告应当保证原告在该地块项目上的投资收益,原告应当遵守被告及鑫力公司的章程。原告资金到账后,可参加被告及鑫力公司的董事会会议或全体股东大会,享有除表决权之外的其他权利。

协议签订后,原告于2011年8月10日和12日分别向被告支付1280万元和382,848元款项。被告向原告开具了相应的收款收据,收款收据上标注1280万元为投资款,382,848元为利息款。2012年5月24日,鑫力公司取得3号地块的建设用地规划许可证;2012年8月,宁波市建筑设计研究院有限公司出具了3号地块的建筑设计方案;2012年10月9日,宁波市岩土工程有限公司出具了3号地块的岩土工程详勘报告。截至成文时,3号地块尚未进行房地产开发。

【法院审判】

宁波市鄞州区人民法院认为,从原、被告陈述以及双方提供的证据可确认,鑫力公司系被告同某公司与华某、史某、方某为开发3号地块房地产项目而设立,房地产开发以该公司名义独立进行。原告出于投资目的,采取了从被告处受让部分鑫力公司股权的方式,从而取得了参与3号地块房地产项目开发收益分配的权利,原告与被告之间因《项目合作开发协议》而形成的系股权转让关系,本案应为股权转让合同。

被告将其持有的鑫力公司部分股权转让给原告,鑫力公司作为鉴证方在原、被告签订的协议上盖章,而鑫力公司另外两名股东在被告转让股权时系知情,事后也均表示不愿意受让案涉股权,另一名股东史某虽陈述不知被告转让股权,但在法院调查时陈述股权转让与其无关,对于股权转让要看大股东即被告的意见,且明确对于转让的股权不行使优先购买权,故应视为鑫力公司其他股东同意被告转让股权。综上,该院认为,原、被告之间的股权转让合同未违反法律、行政法规的强制性规定,合法有效,双方均应按约履行各自义务。对于被告是否构成根本违约,该院认为,3号地块房地产项目的开发确实存在迟延,但原、被告签订的协议中并未对房地产项目的开发进程、投资收益分配的具体时间等进行约定,且原告既然通过股权转让方式取得鑫力公司开发3号地块房地产项目收益的分配权利,也必然需要承担鑫力公司因房地产项目开发迟延甚至亏损带来的各种风险,原告以房地产项目开发迟延主张被告构成根本违约,依据不足。对于合同目的能否实现问题,该院认为,本案系股权转让合同纠纷,原告的合同目的是取得股权以及因股权带来的投资收益。原告并未主张股权变更登记,也未举证证明股权变更登记存在障碍,故原告取得鑫力公司股权的合同目的并不存在无法实现的情形。至于3号地块房地产项目开发能否进行的问题,该院认为,目前该地块上的房地产开发虽然尚未进行,但未有证据证明国有土地使用权已经变更登记,即该土地仍登记在鑫力公司名下,3号地块的房地产项目开发仍有继续进行的可能。原告既未能举证证明被告存在根本违约行为,也未能举证证明合同目的已无法实现,其以被告不履行协议导致合同目的无法实现为由,要求解除合同的诉讼请求,于法无据,该院不予支持。鉴于合同尚未解除,原告要求被告返还股权转让并支付利息的诉讼请求,该院亦不予支持。综上,依据《合同法》第八条、《民事诉讼法》第六十四条第一款、《最高人民法院关于适用〈中华人民共和国民事诉讼法〉的解释》第九十条之规定,判决如下:驳回原告张某某的诉讼请求。

原告张某某不服一审判决,向宁波市中级人民法院提起上诉。

张某某上诉理由主要为:一是原审法院认定本案属股权转让合同纠纷是错误的。二是被上诉人与鑫力公司都不具有房地产开发资质的法人,上诉人无法实现合同的根本目的,要求被上诉人返还投资款及利息损失,符合法律规定。

二审开庭庭审后,张某某撤回了上诉。宁波市中级人民法院裁定如下:准许上诉人张某某撤回上诉。宁波市鄞州区人民法院(2014)甬鄞民初字第996号民事判决书自本裁定书送达之日起即发生法律效力。

【本案代理思路评析】

民事案件案由是民事诉讼案件的名称,反映案件所涉及的民事法律关系的性质,是法院将诉讼争议所包含的法律关系进行概括。不同的法律关系对应着不同的法律适用和不同的案由,当事人通过案由可以了解法院受理民事案件的类型以及对不同类型纠纷案件的裁判尺度,从而有助于准确选择救济途径行使诉权。法院在立案阶段根据当事人诉争的法律关系的性质,可以准确地为案件立案,按照民事审判业务分工将案件移送相关审判业务庭;在审判阶段法院根据查明的事实,正确确定当事人实际诉争的法律关系的性质,最终确定结案案由,从而有利于正确适用法律。

本案诉讼过程中,双方就本案案由是合作开发房地产合同纠纷还是股权转让纠纷分歧很大。本案立案时,法院确定的案由为合作开发房地产合同纠纷。笔者在审查本案相关证据时发现,三方在签订《项目合作开发协议》时,由于同某公司房地产开发资质已过期,而鑫力公司因未开始开发房地产而未依法申请房地产开发资质,如果适用《最高人民法院关于审理涉及国有土地使用权合同纠纷案件适用法律问题的解释》第十五条第二款"当事人双方均不具备房地产开发经营资质的,应当认定合同无效。但起诉前当事人一方已经取得房地产开发经营资质或者已依法合作成立具有房地产开发经营资质的房地产开发企业的,应当认定合同有效"之规定,该协议很可能会被确认无效。《项目合作开发协议》一旦被认定无效,那么根据无效合同的处理原则,同某公司将向张某某返还已收取的投资款。这种情况下,在第一次开庭审理且法庭围绕合作开发房地产合同纠纷展开调查时,笔者坚持本案案由应为股权转让纠纷,而非合作开发房地产合同纠纷,并向法庭阐述了详细理由。

笔者认为,原告、被告及鑫力公司于 2011 年 7 月 29 日签订的《项目合作开发协议》实质为双方出资份额的部分转让,合法有效,并不适用《国有土地使用权合同纠纷司法解释》第十五条的规定。现评析如下。

一、案涉《项目合作开发协议》的性质不是合作开发房地产合同

《最高人民法院关于审理涉及国有土地使用权合同纠纷案件适用法律问题的解释》第十四条规定:"本解释所称的合作开发房地产合同,是指当事人订立的以提供出让土地使用权、资金等作为共同投资,共享利润、共担风险合作开发房地产为基本内容的协议。"据此,合作开发房地产合同,是指两方或两方以上的当事人约定,由一方提供土地,另一方提供资金、技术、劳务等,共同开发土地、建筑房屋,并在项目开发完成后按约定比例分享利益的协议。

本案中，三方签订《项目合作开发协议》的主要内容为：第一条是关于转让出资份额比例的约定，第二条是关于转让款（前期投资）及支付时间的约定，第三条是关于如需后续开发资金的约定，第四条是关于投资收益的约定，第五条是关于原告遵守公司章程等约定，第六条是关于被告提供相关证照的约定。

将上述《项目合作开发协议》约定的内容与《最高人民法院关于审理涉及国有土地使用权合同纠纷案件适用法律问题的解释》第十四条规定的合作开发房地产合同内容相比对，明显可以看出：

（1）主体不同。合作开发房地产合同的当事人为所有投资人，而案涉《项目合作开发协议》的当事人为被告、原告及鑫力公司，没有华某、史某和方某等三位投资者，但却多了房地产项目公司的鑫力公司。

（2）内容不同。合作开发房地产合同应当由一方提供土地、另一方提供资金等关键内容，但案涉《项目合作开发协议》显然没有，却多了转让出资份额等内容，并以该等内容作为重点约定对象。

由此看来，由于案涉《项目合作开发协议》不符合《国有土地使用权合同纠纷司法解释》第十四条的规定，不是一份合作开发房地产合同，故不受该解释第十五条规定的约束。

二、由于三方在签订《项目合作开发协议》时，房地产项目公司已依法成立，故本案不适用《最高人民法院关于审理涉及国有土地使用权合同纠纷案件适用法律问题的解释》第十五条的规定

《最高人民法院关于审理涉及国有土地使用权合同纠纷案件适用法律问题的解释》第十五条规定："合作开发房地产合同的当事人一方具备房地产开发经营资质的，应当认定合同有效。当事人双方均不具备房地产开发经营资质的，应当认定合同无效。但起诉前当事人一方已经取得房地产开发经营资质或者已依法合作成立具有房地产开发经营资质的房地产开发企业的，应当认定合同有效。"从该条规定可以看出，当事人在签订合作开发房地产合同时，并未成立房地产项目公司，否则该条也不会有"但书"的规定。然而，案涉《项目合作开发协议》签订时，鑫力公司已成立，且已由鑫力公司出面与象山县国土资源局签订了《出让合同》。况且，根据《房地产开发企业资质管理规定》第六条的规定，新设立的房地产开发企业取得《暂定资质证书》实行备案制，鑫力公司完全符合房地产市场准入的规定。因此，《最高人民法院关于审理涉及国有土地使用权合同纠纷案件适用法律问题的解释》第十五条不能作为认定案涉《项目合作开发协议》效力的依据。

三、案涉《项目合作开发协议》的实质为双方转让出资份额，并已实际履行完毕，系双方当事人真实意思表示，没有违反法律的强制性规定，应属合法有效

由于案涉项目的前期投入成本为1.6亿元，被告享有68.75%的份额权益，被告对该等份额依法享有完全的处分权。现被告将前述份额中的8%以1280万元的价格转让给原告，原告已支付了相应的款项，该转让行为已履行完毕，并得到了房地产项目公司的确认，原告早已享有案涉项目8%份额的权益。司法实践中，类似于本案的《项目合作开发协议》，均认定为有效，如浙江省温州市中级人民法院(2013)浙温民终字第691号民事判决书等。

由于本案案由争议非常大，事关双方成败，合议庭合议后提交至法院审判委员会讨论并决定，最终采信了我方的代理意见，认定本案案由为股权转让纠纷，进而驳回了原告的诉讼请求，维护了公平市场交易秩序。

26 合同性质的确定

——李某某、吴某某、王某某诉叶某甲、叶某乙股权转让纠纷案

国不可无法，有法而不善与无法等。

——中国·沈家本

【本案提示】

股权作为公司法规定的一种具有独立内涵的包括财产权等多种权利在内的综合性新型权利形态，股权转让行为受到多种法律制度的规制。我国《公司法》对公司股权转让做了一些原则性规定，对实务中的股权转让行为起到了一定的指导作用。

笔者代理的李某某、吴某某、王某某诉叶某甲、叶某乙股权转让纠纷一案中，李某某、吴某某、王某某等人将其合计持有庆元县某某房屋开发有限公司30%股权转让给叶某甲，由于各方当事人仅仅签订了《股份转让决议》及《关于股份转让的决议》，并未签订相应的股权转让合同；又由于庆元县某某房屋开发有限公司开发的"汇金城"项目尚未开始施工，项目是否盈利存在诸多不确定性。为此，叶某甲在接管公司后却迟迟不予支付股权转让款。

此种情况下，各方签订的《股份转让决议》及《关于股份转让的决议》是否等同于股权转让合同？李某某、吴某某、王某某能否据此向叶某甲主张股权转让款？李某某、吴某某、王某某可否作为共同原告起诉叶某甲？笔者认为，当合同性质发生争议时，应从合同内容、特征及主要条款等加以理解和

识别，而不能仅以合同名称为准，合同的名称与内容不一致时应当根据合同的性质确定合同类型；由于《股份转让决议》及《关于股份转让的决议》已经具备了股权转让合同所必备要素，故各方已经形成了股权转让的合意，李某某、吴某某、王某某可以作为共同原告向叶某甲主张股权转让款。

【案例索引】

一审（管辖）：浙江省丽水市中级人民法院（2013）浙丽商初字第3-2号民事裁定书（2013年4月10日）

二审（管辖）：浙江省高级人民法院（2013）浙辖终字第45号民事裁定书（2013年6月9日）

一审：浙江省丽水市中级人民法院（2013）浙丽商初字第3号民事调解书（2013年9月6日）

【诉称辩称】

原告：李某某、吴某某、王某某

被告：叶某甲、叶某乙

原告李某某、吴某某、王某某诉称：原告李某某、吴某某、王某某、被告叶某甲及案外人姚某贵、李某隽、姚某生、刘某光、黄某毛等九人共同出资2000万元设立庆元县某某房屋开发有限公司（以下简称房开公司），持股比例分别10%、10%、10%、10%、10%、25%、10%、10%、5%。房开公司成立后，因公司开发经营房地产需要，前述股东又陆续不断投入资金。2013年1月8日，前述股东签订了《股份转让决议》及《关于股份转让的决议》，约定其他八位股东将其持有的股权全部转让给被告叶某甲，利息按2%计算，计息时间以实际投入为准，付款方式分两期付，第一期连本带息10天内付50%，第二期在半年内付50%，利息按2%计算，违约金每天20万元（可以提前付），前期已投入的以财务账为准，在移交前付清。所有股东不得违约，如违约其股份充公。前述决议签订后，被告叶某甲却未能依约付款，经其他股东多次催促后仍一再拖延。2013年1月20日，房开公司股东为此事专门召开股东会，被告叶某甲承诺8天内付款；但承诺的期限届满后，被告叶某甲仍未付款,房开公司及其他股东于 2013 年 1 月 29 日向被告叶某甲发送了庆某(2013)1 号《催促函》,再次催促被告叶某甲履约。然而,被告叶某甲除已向原告李某某、吴某某、王某某之外的其他五位股东支付了相应的股权转让款后,却迟迟未向原告李某某、吴某某、王某某支付分文股权转让款,经多次催告、协商未果。被告叶某乙作为被告叶某甲的妻子,因被告叶某甲所负本案债务形成于婚姻关系存续期间,属于夫妻共同债务,故被告叶某乙应承担共同清偿责任。为此,原告诉请法院判令:(1)被告叶某甲向原告支付第一期股权转让款 1575 万元及相应利息(2011 年 5 月 9 日至 2013 年 2 月 28 日的利息为 638.15 万元,此后利息以 1575 万元为基数、按月息 2% 计算至实际付清之日);(2)被告叶某甲从 2013 年 1 月 8 日起按每天 20 万元向原告支付违约金至实际付清上述第一期股权转让款之日;(3)被告叶某乙对被告叶某甲的上述债务承担连带清偿责任。诉讼过程中,因被告对管辖权提出异议而致使本案迟迟未能开庭审理,鉴于案涉《关于股份转让的决议》约定的第二期股权转让款 1670 万元及相应利息应在半年内(即 2013 年 7 月 8 日前)付清,故被告应付第二期股权转让款的条件已成就。为此原告增加一项诉讼请求为:被告向原告支付第二期股权转让款 1670 万元及相应利息(2011 年 5 月 9 日至 2013 年 7 月 8 日的利息为 792.1833 万元,此后利息以 1670 万元为基数、按月息 2% 计算至实际付清之日)。

被告叶某甲在提交答辩状期间对管辖权提出异议,认为三原告是独立的自然人股东,无法混同,不能在同一案件中作为共同原告提起诉讼,依法应分别作为独立的民事诉讼案件进行诉讼。三原告以各自标的额的累计来规避应由浙江省庆元县人民法院管辖的一审诉讼案件,违反了级别管辖。本案应由原被告住所地或合同履行地即浙江省庆元县人民法院审理。

被告叶某甲、叶某乙对实体部分辩称:一是本案所涉债务不属于夫妻共同债务,叶某乙不应承担共同清偿责任。二是原被告没有最终形成股权转让合意,也没有到工商部门进行股权变更登记,案涉《股份转让决议》及《关于股份转让的决议》仅仅为股东会决议,而非股权转让协议;即便涉及股权转让,也仅仅是一种意向。后来出现新的情况,叶某甲在受让股权时,其他股东没有告知工程已拖延,而工程拖延需每天支付 9.85 万元的违约金;更为严重的是,李某某在经营管理公司期间,房屋公摊面积少了800多平方米,估计损失4000万元。这些都是影响股权转让价格的重要因素,但在股东会决议里没有涉及,因此股权转让协议尚未成立。事实上,后来原告同意减掉120万元利息作为工期补偿。三是在缔约过程中,原告也存在违约行为,没有协助被告办理质押股权手续而无法融资。四是即便法院认定《股份转让决议》及《关于股份转让的决议》为股权转让协议,那么该协议约定的利息、违约金已超过银行同期贷款利率的4倍,明显过高。

【法院审判】

丽水市中级人民法院经审查认为,本案系原告李某某、吴某某、王某某等人与叶某甲之间因公司股权转让产生的纠纷,三原告与其他股东作为股权的出让方将其拥有的股权转让给叶某甲,三原告等其他股东与叶某甲系股权转让合同当事人,三原告基于合同相对性提起诉讼并无不当。依照《民事诉讼法》第一百一十八条、第一百五十四条第一款第(二)项之规定,裁定如下:驳回被告叶某甲对本案管辖权提起的异议。

被告叶某甲不服一审裁定,向浙江省高级人民法院提起上诉。

浙江省高级人民法院认为,本案系李某某、吴某某、王某某与叶某甲之间因公司股权转让产生的纠纷,三被上诉人与其他股东作为股权的出让方将其拥有的股权转让给叶某甲,三被上诉人与其他股东与叶某甲系股权转让合同当事人,三原告基于合同相对性提起诉讼并无不当。至于叶某甲提出的应分别诉讼的问题,由于股权转让形成的债权债务关系源于同一份股权转让协议,故本诉讼为必要共同诉讼,三被上诉人可以作为共同原告提起诉讼。因此,原审裁定正确,上诉人的上诉理由不能成立,其上诉请求,该院不予支持。依照《民事诉讼法》第一百七十条第一款第(一)项、第一百七十一条之规定,裁定如下:驳回上诉,维持原裁定。

浙江省高级人民法院驳回叶某甲的管辖异议后,丽水市中级人民法院于2013年8月6日对本案进行公开开庭审理。后在审理过程中,经该院主持调解,双方当事人达成如下协议:

第一,被告叶某甲共支付原告李某某、吴某某、王某某30%股权的转让款人民币5250万元,其他款项3,957,500元(含注册资本金以外在公司的投资及利息),分六期支付。分别在2013年9月20日前支付转让款2100万元,支付原告李某某、王某某其他款项3,957,500元;2013年10月31日前支付550万元;2013年11月30日前支付200万元;2013年12月15日前支付100万元;2013年12月30日前支付200万元;2014年1月20日前付清剩余2100万元。款交王某某个人农业银行账户,任一期逾期,则就全部剩余款项申请执行,并按月利率2%支付违约金。

第二,第一期款项支付完毕后,原告李某某、吴某某、王某某将其名下的所有股权转让给被告叶某甲,被告叶某甲应当同时将该受让股权及其名下共计55%房开公司股权全部质押给原告李某某、吴某某、王某某,双方当事人应相互协助办理,如被告叶某甲违约,原告李某某、吴某某、王某某可就剩余款项一并申请执行。

第三,上述条款履行完毕后,双方不存在其他任何权利义务。

【本案代理思路评析】

本案是一起较为特殊的股权转让纠纷案件。之所以说特殊,是因为各股东仅仅签订《股份转让决议》及《关于股份转让的决议》,而没有签订相应的股权转让合同。对于交易标的金额达上千万元的股权转让而言,这是难以理解的;同时,这也反推当时各股东之间还是互相信任的。然而,签订《股份转让决议》及《关于股份转让的决议》之后,各方对该等决议的性质产生分歧,叶某甲认为仅仅为股权转让的意向,而李某某、吴某某、王某某认为已符合股权转让的实质要件,因此在后续解决纠纷过程中产生了较大的不确定性。笔者结合本案就前述股东会决议能否被认定为股权转让协议以及本案涉及诉的合并等问题评析如下。

一、关于股东会决议性质问题

股权转让合同是公司股东依法将自己的股东权益转让给他人,使他人取得该股权的民事法律行为。从形式方面来说,二者之间不可以替代,因为如果要到工商部门办理股权转让变更登记手续时,按照工商部门的要求,股权转让协议与股东会决议是两种不同的文件形式,工商部门不会根据股东会决议而轻易变更登记。但从实质方面来说，如果股东会决议的内容已经包含了股权转让的比例、价格等股权转让协议通常具备的内容，且股东会决议上有转让方与受让方的签字或盖章，则股东会决议可以代替股权转让协议，与股权转让协议产生相同的法律效果。

本案中，《股份转让决议》是有关房开公司内部股权转让的股东会决议，《关于股份转让的决议》是根据前述《股份转让决议》达成的股权转让的具体内容，明确约定了股权转让当事人、转让价款、付款时间、违约责任等内容，实际上为股权转让协议。叶某甲辩称该《关于股份转让的决议》仅仅为股东会决议而非协议，这一说法不能成立。根据《最高人民法院关于经济合同的名称与内容不一致时如何确定管辖权问题的批复》，当合同性质发生争议时，应从合同约定的权利义务内容确定合同性质，而不能仅以合同名称为准，合同名称认识上的差异是因为当事人法律知识的层面不同，各方当事人的合意要根据合同条款确定的权利义务来看。有意见认为，根据《合同法》第一百二十五条的规定，在双方当事人签订的合同名称与合同的性质不符合时，应当根据合同的性质确定合同类型。当合同的性质难以确定时，应当按照合同所使用的词句、合同的有关条款、合同的目的、交易习惯以及诚实信用原则来确定。① 结合本案，原被告之间签订的《股份转让决议》《关于股份转让的决议》虽然从名称上看仅仅是股东会决议，但实际上决议中明确约定了股权转让当事人、转让价款、付款时间、违约责任等股权转让协议通常具备的内容，实为股权转让协议，原被告各方也均在该决议上签字及按手印。在各方当事人意思表示真实、自愿，且内容不违反法律法规的禁止性规定时，该协议对各方均有法律约束力，各方均应依法依约履行。

办理股东变更登记手续是股权转让实际履行的标志，而不是股权转让合同成立或生效的法定要件。股权转让合同不是我国《合同法》第四十四条第二款所说的法律、行政法规规定的应当办理登记手续后生效的合同。因

① 参见冯小光：《招标人与中标人未按〈中标通知书〉内容签订施工合同，对签约在先的施工合同不产生变更的效力——新疆建工集团第六建筑工程有限责任公司与新疆天通房地产开发有限公司建设工程施工合同纠纷上诉案》，载中华人民共和国最高人民法院民事审判第一庭编、奚晓明主编：《民事审判参考（总第36集）》，法律出版社2009年版。

此，股权转让合同不应以未办理有关股东变更登记手续为由而否认其效力。

二、关于诉的合并问题

叶某甲辩称，三原告是独立的自然人股东，无法混同，不能在同一案件中作为共同原告提起诉讼，依法应分别作为独立的民事诉讼案件进行诉讼，三原告将各自的股份分别转让给叶某甲，是三个独立的合意形成，三原告可以基于合同相对性提起诉讼，但不能以共同诉讼的方式累加标的额规避应由浙江省庆元县人民法院管辖的一审诉讼案件。对此，笔者认为本案三原告既可以各自诉讼，也可以一并诉讼，原告有选择权，理由为：

《民事诉讼法》第五十二条第一款规定："当事人一方或者双方为二人以上，其诉讼标的是共同的，或者诉讼标的是同一种类、人民法院认为可以合并审理并经当事人同意的，为共同诉讼。"其中，诉讼标的共同是指共同诉讼人对争议的实体法律关系有共同的权利义务，这种权利义务具有共同性和不可分性，决定了所有权利人、义务人必须一同起诉、应诉，共同参加诉讼，由此，导致诉讼主体必须合并，这种共同诉讼是必要共同诉讼。诉讼标的同一种类是指共同诉讼人与对方当事人之间争议的法律关系属于同一种类型，即法律关系性质相同，人民法院可以按照诉讼标的作为独立之诉审理，也可以经审查在符合法定条件的情况下，将同一种类的几个诉讼标的合并在一个诉讼程序中审理。这种共同诉讼实际上既存在诉讼主体合并，也存在诉讼客体的合并，是普通共同诉讼。

本案与上述两种情形均不同，是三原告基于一份相同的决议在同一诉讼程序中向同一被告主张符合法院受诉条件的同一种类的诉，因双方在履行签订同一份决议产生争议，三原告一并向法院起诉，请求支付股权转让款，原告、被告是发生争议的性质相同的法律关系的权利义务主体，故本案不存在诉讼主体的合并，而仅仅存在诉讼客体的合并。法律对同一份合同产生的诉讼标的同一种类的诉的合并没有规定须征得对方当事人的同意，所以受诉法院在决定合并审理前，只要查明该两个以上独立之诉的诉讼标的是同一种类的，且符合法院受诉条件，就可以在不经当事人同意的情况下决定合并审理。原、被告在同一诉讼程序中，对同一份合同产生的几个独立的诉讼标的进行辩论，法院用一个裁判文书作出裁判，一方面有利于公平公正保护当事人双方的诉讼权益和实体权益,避免了同诉不同判,维护了法院裁判结果的统一性;另一方面节省了双方当事人诉讼成本,避免了国家司法资源的浪费,符合民事诉讼法设立共同诉讼制度的原则和目的。因此,一审、二审法院基于合同相对性原则,李某某、吴某某、王某某共同提起诉讼并无不当。

27 隐名股东如何显名化

——童某某诉清远市中某房地产开发有限公司、涂某某、胡某甲、胡某乙、张某某股东资格确认纠纷案

在法庭上能够形成关于案子的系统想法，并以简明而有条理的方式阐述出来，这是一个优秀律师所必需的。

——印度·阿斯蒂纳

【本案提示】

商事活动中，由于各种原因公司在工商部门登记的股东（名义股东）与真正投资人（实际出资人）相分离的情形并不鲜见。实际出资人与名义股东出现权益之争，这在司法实践中也是常见的现象。处理前述纠纷，几乎都涉及实际出资人的股东资格认定问题，厘清该问题已经成为有效解决隐名出资纠纷的首要条件。

笔者代理的童某某诉清远市中某房地产开发有限公司、涂某某、胡某甲、胡某乙、张某某股东资格确认纠纷一案中，童某某将其持有清远市中某房地产开发有限公司 6.6424% 股权挂名登记在涂某某名下后产生纠纷，由于各方当事人在所签订的《内部持股协议书》中约定"如童某某未及时归还银行贷款本息，公司可以不经过童某某的确认按初始投资金额处置其相应股权以偿还公司损失"，又由于种种原因童某某未能按约支付贷款本息；此后房地产市场行情景气，清远市中某房地产开发有限公司在开发"中凯·东

方明珠”项目中获利丰厚,其他股东就不承认童某某的股东资格。

此种情况下,童某某未能按约支付贷款本息是否视为其放弃股东资格?如果童某某具备股东资格,那么能否显名登记?这些均成为本案的争议焦点。

【案例索引】

一审:广东省清远市清城区人民法院(2017)粤1802民初4685号民事判决书(2017年12月22日)

二审:广东省清远市中级人民法院(2018)粤18民终1260号民事判决书(2018年8月20日)

【诉称辩称】

原告:童某某

被告:清远市中某房地产开发有限公司(以下简称中某公司)

第三人:涂某某、胡某甲、胡某乙、张某某

原告童某某诉称:第三人涂某某、胡某甲、胡某乙系被告工商登记的股东,分别持有中某公司38%、22%、40%的股权。第三人与中某公司于2014年7月8日共同签订的《协议书》约定,第三人张某某享有中某公司登记在第三人涂某某名下的占被告股权总额的13%股权的所有权。2014年7月23日,童某某与第三人张某某签订《股份转让合同》,约定第三人张某某将涂某某所持有的、实际股权人为张某某的中某公司6.6424%的股份转让给童某某。鉴于该等转让股权隐名登记在第三人涂某某名下,为此童某某、中某公司及第三人于2014年7月23日共同签订了《内部持股协议书》,约定各方同意在涂某某所持有的、实际股权人为张某某的13%股权中将6.6424%股权转让给童某某,即童某某作为中某公司实际持股人、以涂某某为童某某所持股权的挂名人、实际持有中某公司6.6424%股权。上述协议签订后,童某某即以受让方式成为中某公司的实际股东,但中某公司却一直拒绝为童某某办理股权登记手续,这已影响到童某某的股东权利。为此,童某某诉至法院,请求判令:(1)确认童某某为中某公司的实际股东,享有中某公司登记在第三人涂某某名下的占中某公司股权总额的6.6424%的股权;(2)中某公司为童某某办理股权工商登记,第三人涂某某、胡某甲、胡某乙负有协助中某公司将登记在涂某某名下的占中某公司股权总额的6.6424%变更登记到童某某名下的义务;(3)判令中某公司承担案件诉讼费用。

被告中某公司辩称:一是原告诉请确认其为中某公司的股东资格,于法无据。第三人张某某在与原告童某某签订《股份转让合同》前,已经将其所持中某公司全部股权依法转让给了第三人涂某某,自此已不再持有中某公司的任何股权,没有任何权利再与他人签订关于中某公司的《股权转让合同》,又约定将其持有中某公司6.6424%的股权(银行贷款部分446万元)转让给童某某,明显与事实不符,于法无据,属于无效合同。二是原告诉请其股东资格,于理不符。《协议书》及《内部持股协议书》并非股权转让协议,并不具有股权转让的法律效力。因为张某某此前已将其所持中某公司全部股权转让给了涂某某,其不再持有中某公司任何股权,不再具有转让股权的事实和法律基础。同时,该两份文件,也不符合《合同法》《公司法》关于股权转让的形式要件的规定,不属于股权转让协议。《协议书》及《内部持股协议书》充其量也只能视为解决偿还相关银行贷款本息问题所作的拟转让相应股权的一种计划安排。工商部门于2014年7月2日核准了张某某与涂某某之间股权转让变更登记,张某某自此不再是中某公司的股东。但不可否认的是,第三人张某某尚有应负担偿还的通过中某公司指定相关公司的银行借款本息问题未能解决,其应当承担偿还的相关银行借款本金为446万元。为此,经系列协商,2014年7月8日,张某某与中某公司签订《协议书》;当月23日张某某与原告签订一份所谓《股份转让合同》,涂某某、胡某甲、胡某乙以及张某某、中某公司与原告签订一份《内部持股协议书》。之所以在张某某转让其全部股权后再进行这一系列协商,其实质即在于拟以附条件转让相应股权(6.6424%)的形式落实承接偿还相关银行贷款本金446万元及后续利息责任的主体,即谁能承接张某某偿还相关银行贷款本金446万元以及该款自2014年7月后相关利息的责任,中某公司的三位股东即可按持股比例共转让(实际应为让渡)6.6424%的股权给该承接人;反之,若承接人不愿意承担前述贷款还本付息责任,则股权让渡计划即取消,由中某公司三位股东自行承担前述贷款还本付息责任,并按各自原持股比例增持(注:实际应为回购)对应的股权。上述为解决偿还相关银行贷款本息问题所作的拟转让相应股权的计划安排,若是能得以实现,后还须再依法完善相关股权转让手续才能正式办理股权转让。这一计划安排,既未违反《公司法》等法律规定,也是合情合理、符合实际的。原告未能按《内部持股协议》履行,股权转让未能按计划得以进行,不能请求相应股权。《内部持股协议》主文第二条明确约定:"公司替张某某向银行借款共计人民币446万元,全部由童某某承担该借款的本金和利息的及时偿还和支付,支付时间和金额由公司财务按银行要求通知童某某,如未及时偿还,童某某应承担由此对公司产生的全部损失,同时公司可以不经过童某某本人的确认按初始投资金额(不溢价)处置其相应股权以偿还公司损失。"由此可见,《内部持股协议书》就是涂某某附条件拟转让中某公司6.6424%股权给童某某的一种安排。然而原告在仅仅支付了上述贷款2014年8月一个月的利息35,351元后,即拒绝按照上述约定履行,导致股权转让无法按原计划安排进行。故在2015年1月8日,中某公司召开股东会,全体股东一致决议:"将童某某所持股权及债务按股份比例由股东相应承担,即胡某乙增持公司3.0540%股权,承担对应负债2,050,575元;涂某某增持公司1.9087%股权,承担对应的负债1,281,609元;胡某甲增持公司1.6797%股权,承担对应的负债1,127,816元。增持股东必须及时支付负债本息,并承担所增持股权的盈亏。"至此,原计划为解决偿还相关银行贷款本息问题所作的拟转让相应股权的安排宣布失败。事实上,相关银行贷款本金446万元及其利息也已由三位股东按相应比例份额偿还完毕。童某某不履行其承担偿还相关银行贷款本金446万元及其利息的义务,却单方面主张其相应6.6424%股权的权利,权利请求与其义务承担显然不一致、不对等,于理不符。三是原告对张某某的债权可以通过其他途径得以救济,与中某公司无关。因为原告对中某公司自始至终没有任何出资,其无权向中某公司主张任何权利。同时,因为原告与张某某于2014年7月23日签订的关于中某公司6.6424%股份的所谓《股份转让协议》为无效协议,并拒绝履行同日签订的《内部持股协议》,故其凭借两份协议主张其在中某公司的股东资格,缺乏事实和法律依据,显然是错误的。至于原告对张某某的236万元债权，可以借此另寻其他途径得以救济，但其债权能否得以实现，与中某公司无关。综上所述，中某公司认为原告的诉请缺乏事实和法律依据，请求法院依法予以驳回。

第三人涂某某、胡某甲、胡某乙当庭表示与被告中某公司的答辩意见一致。

第三人张某某述称：中某公司于2009年10月29日成立之时，张某某持有中某公司10%的股权；2010年3月9日，张某某受让涂某某3%股权后实际持有中某公司13%股权；2014年6月25日，张某某因对外债务纠纷而将持有中某公司13%股权挂名登记在涂某某名下，但仍享有该等股权的实际权益。因张某某是中某公司的创始股东且一直参与公司的经营管理，因此对公司事务很清楚。张某某因拖欠童某某236万元且无力偿还，经商议后将张某某持有中某公司中的6.6424%股权转让给童某某，以抵偿债务。当时因该等抵债股权是隐名登记在涂某某名下的，故没有办理相应的股东变更登记手续，仅仅进行了内部股权确认。鉴于以上事实，张某某认为童某某在诉状中的诉称内容都是客观真实的，对其提交的全部证据均没有异议。由于张某某是案涉6.6424%抵债股权的实际出资人（这在中某公司的财务账册和工商登记资料中均可查实），而童某某受让案涉6.6424%股权是双方的真实意思表示且得到了其他股东的一致同意，因此张某某认为童某某的诉讼请求依法有据，应该得到支持。

【事实查明】

清远市清城区人民法院经审理查明：2014年7月23日，童某某与中某公司、涂某某、胡某甲、胡某乙、张某某签订《内部持股协议书》。《内部持股协议书》载明，鉴于中某公司及涂某某、胡某甲、胡某乙、张某某于2014年7月8日签订了《协议书》，以及张某某欠童某某债务到期未能偿还，张某某拟以其在中某公司所持股权部分转让给童某某以抵偿欠款，各方达成如下协议："1. 各方同意在涂某某所持有的、实际股权人为张某某的13%中将6.6424%股权转让给童某某，即童某某作为中某公司实际持股人、以涂某某为童某某所持股权的挂名人、实际持有中某公司6.6424%股权，本协议生效后童某某未经公司同意不得将该股权转让他人或中途退股;2. 公司替张某某向银行借款共计446万元,全部由童某某承担借款本息的偿还,支付时间和金额由公司财务按银行要求通知童某某,如未及时归还,童某某应承担由此对公司产生的全部损失,同时公司可以不经过童某某的确认按初始投资金额处置其相应股权以偿还公司损失;3. ……4. 中某公司及涂某某、胡某甲、胡某乙、张某某于2014年7月8日签订的《协议书》作为本协议附件,本协议是建立在该《协议书》基础上的约定,童某某作为投资人需按该《协议书》履行其职责。同日,童某某与张某某签订《股份转让合同》,约定张某某同意将涂某某所持有的、实际股权人为张某某的中某公司6.6424%的股份(银行贷款部分446万元),张某某至2014年5月止已付息总计154万元,现以236万元转让给童某某,童某某同意张某某用欠款236万元相抵;张某某转让其股份后,其在中某公司原享有的权利和应承担的义务随股份转让而由童某某享有与承担。"

上述《内部持股协议》中提到的《协议书》是由中某公司与张某某于2014年7月8日签订的,内容为:(1)张某某将其持有中某公司13%股权出让给公司股东涂某某,是出于张某某的要求进行工商变更(张某某与涂某某于2014年6月25日签订的《股权转让协议》仅为办理工商登记使用,非两人的真实股权转让,实际并未发生该笔交易),张某某在中某公司实际持股比例13%不变,但不再行使其股东权利而完全授权中某公司代为行使。(2)张某某投资所拥有的权利义务按附件投资人入股协议书的投资人权利义务执行;张某某名下的投资人投资金额合计1,798,620元,共计10份投资人入股协议书,投资人所委托股东为张某某,中某公司有权部分或全部替张某某行使投资人所委托张某某的权利和义务。(3)张某某通过中某公司指定相关公司和个人的银行借款,属于张某某的部分,如因张某某无法及时归还本息,由中某公司代张某某偿还,所产生的利息、违约金、费用等,由张某某承担。中某公司及张某某在《协议书》尾部盖章签名,另外中某公司各股东涂某某、胡某甲、胡某乙也在《协议书》尾部签名。经查,中某公司在2014年6月25日向工商部门提供张某某与涂某某签订的《股份转让合同》,申请股东变更登记,工商部门于2014年7月2日核准了该变更申请。变更完成后,工商公示信息中张某某不再持有中某公司的股权。

中某公司及涂某某、胡某甲、胡某乙在庭审中表示，张某某在2014年6月25日已经将其名下中某公司13%的股权实际转让给了涂某某，涂某某已经支付了相应股权转让款，张某某在2014年7月24日是无权转让中某公司股份给童某某的，《内部持股协议书》中涉及的6.6424%股权实际上是由涂某某、胡某甲及胡某乙提供，拟转让给承接张某某应负担的446万元借款本息之人。中某公司及涂某某、胡某甲、胡某乙还称，由于童某某没有按照《内部持股协议书》的约定支付借款利息，涂某某、胡某甲、胡某乙已经在2015年1月8日作出中某公司股东会决议，由于童某某仅在2014年8月19日支付了本息贷款利息，此后经财务通知均未支付任何利息，并表示不要张某某的股权，也不再承担其责任，故自2014年9月至12月童某某应付利息均暂由代持股东涂某某通过其配偶陈某某账户支付。为避免公司资金链断裂，全体股东一致同意：将童某某所持股权以及债务按股份比例由股东相应承担，增持股东必须及时支付负债本息并承担所持股权的盈亏，童某某未支付的四个月贷款利息按各自比例承担，并按月息2.5分自陈某某支付的前5日开始计息。涂某某、胡某甲、胡某乙在上述股东会决议上签名捺印。为此，中某公司及涂某某、胡某甲、胡某乙提供了部分还款凭证。这些凭证2015年11月前的付款人账户均为陈某某，此后的付款人账户均为胡某甲，付款金额与涂某某、胡某甲、胡某乙的持股比例不一致，童某某对中某公司及涂某某、胡某甲、胡某乙的上述陈述不予确认，并称其没有每月支付贷款利息是由于当时中某公司称先由公司统一支付后再与各股东结算，童某某一直没有收到公司财务还本付息的通知，也不知道涂某某、胡某甲、胡某乙在2015年1月8日作出的股东会决议。

张某某在一审庭审后向该院提供了一份《情况说明》，主要内容为：涂某某于2014年6月27日向张某某汇款的260万元股权转让款仅仅是为了配合工商变更登记和应付其他债权人，张某某在收到该笔款项后就立即汇给涂某某指定的中某公司财务马某某账户；张某某再称将中某公司13%股权挂名在涂某某名下的同时也将持有清远市泰源贸易有限公司30%股权挂名在涂某某名下，并在同日收到涂某某支付的股权转让款300万元后立即汇还给涂某某指定的中某公司财务马某某账户。张某某还提供了其借记卡账户历史明细清单证实前述陈述。

【法院审判】

清远市清城区人民法院认为,本案系股东资格确认纠纷。关于张某某是否有权出售中某公司股权。2014年6月25日前,张某某在工商登记公示信息中是中某公司持有13%股权的股东。虽然张某某在2014年6月25日与涂某某签订了《股权转让合同》将其名下中某公司13%的股权转让给涂某某,但从2014年7月8日中某公司与张某某签订的《协议书》及2014年7月23日童某某与中某公司、涂某某、胡某甲、胡某乙、张某某签订《内部持股协议书》均明确载明:张某某与涂某某并非真实股权转让,涂某某仅是为张某某代持其中某公司13%的股权,而且这种代持行为是中某公司各登记股东都知晓同意的。涂某某支付给张某某的所谓股权转让款已经在同日回转至公司财务人员账户,也可以佐证两人之间的股权转让并非真实的交易。涂某某作为名义股东以工商登记信息为由否认张某某作为实际出资人的权利,不符合法律规定。因此,张某某作为中某公司的实际投资人,有权处分其作为中某公司实际投资人的各项权利义务,张某某向童某某转让其在中某公司实际投资份额,符合法律规定。

关于童某某能否取得中某公司股东资格。童某某与张某某签订《股份转让合同》是双方真实意思表示,童某某也已经以其对张某某的债权支付了股权转让款。根据《内部持股协议书》可知,童某某受让张某某实际投资中某公司6.6424%股权,中某公司及其股东是知情的,并认可了童某某实际投资人的身份。中某公司抗辩童某某在签订《内部持股协议书》后未按约定支付其作为实际投资人应当负担的公司贷款利息,故公司已经在2015年1月5日作出股东决议,将原本拟转让给童某某的中某公司6.6424%股权收回并由涂某某、胡某甲、胡某乙按比例接收后承担相应的还款义务。根据《内部持股协议书》的约定,童某某如未按公司财务通知及时归还公司贷款利息的,童某某应承担由此对公司产生的全部损失,同时公司可以不经过童某某的确认按初始投资金额处置其相应股权以偿还公司损失。中某公司及涂某某、胡某甲、胡某乙处理童某某股权的前提包括公司已经通知童某某支付贷款本息的时间及金额以及童某某拒不支付造成公司的损失。本案中某公司及涂某某、胡某甲、胡某乙提供的证据无法证明中某公司每月均有通知童某某支付贷款本息,也没有举证证明童某某逾期付款造成中某公司的损失。另外,中某公司及涂某某、胡某甲、胡某乙提供的还款凭证,仅能显示陈某某、胡某甲银行账户曾付款至清远市泰源贸易有限公司,不能证明其所声称的2015年1月5日股东会决议作出后,涂某某、胡某甲、胡某乙有按比例承担公司贷款本息。因此,中某公司及涂某某、胡某甲、胡某乙辩称已经承接了童某某的还款义务取得童某某的投资份额,证据不足,该院不予采信。而且股权变更属于股东之间对自身财产权利的处分,不属于股东会职权,涂某某、胡某甲、胡某乙以中某公司股东会的形式处理童某某在中某公司的投资份额也不适宜。综上,童某某依法受让张某某在中某公司的实际投资份额6.6424%,并且在受让投资份额时已经得到中某公司各登记股东的确认,现童某某要求确认其在中某公司的股东资格并要求中某公司及各股东协助办理工商登记,合法有据,该院予以支持。该院依照《合同法》第六十条第一款、《公司法》第三十七条、《最高人民法院关于适用〈中华人民共和国公司法〉若干问题的规定(三)》第二十四条、《民事诉讼法》第六十四条第一款的规定,判决:(1)确认童某某为清远市中某公司的实际投资人,享有登记在涂某某名下清远市中某公司6.6424%的股权;(2)清远市中某公司及涂某某、胡某甲、胡某乙在判决生效之日起30日内,协助童某某办理第一项判决确定的股权的工商变更登记。

中某公司、涂某某、胡某甲、胡某乙均不服一审判决,向清远市中级人民法院提起上诉。

清远市中级人民法院认为,根据本案各方当事人二审诉辩意见,本案争议焦点为:一是童某某是否享有登记在涂某某名下的中某公司6.6424%的股权;二是中某公司和其他股东处置童某某6.6424%股权的行为是否符合《内部持股协议书》的约定;三是涂某某、胡某甲、胡某乙、中某公司是否有义务将登记在涂某某名下的中某公司6.6424%的股权办理股权变更登记至童某某名下。

第一,关于童某某是否享有登记在涂某某名下的中某公司6.6424%的股权的问题。虽然中某公司、张某某、涂某某、胡某甲、胡某乙于2014年6月25日签订的《股份转让合同》反映,从对外关系来看,张某某原持有的中某公司的13%的股份已于2014年6月25日转让给了涂某某,并于2014年7月2日办理了工商变更登记,自此张某某对外已不再持有中某公司的股份。

但中某公司、张某某、涂某某、胡某甲、胡某乙又于2014年7月8日签订了《协议书》,张某某、童某某于2014年7月23日签订了《股份转让合同》,中某公司、涂某某、胡某甲、胡某乙、张某某、童某某于2014年7月23日签订《内部持股协议书》。该三份合同或协议书也可以清楚反映,事实上包括中某公司在内,中某公司的全部股东当时是一致认可:张某某在股东内部关系中仍享有中某公司13%的股权(登记在涂某某名下)。并且,包括中某公司在内,中某公司的全部股东当时还一致认可了张某某将其中6.6424%的股份(即银行贷款部分446万元)转让给了童某某。在中某公司、涂某某、胡某甲、胡某乙、张某某、童某某于2014年7月23日签订的《内部持股协议书》中,各方还进一步明确"本协议生效后,童某某按6.6424%股份比例在中某公司作为投资人享有其权利、承担义务""本协议自签订之日起生效"。据此,一审法院认定童某某享有登记在涂某某名下的中某公司6.6424%的股权并无不当,该院依法予以维持。

第二,关于中某公司和其他股东处置童某某6.6424%股权的行为是否符合《内部持股协议书》约定的问题。中某公司认为因童某某没有偿还借款本息,按照约定可以处置童某某股权,实际上是主张处置童某某股权的行为有效。案涉协议明确,中某公司负有先行通知童某某偿还446万元银行借款本息的义务,只有中某公司履行了通知义务,且童某某仍不偿还借款本息时,中某公司和其他股东才有处置童某某股权的权利。也即是说,中某公司的通知义务是其获得处置权的必要前提条件之一,但中某公司并没有证据证明按照约定履行了通知义务,依照《民事诉讼法》第六十四条、《最高人民法院关于适用〈中华人民共和国民事诉讼法〉的解释》第九十条之规定,中某公司应承担不利的法律后果。而且,中某公司履行通知义务简便易行,在有明确约定通知义务的前提下,中某公司不履行通知义务不符合上述立法本意和交易习惯。因此,中某公司和其他股东处置童某某股权的条件没有成就,其处置童某某股权没有事实根据和法律依据,对童某某不具有约束力。

第三,关于涂某某、胡某甲、胡某乙、中某公司是否有义务将登记在涂某某名下的中某公司6.6424%的股权办理股权变更登记至童某某名下的问题。《最高人民法院关于适用〈中华人民共和国公司法〉若干问题的规定(三)》第二十四条第三款适用的前提是实际出资人的出资没有向公司其他股东披露或股东资格没有得到其他股东认可。具体到本案,其一,从查明的法律事实可知,童某某取得股东资格的依据是童某某与中某公司、涂某某、胡某甲、胡某乙、张某某签订《内部持股协议书》和《股份转让合同》。在签订上述协议书和合同时,案涉当事人在协商一致的基础上达成合意,即张某某将案涉股权转让给童某某并挂在涂某某名下,中某公司、胡某甲、胡某乙均予以认可。上述各方当事人认可的案涉股权转让事实除非当事人另行协商一致或法定事由,不因时空的变化而改变。其二,童某某通过股权转让方式取得股权后,虽然不具备股东资格外在形式上的要件,但已经具备了股东资格内在实质上的要件,相对于中某公司、涂某某、胡某甲、胡某乙而言,童某某已经是中某公司的实际股东。其三,童某某将案涉股权挂在涂某某名下,实际上是委托持股,且胡某甲、胡某乙、中某公司对此都是知道并认可的,童某某据此要求享有记名股东权利,既不损害涂某某、胡某甲、胡某乙的利益,也不损害中某公司的利益,即使此前童某某将股权挂在涂某某名下,亦不应当排除童某某享有《公司法》第三十一条、第三十二条规定的权利,即应将其姓名记载于公司股东名册并办理公司登记机关登记的权利。因此,涂某某、胡某甲、胡某乙及中某公司有义务将登记在涂某某名下的中某公司6.6424%股权办理股权变更登记到童某某名下。

综上所述,中某公司、涂某某、胡某甲、胡某乙的上诉理由不能成立,该院不予支持。一审判决认定事实清楚,适用法律正确,应予维持。该院依照《民事诉讼法》第一百七十条第一款第(一)项规定,判决如下:驳回上诉,维持原判。

【本案代理思路评析】

根据《最高人民法院民事案件案由规定理解与适用》的规定,股东资格确认纠纷是指股东与股东之间或者股东与公司之间就股东资格是否存在,或者具体的股权持有数额、比例等发生争议而引起的纠纷。股东取得完整无瑕疵的股东资格,需具备实质要件与形式要件。实质要件是以出资为取得股东资格的必要条件,且该出资须具有“股权性投资”的性质;形式要件是对股东出资的记载和证明,是实质要件的外在表现。股权取得实质要件是向公司认购出资或者股份而取得股权,包括原始取得和继受取得。

本案中童某某以继受方式取得案涉股权,具有取得股权的实质要件。然而,由于该继受股权委托涂某某代持,故不具备形式要件。中某公司在工商部门注册资本为 2000 万元。后来,因房地产开发资金需要,部分隐名投资人加入,包括张某某在内的原始登记股东为了股权不被稀释,与各投资人约定中某公司的实收资本为 6500 万元,按此计算各隐名投资人的持股比例。登记股东增资扩股部分所需的资金,即以中某公司的土地作为抵押物向关联企业借款。因此,才出现了“案涉 6.6424% 股权对应的出资 446 万元即为银行贷款”的说法。由于童某某没有按照约定还本付息,该等利息均由中某公司垫付,故其他股东声称童某某所享有的股权已被处置,不让其参与中某公司的任何事务,这才酿成本案纠纷。本案诉讼过程中,童某某是否享有案涉股权,以及中某公司、其他股东是否有义务为童某某显名登记,成为本案的主要争议焦点,对此笔者现评析如下。

一、童某某依法享有登记在涂某某名下中某公司 6.6424% 的股权

(1)各方对张某某享有登记在涂某某名下中某公司 13% 的股权没有异议,对童某某从张某某处受让 6.6424% 的股权也没有异议。鉴于案涉 6.6424% 股权是前述 13% 股权的一部分,童某某是以受让方式取得案涉股权,那么根据《最高人民法院关于适用〈中华人民共和国公司法〉若干问题的规定(三)》第二十二条“当事人之间对股权归属发生争议,一方请求人民法院确认其享有股权的,应当证明以下事实之一:(一)已经依法向公司出资或者认缴出资,且不违反法律法规强制性规定;(二)已经受让或者以其他形式继受公司股权,且不违反法律法规强制性规定”之规定,童某某依法享有案涉股权。

(2)各方对《股份转让合同》第一条约定的“6.6424%的股份(银行贷款部分446万元)”的理解发生歧义:中某公司及其他股东认为6.6424%的股份对应的是446万元的债务;童某某认为6.6424%的股份与银行贷款446万元是两回事,是张某某按照工商部门登记的持股比例分担的公司债务。对此,笔者认为童某某的理解更符合客观事实,理由为:①在转让股权之前,张某某持有中某公司13%股权的出资已实缴,该等股权不存在未缴情形,故不可能附加任何负债;②《协议书》《内部持有协议书》均将股权、银行贷款分开约定,尤其是《内部持有协议书》第一条、第五条明确约定,该协议签订后童某某作为中某公司实际持股人、实际持有中某公司6.6424%的股权,并没有附加任何条件;③童某某与张某某约定的是以股权抵债权,童某某是以取得股权作为债权债务抵销的前提条件,不可能受让过来的仅仅是一笔债务,否则就明显违背常理。退一步讲,即便该446万元银行贷款系中某公司替张某某所借,但因该等款项也已实际用于中某公司,故无论是否按照中某公司及其他股东所说的6.6424%股份所对应的出资就是银行贷款446万元,该6.6424%股权对应的出资已全部到位,并不存在任何瑕疵,仅仅是童某某尚欠中某公司446万元,但该等债务并不能影响童某某已经成为中某公司股东的事实。

(3)本案诉讼之前的2017年4月29日,中某公司财务给童某某回复的短信仍明确:中某公司帮童某某交了120万元左右的利息。由此可证实,童某某一直是中某公司的股东。如果中某公司及其他股东在2015年1月就已经处置了童某某的股权,那么此后是不可能还出现中某公司替童某某代付利息的情形。

二、中某公司及其他股东应协助童某某办理股权变更登记手续

《最高人民法院关于适用〈中华人民共和国公司法〉若干问题的规定(三)》第二十四条第三款规定:“实际出资人未经公司其他股东半数以上同意,请求公司变更股东、签发出资证明书、记载于股东名册、记载于公司章程并办理公司登记机关登记的,人民法院不予支持。”在司法实践中,对于“需经其他股东半数以上同意”如何理解存在不同的认识。

笔者认为,上述法条是关于实际出资人要求显名取得股东资格的条件规定,包括实际出资人已经出资、实际出资人与名义股东之间有协议约定且不违反法律法规强制性规定、公司半数以上其他股东认可等要件。其中“需经其他股东半数以上同意”体现了有限责任公司的人合特征。对于该条件的适用,不能简单机械地理解为必须限定在诉讼中征得其他股东同意,而应将范围扩大到诉讼之前公司其他股东是否认可也作为审查基础;应当根据双方提供的证据依法审查该条件成立与否,而非在诉讼中征询其他股东的意见。如果有限责任公司其他股东在公司成立之初即明知其合作伙伴包括实际投资人在内,只是出于公司注册便利的考虑,达成由名义出资人代持其股权的协议,只要协议未对实际出资人变更登记为公司股东的条件进行限制,即使公司其他股东之后明确表示不同意实际出资人成为公司股东,亦不影响实际出资人股东身份的确认。本案中,童某某在受让案涉股权时,其他股东均知情且未提出任何异议,视为认可童某某的股东身份资格,中某公司及其他股东应为童某某进行显名登记,理由为:

(1)童某某是以受让方式依法取得了案涉股权,根据《最高人民法院关于适用〈中华人民共和国公司法〉若干问题的规定(三)》第二十三条“当事人依法履行出资义务或者依法继受取得股权后,公司未根据公司法第三十一条、第三十二条的规定签发出资证明书、记载于股东名册并办理公司登记机关登记,当事人请求公司履行上述义务的,人民法院应予支持”之规定,童某某有权诉求中某公司及其他股东为其办理股权工商变更登记。

(2)根据《股份转让合同》第二条的约定,张某某转让其股份后,其在中某公司原享有的权利和应承担的义务,随股份转让而转由童某某享有与承担。因此,根据《协议书》第一条的约定,童某某跟张某某一样,也将案涉股权相应的股东权利授权给中某公司代为行使,而非授权名义持股人涂某某来行使,童某某与中某公司之间建立的是股东权利代为行使的委托关系。根据《合同法》第四百一十条“委托人或者受托人可以随时解除委托合同”之规定,童某某有权随时解除授权中某公司代为行使股东权利,故《协议书》中有关“张某某不再行使其股东的权利,而完全授权中某公司代为行使”的约定不能妨碍童某某行使显名股东登记的权利。

(3)《最高人民法院关于适用〈中华人民共和国公司法〉若干问题的规定(三)》第二十四条第三款设置的“经公司其他股东半数以上同意”的条件，是针对有限责任公司其他股东并不知道实际出资人的存在，其所认同的合作伙伴是名义出资人的情形，如果允许隐名投资人可以无条件变更为公司股东，将会影响有限责任公司内部关系的稳定。而本案中，中某公司及其他股东本就是《内部持股协议》的签署人，对于童某某受让案涉股权是明知并予以确认，故童某某现要求结束案涉股权被代持的状态并要求确认登记其股权，这无损其他股东的信赖利益。

三、中某公司及其他股东辩称童某某已丧失股东资格，没有相应依据

(1)中某公司及其他股东没有解除童某某股东资格的法定权利。股权是股东基于股东资格而具备的固有权利，而股东资格是基于出资或转让而获得的基础身份，非经法定程序均不得剥夺。《最高人民法院关于适用〈中华人民共和国公司法〉若干问题的规定(三)》第十七条第一款中对解除股东资格作出了严格的规定，即股东除名仅限于未履行出资和抽逃全部出资两种情形。本案中，中某公司出资已全部到位，不存在未履行出资或抽逃出资的行为，故不适用前述法律规定。

(2)中某公司及其他股东没有权利处置童某某的股权。根据《内部持股协议书》第二条的约定，中某公司可以不经童某某本人确认处置其相应股权以偿还损失的前提条件为通知童某某还款且童某某拒不还款。本案中，中某公司及其他股东没有提交有关催告童某某还款的任何证据，故其处置童某某股权的前提条件不成就。况且，双方约定中某公司按初始投资金额对财产进行任意处置，实质上类似于流质条款，应属无效。即便有效，该条约定也属于违约条款，这样的违约责任约定明显过高，根据《合同法》第一百一十四条之规定，童某某有权请求法院进行调整。

通过上述评析，在隐名投资的法律关系中，公司章程、工商登记等材料记载的股东并不是实际出资人，实际出资人以其实际出资要求股东确认其股东资格的，应根据《最高人民法院关于适用〈中华人民共和国公司法〉若干问题的规定(三)》第二十四条等规定，且经过公司其他股东半数以上同意，否则法院对其请求不予支持。因此，如果实际出资人将其享有的股权挂靠登记在他人名下时,笔者建议应尽量要求其他股东在实际出资人与名义股东之间的协议约定上签字确认,或者应当注意保留公司日常经营过程中如股东会决议、股东名册等记载证明其他股东半数以上已同意的证明文件,以备今后显名登记诉讼所需。

28 事实合伙关系的认定

——何某某诉王某某、某某市农村信用合作联社合伙协议纠纷案

世界上唯有两样东西能让我们的内心受到深深的震撼，一是我们头上灿烂的星空，一是我们内心崇高的道德法则。

——德国·康德

【本案提示】

个人合伙是我国市场经济发展状况下产生的一种独立的经济组织形式，在我国经济发展中大量存在，以某一项经济项目的开展而成立，也以该经济项目的完成而终结。随着其运用范围越来越广，实践中由此产生的纠纷也越来越多，尤其是个人主张合伙关系往往在如何分配利益的情况下产生。在无书面合伙协议的情况下，一方主张有合伙关系要求分配合伙利润，而另一方往往否定双方存在合伙关系。此时，是否形成事实合伙关系事关双方切身利益。

笔者代理何某某诉王某某、某某市农村信用合作联社合伙协议纠纷一案的背景是：双方共同参与竞拍一处受让房地产，成功后以王某某的个人名义与某某市农村信用合作联社签署了资产转让合同；之后双方进行共同改造、销售、出租等经营活动。在分配利润过程中，王某某认为何某某是基于其委托而从事前述事务，故起诉至法院要求何某某返还 1700 多万元款项。何某某则认为双方存在事实合伙关系，其享有改造后的房产 50% 的产权，故

另案诉至法院要求确认双方存在合伙关系,同时申请中止审理王某某起诉何某某返还款项的案件。因合伙事务发生时间久远,部分证据缺失,我们就按照有关共同出资、共同经营、共享盈余、口头约定等方面展开收集证据,本案历时近两年时间,终于取得了胜诉的良好效果。

【案例索引】

一审:浙江省杭州市临安区人民法院(2017)浙0185民初3127号民事判决书(2018年8月13日)

二审:浙江省杭州市中级人民法院(2018)浙01民终7221号民事判决书(2018年12月5日)

再审:浙江省高级人民法院(2019)浙民申1811号民事裁定书(2019年9月16日)

【诉称辩称】

原告:何某某

被告:王某某

第三人:某某市农村信用合作联社(以下简称某某信用联社)

原告何某某诉称:原告与被告系朋友关系。2006年6月,原告与被告商议合伙竞买位于临安市锦城街道西苑路原临安市人民印刷厂范围内的资产,并决定以被告的名义参加竞买活动。2006年6月27日,双方合伙以1100万元竞买成功并以被告的名义与某某信用联社签订了《资产转让合同》,且分别于2006年6月29日、7月3日支付转让款200万元、300万元,其中原告出资260万元。由于后续仍需大量资金投入,于是原告与被告于2007年9月共同委托杭州临安三川信息服务中心以保底价1300万元对外居间转让前述资产,但未成功。鉴于此,原告与被告只能继续投入对案涉资产重新进行设计、改造、分割并对外进行销售。2008年开始,原告与被告共同委托临安市建筑规划设计有限公司对该工程进行设计、委托临安恒茂建筑工程有限公司对该工程进行改造。2008年年底,原告、被告又各自向第三人支付150万元、50万元的转让款。

为了进一步明确原告与被告在合伙事务中的职责权限，便于原告更好地开展合伙事务，尽快完成案涉资产的改造施工，被告于 2009 年 2 月 28 日出具一份委托书，明确合伙事务中的改造工程、房屋销售、过户、分割及资金调度等事务均由原告负责。此后，原告以个人名义向临安市水某有限公司、周某妹、李某余等人借款一千多万元用于合伙事务，并以个人名义向第三人付清剩余转让款 400 万元。案涉资产的改造工程于 2011 年 5 月底基本完成。

在案涉资产改造过程中，原告与被告共同委托临安市万佳房地产交易置换有限公司对具备销售条件的房屋进行销售，所得购房款用于支付合伙期间产生的债务。部分尚未销售的房屋，原告与被告共同对外出租，所得租金也用于支付合伙期间产生的债务。2011 年 7 月，原告与被告经核算后，除临街商铺建筑面积为 1751.68 平方米之外的其余房屋销售后所得的购房款，基本可以清偿合伙期间的债务，故前述临街商铺均作为合伙盈余进行分配，并共同登记在双方女儿名下。2011 年 7 月 24 日，原告与被告及双方的女儿一起在临安市公证处作了《房地产产权分割合同》的公证，2015 年之后的房屋租金亦按照 50% 各自收取。

鉴于合伙事务基本由原告负责履行且合伙事务于 2011 年 11 月基本结束后双方已对合伙盈余进行了分配，在此情况下原告同意被告借走合伙期间的日记账及相应的会计凭证进行复核，被告复核后一直没有提出任何异议，但其至今未将前述日记账及会计凭证交还给原告。

综上，从案涉资产竞拍、转让款支付、后续投入、工程改造、房屋销售、房屋出租、临街商铺分割等系列过程来看，原告与被告对案涉资产进行了共同出资、共同劳动并共享收益，且原告实际上为个人合伙事务的负责人。故起诉，请求判令：(1)确认原告与被告的合伙关系（双方对原临安市锦城街道西苑路临安市原人民印刷厂资产的竞买、改造、销售存在合伙关系）合法有效；(2)本案诉讼费用由被告承担。

被告王某某辩称：临安市锦城街道西苑路临安市原人民印刷厂范围内的资产受让于某某信用联社，唯一受让人是王某某，与何某某无关。2009 年年初，为妥善解决资产转让双方的各自需求及矛盾，经与信用社协商决定委托何某某负责对资产的整改、产权分割以及对外出租、出售等。案涉资产中,王某某与何某某之间是委托关系,而非合伙关系。何某某要求确认双方存在合伙关系没有事实和法律依据,请求依法予以驳回原告的诉讼请求。

第三人某某信用联社述称:某某信用联社对原告的诉讼请求没有异议,虽然资产转让合同上签的是王某某的名字,某某信用联社是知道原、被告是合伙的,而且拍卖的现场何某某也参加了。部分资产转让款项也是何某某支付的,王某某出具了委托书给何某某,后来涉及房产的一系列事情都是何某某与某某信用联社联系的,这些事实也是能够证明他们是合伙关系。

【事实查明】

杭州市临安区人民法院经审理查明:2016年6月27日,通过拍卖的方式,某某信用联社作为出让方、王某某作为受让方签订了《资产转让合同》一份,约定将信用社名下的临国用(2004)第×号国有出让商住综合用地2041.30平方米、临安市房权证锦城移字第×号住宅楼一幢(不包含其中他人居住的四套,具体面积以实测为准)、临安市房权证锦城移字第×号生产厂房一幢及其他无产权证的建筑物、尚存的机器设备、水电、办公设施作价1100万元转让给王某某。案涉资产交付后,受让方对资产进行了改造,并将大部分房屋分别出售给了案外人,并将部分房屋过户登记在何某宁(何某某女儿),王欣甲、王欣乙(王某某女儿)名下,并在临安市公证处进行了产权份额公证。从参加资产拍卖开始到转让款的支付、资产改造、出售、出租等,何某某均作为负责人全程参与。其间,因案涉项目缺少资金,何某某还出面借款210万元用于该项目。何某某与王某某以及与双方相关的其他人之间还存在许多资金往来。

【法院审判】

杭州市临安区人民法院认为,本案的焦点在于双方是否存在合伙关系,如果存在合伙关系,合伙的范围是哪些。根据《民法通则》第三十条、第三十五条的规定,个人合伙是指两个以上公民按照协议,各自提供资金、实物、技术等,合伙经营、共同劳动,共享收益,共担风险。本案中,签订案涉资产转让协议的相对方是某某信用联社与王某某，意味着该资产转让协议项下的权利义务应当由某某信用联社和王某某承担，资产转让的风险也由某某信用联社和王某某承担，而何某某在资产转让的过程中并未承担任何风险，故何某某主张其和王某某在某某信用联社案涉资产转让中形成合伙关系的主张，缺乏事实依据，该院不予支持。另外，案涉资产转让给王某某后，何某某不仅全程参与了资产的改造、出售、出租等经营活动，而且是以负责人的名义参与了前述经营活动，并以自己的名义向外融资投入该资产的经营（包括归还资产转让所欠的转让款），承担了巨大的风险。其中部分房屋已经过户至原被告女儿名下，应视为双方作为合伙人共同享受合伙收益并对收益进行分配。某某信用联社在庭审中亦认可王某某与何某某存在合伙关系，也有多个旁证可以间接证明双方的合伙关系。故该院认定双方在案涉资产［范围为临国用（2004）第×号国有出让商住综合用地2041.30平方米、临安市房权证锦城移字第×号住宅楼一幢（不包含其中他人居住的四套，具体面积以实测为准）、临安市房权证锦城移字第×号生产厂房一幢及其他无产权证的建筑物、尚存的机器设备、水电、办公设施］改造、出售、出租等经营活动中存在合伙关系，但从目前的证据来看，该合伙关系的资金账目尚不清晰，盈余分配、亏损承担等具体权利义务尚不明确，但经该院审查，该合伙关系并不存在法律法规规定应当确认无效的情形，故对何某某要求确认双方合伙关系合法有效的诉讼请求，该院予以支持。

综上，依据《民法通则》第三十条、《民事诉讼法》第六十四条之规定，判决如下：（1）确认何某某与王某某在案涉资产［范围为临国用（2004）第×号国有出让商住综合用地2041.30平方米、临安市房权证锦城移字第×号住宅楼一幢（不包含其中他人居住的四套，具体面积以实测为准）、临安市房权证锦城移字第×号生产厂房一幢及其他无产权证的建筑物、尚存的机器设备、水电、办公设施］改造、出售、出租等经营活动中存在的合伙关系合法有效。（2）驳回何某某的其他诉讼请求。

王某某不服一审判决，向杭州市中级人民法院提起上诉。

杭州市中级人民法院认为，本案现争议焦点在于：何某某和王某某在案涉资产的改造、出售、出租等经营活动中是否存在合法有效的合伙关系。首先,某某信用联社作为案涉资产的出让方,确认王某某和何某某合伙进行案涉资产的相关事宜。某某信用联社一审判决宣判后也未就此提出异议,视为某某信用联社对其陈述的进一步认可。相关居间合同、工程结算审定单、增晒图纸、租赁合同上均有王某某或其妻子和何某某的共同签名,就案涉资产所涉租赁纠纷由何某某和王某某作为共同原告起诉,表明王某某和何某某一起从事案涉资产的相关经营活动及共担风险。证明王某某和何某某就案涉资产经营存在合伙关系的除出让方外,还包括案涉资产的代理销售方、工程改造经手人、承租方等,并无证据表明上述多方人员及单位存在串通情形。同时,何某某和王某某的全部子女确认共同购置房产,分别按照均等份额,以产权分割的形式获取相应房产以及对外共同出租经营、主张权利,能够视为何某某和王某某对于合伙收益的分配,其子女承继了相关权益。上述证据相互关联、印证,可以证明何某某和王某某就案涉资产的经营活动存在合伙关系。其次,王某某抗辩何某某受其委托就案涉资产从事相关行为,但就委托报酬等无法提供确凿证据予以证明。而且,合伙中有合伙人委托其他某一个或某几个合伙人对外处理合伙事务并不能推翻合伙关系的存在。同时,王某某和何某某在相关书面凭证中共同签名,以及王某某在建设工程施工合同中单独签名的行为与其所称的委托行为相互矛盾,反而符合分工负责、共同劳动的合伙特征。王某某亦不能证明就案涉资产经营活动中产生的全部开支均由其一人负担。

综合以上,一审判决认定何某某和王某某就案涉资产在改造、出售、出租等经营活动中存在合法有效的合伙关系符合客观事实,并无不当。王某某的上诉请求不能成立,应予驳回。依照《民事诉讼法》第一百七十条第一款第(一)项之规定,判决如下:驳回上诉,维持原判。

王某某不服二审判决,向浙江省高级人民法院申请再审。

浙江省高级人民法院认为,根据《民法通则》第三十条、第三十五条,《最高人民法院关于贯彻执行〈中华人民共和国民法通则〉若干问题的意见(试行)》第四十六条、第五十条规定,个人合伙是指两个以上公民按照协议、各自提供资金、实物、技术等,合伙经营、共同劳动,共享收益,共担风险。如当事人之间无有效的书面合伙协议,但具备合伙实质特征的,即可认定形成事实上的个人合伙关系。经审查,签订案涉资产转让协议的相对方虽然是某某信用联社与王某某,但王某某与何某某之间仍存在合法有效的合伙关系,理由如下:(1)案涉资产转让给王某某后,何某某不仅全程以负责人的名义参与了资产的改造、出售、出租等经营活动,而且以自己的名义向外融资投入该资产的经营(包括归还资产转让所欠的转让款),承担了相应的经营风险。(2)相关居间合同、工程结算审定单、增晒图纸、租赁合同上均有王某某或其妻子和何某某的共同签字,且就案涉资产所涉租赁纠纷由何某某和王某某作为共同原告起诉,表明王某某和何某某一起从事案涉资产的相关经营活动及共担风险,符合双方分工负责、共同劳动、共担风险的合伙特征。(3)何某某和王某某的子女已确认共同购置房产,分别按照均等份额,以产权分割的形式获取相应房产以及对外共同出租经营、主张权利等,故此可以认定何某某和王某某作为合伙人已共同享受合伙收益并对收益进行分配,其子女已承继了相关权益。(4)某某信用联社作为案涉资产的出让方,认可王某某和何某某合伙经营案涉资产相关事宜。一审判决后,某某信用联社也未曾就此提出异议,故某某信用联社对王某某、何某某系案涉资产交易的共同主体不持异议。(5)本案双方合伙关系的具体权利义务虽尚不明确,但该合伙关系并不存在法律规定应当确认无效的情形。王某某辩称何某某受其委托就案涉资产从事相关行为,但就委托报酬等无法提供确凿证据予以证明。而且,合伙中有合伙人委托其他一个或某几个合伙人对外处理合伙事务并不能推翻合伙关系存在的事实。同时,王某某亦不能证明就案涉资产经营活动中产生的全部开支均由其一人负担。据此,一审、二审法院综合上述事实证据,认定何某某和王某某就案涉资产在改造、出售、出租等经营活动中存在合法有效的合伙关系有相应的事实和法律依据。

综上,一审、二审法院认定事实清楚,适用法律正确,实体处理恰当。王某某的再审申请不符合《民事诉讼法》第二百条第(一)项、第(二)项、第(六)项规定的情形。依照《民事诉讼法》第二百零四条第一款、《最高人民法院关于适用〈中华人民共和国民事诉讼法〉的解释》第三百九十五条第二款规定,裁定如下:驳回王某某的再审申请。

【本案代理思路评析】

个人合伙组织作为我国当今市场经济运行的常见主体之一，遍布城乡的各个角落，其中有相当一部分没有签订书面的合伙协议，致使法律关系难以确定。对于事实合伙的判断标准是什么？需要哪些证据予以证明？理论界尚无统一定论。对此，笔者结合本案具体评析如下：

根据《民法通则》第三十条以及《最高人民法院关于贯彻执行〈中华人民共和国民法通则〉若干问题的意见（试行）》第四十六条、第五十条等规定，当事人之间无有效的书面合伙协议，但具备合伙的实质性特征的，即可认定形成了事实上的个人合伙关系。本案中，何某某在共同出资（融资）、共同经营、共负盈亏等方面均提交了系列证据，已形成完整的证据链，可以证实双方存在事实合伙关系。

一、关于共同出资（融资）方面

法律规定出资种类不限，既可以是实物形态的出资，如资金、设备等；也可以是无形财产，如劳务、技术乃至信誉。本案中的现金出资包括两部分，第一部分是支付拍卖款阶段，需要向第三人支付1100万元。从现有汇款凭证来看，2006年支付的500万元中，何某某出资了260万元（该款项为何某某朋友王某忠按照何某某的指示汇付，其中何某某提交的汇款凭证证实其中的60万元汇到王某某的杭州临安宏伟印务有限公司）；2008年支付的200万元中，何某某出资了150万元；2009年支付的400万元中，均以何某某名义缴付。庭审中，王某某辩称1100万元均由其缴付，在委托何某某之前王某某缴付了700万元，其中150万元向何某某借款，委托之后缴付400万元，均系出售房屋所得的款项。王某某的前述辩称，明显违背常理：（1）王某某不认识王某忠，而何某某以其担任法定代表人的临安市水某有限公司为王某忠的公司提供担保而向银行贷款，故王某忠才会按照何某某的指示将260万元汇给何某某，其中60万元直接汇到王某某的杭州临安宏伟印务有限公司账户，该60万元怎么可能是王某某的出资呢？（2）第三人庭审中明确陈述，因王某某未能及时支付拍卖款，又知道何某某、王某某双方系合伙关系，故才同意临安钱王信用社贷款150万元给临安市水某有限公司，何某某向临安市水某有限公司借款后最终支付给第三人。王某某辩称该150万元系向何某某的个人借款，款项至今未还给何某某，但又无法陈述借款利息、借款期限等借款的基本要素；如果该150万元为王某某向何某某的个人借款，王某某理应清楚借款利息、借款期限等基本内容，何某某也会在收取的房款中直接抵扣，由此可见王某某的陈述明显不符合常理。因此，关于该节事实，在何某某已提交相关证据而王某某没有提交任何证据的情况下，应采信第三人和何某某的说法，认定该150万元为何某某的出资。

第二部分是工程改造阶段，鉴于案涉资产是临安市原人民印刷厂倒闭抵债给第三人，资产破旧不堪，其中很大一部分的建筑为厂房性质，另一部分办公楼及街面房又无产权证，将这部分资产改造、厂房用途改变、办出产权证需要投入巨额款项和大量的人力成本、无形开支。也正是这个原因，当时双方还于2007年委托杭州临安三川信息服务有限公司以保底价1300万元对外居间转让前述资产，但未成功。当时保底价1300万元设定得比较低，毛利空间只有200万元，还要扣除已付500万元的一年多的利息以及转让过程中的税费。这就说明当时案涉资产的利润空间不大。在案涉资产对外无法转让且逾期付款违约责任过高的情况下，双方无奈才继续投入。该阶段中，主要由何某某以个人名义对外借款。何某某提供的临安市水某有限公司的领（付）款凭证及相应的银行汇款凭证，以及临安市水某有限公司的董事李某余、毕某灿、监事马某忠的证人证言等证据可以佐证。如果王某某辩称的委托关系成立，何某某作为王某某的受托人却以自己的名义对外借款，若工程改造失败将承担不能偿还借款的全部法律风险，这明显不符合常理。既然何某某承担了该等借款风险，理应享有由此产生的相应收益，故何某某理应为案涉资产的合伙人。

何某某除了在上述两个阶段的投入（含借款及利息）之外，合伙期间的日常管理均由何某某负责，故何某某付出的劳动、投入的精力明显大于王某某，这些也属于合伙的出资。

二、关于共同经营方面

从双方于2006年开始共同竞拍案涉资产，到2012年房屋基本销售完毕止，在长达6年多的时间里，双方对案涉资产进行了共同经营、共同劳动。具体可分为如下阶段：

（1）共同竞拍案涉资产阶段。2006年6月20日，双方一起以王某某的名义报名参加竞拍；同月27日，双方一起到临安新五洲大酒店参加现场竞拍，同日竞拍成功后以王某某名义与第三人签订资产转让合同。前述活动，何某某与王某某均共同完成。

（2）共同洽商对外转让案涉资产阶段。受让案涉资产后，当时双方没有多余资金继续投入，故才于2007年共同委托杭州临安三川信息服务有限公司以保底价1300万元对外居间转让前述资产，尽管未转让成功，但这一行为足可证实双方共担风险、共同劳动，与王某某辩称的委托关系完全不符。

（3）共同委托第三方对案涉资产进行设计、改造阶段。双方共同委托三川信息公司对外转让案涉资产未能成功后，不得不于2008年继续投入资金对案涉资产进行设计、改造。在何某某提供的增晒图纸签收单上，有何某某、王某某妻子骆某娟、改造工程承包人盛某平在不同时期的签字；尽管王某某对该证据的形式提出了异议，但对骆某娟的签名没有任何异议。这就证实早在设计阶段双方就共同委托设计单位进行设计，否则何某某就不可能参与，更不会去领取图纸。在工程改造阶段，盛某平出庭作证时明确陈述是何某某、王某某双方共同委托的，也是与何某某、王某某双方共同进行结算，且何某某、王某某均向其陈述他们是合伙关系，这也与双方提交的工程结算审定单相印证。

（4）共同委托第三方对案涉资产进行销售阶段。案涉资产改造后，由临安市万佳房地产交易置换有限公司进行代理销售，双方对此没有任何异议。而万佳公司的法定代表人陈某红出庭作证时明确陈述是何某某、王某某双方共同委托的，他们是合伙关系。庭审中，王某某陈述房屋对外销售价格是何某某决定的，王某某不知情。王某某的该等说法，证实何某某、王某某双方是合伙关系，否则对如此重大的事务，何某某是无法决定的。

（5）共同对案涉部分资产进行出租、共同诉讼阶段。改造过程中，由于临街商铺的价值最高，双方基本没有对外出售临街商铺，双方共同对外出租的房子也是临街商铺。在2010年10月19日与泰康人寿签订的《租赁合同》的抬头处，明确出租方为信用社、何某某、王某某，在该合同第五条的备注中约定：在产权过户手续未办理完之前，房租统一转给何某某；产权过户完毕后，房租转给产权证上的房屋所有权人。后来，双方于2011年8月17日将前述房屋过户登记至双方女儿名下。签订前述合同时，房屋还在第三人名下，第三人作为出租方符合交易习惯；王某某是案涉资产的名义竞拍人，其作为出租方也符合常理；但如果何某某仅仅是受托人，是不可能与第三人、王某某一起作为出租方来共同签订租赁合同的，更不可能在该合同第五条备注产权过户的约定。由此可证实，何某某是案涉资产的所有权人，其才有资格与第三人、王某某共同作为出租人。

三、关于共负盈亏方面

《最高人民法院关于贯彻执行〈中华人民共和国民法通则〉若干问题的意见（试行）》第四十六条规定："公民按照协议提供资金或者实物，并约定参与合伙盈余分配，但不参与合伙经营、劳动的，或者提供技术性劳务而不提供资金、实物，但约定参与盈余分配的，视为合伙人。"由此可见，是否进行盈余分配是认定是否存在合伙关系的关键要素。本案中，双方以书面协议对合伙盈余进行了分配，具体为：

（1）双方对临街商铺产权按照50%∶50%的比例进行分割。2011年7月24日，双方女儿在临安市公证处签订的《房地产产权分割合同》约定，何某某女儿享有临街商铺50%的份额，王某某的两个女儿各享有临街商铺的25%的份额。结合陈某红的证言，何某某、王某某双方是合伙人，且合伙比例是50%∶50%，而王某某有两个女儿，因此才会有上述份额的约定。由此可见，何某某、王某某双方以临街商铺无偿过户至双方女儿名下的方式均分了合伙盈余。

（2）双方对临街商铺对外出租的租金进行均等分配。临街商铺过户至双方女儿名下后，就可以女儿的名义对外出租。但在与薛某巧、周某签订的两份《营业房租赁合同》中，甲方均是由何某某、王某某双方代签的。在与邵某平签订的《商铺租赁合同》中，虽然由双方女儿签名，但出租方的联系人却约定为何某某、王某某双方。由此可证实，王某某辩称不知晓临街商铺已过户至双方女儿名下是根本不成立的。在收取的租金分配上，如与邵某平签订的《商铺租赁合同》第四条约定，按产权份额支付给房屋所有权人，由此进一步印证双方均分临街商铺，按50%∶50%的比例分配合伙盈余。

(3)双方对剩余的四间房屋进行各自使用。案涉资产经过销售和临街商铺盈余分配后,剩下四间房屋,该四间房屋也是由双方各占两间长期使用至今,这也证实双方按照 50%:50% 分配合伙盈余。

综合以上分析,在合伙人未签订合伙协议时或无有效的书面协议的情况下,可根据是否具备共同出资、共同经营、共负盈亏等实质性特征判断合伙关系是否成立。诸如本案,何某某提交的系列证据证实了双方存在共同出资、共同经营、共负盈亏,应认定双方存在事实合伙关系。本案代理过程中,笔者梳理大量的最高人民法院、高级人民法院有关事实合伙关系认定的案例,从这些案例裁判要旨来看,虽然各法院对具备合伙特征的认定标准不统一,但认为需同时具备三个特征的案例非常罕见,且共同投资作为认定合伙关系存在的依据占据首要地位,一些法院仅根据存在共同投资即认定合伙关系成立。若要求同时具备三个特征才能认定合伙关系成立则过于严格,将导致否认大量事实合伙关系的成立;如此一来,不仅不利于实现私人自治,也不利于社会经济的发展。

29 形式瑕疵的遗嘱是否有效

——钟某甲、钟某乙应诉黄某甲、黄某乙、黄某丙、石某甲、石某乙、黄某丁、胡某某、林某某、朱某某继承纠纷案

善良的心是最好的法律。

——英国·麦克莱

【本案提示】

随着房产的不断升值,如今在离婚、继承等纠纷中涉及房产的案件越来越多。原本看似简单的一些案件,也因房产价值很大导致案件的复杂化。在继承纠纷中,法律规定遗嘱形式的目的是确保立遗嘱人的意思表示真实,有关不符合法定形式要件的遗嘱的效力认定问题,现行法律并无具体规定,对此争议很大。我代理的钟某甲、钟某乙应诉黄某甲、黄某乙、黄某丙、石某甲、石某乙、黄某丁、胡某某、林某某、朱某某继承纠纷一案中,由于立遗嘱人不会签名,且代书人没有在遗书上签字,案涉代书遗嘱存在形式上的瑕疵,对其真实性和合法性争议很大。本案一审就经过四次庭审,历经六位审判人员的审理,且主审法官也曾试图通过调解方式结案,但终因双方差距过大而未果。笔者在代理本案过程中,对遗嘱的相关法律规定及立法本意进行充分研究,并查找了大量类似案例,法院最终采信了我的代理意见,取得了本案胜诉的良好效果。

【案例索引】

一审:浙江省宁波市江北区人民法院(2014)甬北民初字第 1382 号民事判决书(2015 年 8 月 10 日)

二审:浙江省宁波市中级人民法院(2015)浙甬民一终字第 915 号民事判决书(2015 年 11 月 6 日)

再审:浙江省高级人民法院(2016)浙民申 1542 号民事裁定书(2016 年 8 月 11 日)

【诉称辩称】

原告:黄某甲、黄某乙、黄某丙、石某甲、石某乙、黄某丁、胡某某、林某某、朱某某

被告:钟某甲、钟某乙

原告黄某甲、黄某乙、黄某丙、石某甲、石某乙起诉称:被继承人吴某相于 2006 年 6 月 22 日去世,其生前无配偶、无子女,死后留有位于江北区永红村屠家沿的房产、股权和分红以及丧葬费和补贴。原告黄某甲等人的母亲吴某玲和两被告的母亲吴某香与被继承人吴某相系姐弟关系,吴某香先于吴某相去世,吴某玲于 2010 年 11 月 23 日去世。吴某玲的子女分别为原告黄某甲、黄某乙、黄某丙、黄某丁以及原告石某甲和石某乙的母亲黄某戊,黄某戊先于吴某玲去世。根据法律规定,吴某玲对被继承人吴某相的遗产有法定继承权,而两被告的母亲吴某香无继承权。对吴某玲可继承的遗产,应转由其法定继承人黄某甲、黄某乙、黄某丙、黄某丁和黄某戊继承,其中黄某戊的可继承份额则由其子女石某甲、石某乙代位继承。然而被继承人去世后,被告未告知吴某玲被继承人去世的消息,而将被继承人的遗产占为己有。被告的行为不仅剥夺了原告对被继承人祭奠的权利,也侵犯了原告的合法继承权,诉请判令:将被继承人吴某相的遗产由原告黄某甲、黄某乙、黄某丙、石某甲、石某乙和黄某丁继承。

追加原告黄某丁诉称意见与原告黄某甲、黄某乙、黄某丙、石某甲、石某乙的诉称意见一致。

追加原告胡某某、林某某、朱某某答辩称:其母亲吴某根与被继承人吴

某相也系姐弟关系，吴某根于2010年1月21日去世，三追加原告作为吴某根的子女对吴某相的遗产也有法定继承权，三追加原告要求按照法律规定分割被继承人的遗产。

被告钟某甲、钟某乙答辩称：其一，被继承人吴某相已在其遗书中处分了其个人全部财产，原告诉请分割遗产违背了被继承人的遗愿，应予驳回。被继承人吴某相生前未婚，无子女，有三个姐姐，分别为大姐吴某玲、二姐吴某根和三姐吴某香。由于大姐吴某玲、二姐吴某根及其子女都居住在外地，与吴某相往来甚少。三姐吴某香及其子女与吴某相居住在同一个村，双方往来密切。而吴某相生前体弱多病，收入微薄，一直由其三姐吴某香的子女即被告钟某甲、钟某乙照顾，吴某相也将钟某甲、钟某乙视为自己的儿女看待，并多次跟两被告及邻居讲要将其财产全部留给两被告。2006年5月，吴某相同意在其墓碑上仅刻有晚辈钟某甲一人名字，足可看出吴某相与钟某甲之间的甥舅至亲之情。2006年6月7日，吴某相因肺癌被两被告送至宁波市第二医院医治。2006年6月10日，吴某相在桑某某、吴某苗、程某某等多人见证下立下遗书，写明由于其年老体弱，需要依靠两被告终生照顾，故将其房屋及其他一切财产留给外甥钟某甲，大队股份留给外甥女钟某乙。2006年6月22日，吴某相因病去世，其丧葬事亦由两被告等兄弟姐妹操办。以上可以看出，被继承人吴某相于2006年6月10日所立遗书系其真实意思表示，合法有效，且两被告已经履行了遗书中对吴某相的生养死葬义务，现吴某相的所有遗产也早已由两被告继受，故应尊重被继承人的遗愿，依法按照其所立遗书处分其遗产，驳回原告的诉讼请求。其二，原告诉请分割遗产早已超过诉讼时效。被继承人吴某相于2006年6月22日去世后，吴某相的大姐吴某玲得知后因行走不便就委派其子女黄某甲、黄某乙、黄某丙参加吴某相的葬礼。现原告在时隔八年多后再诉请分割吴某相的遗产，尤其是要求分割货币资金，早已超过法律规定的诉讼时效。原告诉称被告未告知吴某玲被继承人已死亡的消息纯属虚构事实。退一步讲，即使原告诉称其不知道被继承人吴某相的死亡时间，也只能进一步证实原告及其母亲在被继承人生前就没有尽到任何的照顾义务。根据我国《继承法》第十三条的规定，原告也不应分得遗产。其三，原告诉称被继承人吴某相留有丧葬费及补贴40,000元,既没有证据支持,也与事实不符。被继承人吴某相生前生活困难,没有积蓄,平时看病及去世后办理丧事所发生的费用均由被告钟某甲支出,吴某相没有遗留丧葬费及补贴40,000元,且法律规定上述项目也不属于遗产范畴。综上,请求驳回原告的诉讼请求,并确认吴某相名下坐落于宁波市江北区永红村屠家沿的房产及附属用房归被告钟某甲所有,吴某相在永红经济股份合作社的股权归被告钟某乙所有。

【事实查明】

宁波市江北区人民法院经审理查明:

第一,被继承人及其相关亲属关系情况。被继承人吴某相,又名吴某重,男,汉族,1933年12月31日出生,生前身份证号为××,于2006年6月22日因病去世。吴某相生前无配偶,无子女,其父母均已去世。原告黄某甲等人的母亲吴某玲和被告钟某甲、钟某乙的母亲吴某香(又名吴某珍)与被继承人吴某相系姐弟关系,吴某香先于吴某相去世,吴某玲于2010年11月23日去世。吴某玲的子女分别为原告黄某甲、黄某乙、黄某丙、黄某丁以及原告石某甲和石某乙的母亲黄某戊,黄某戊于2004年10月4日去世。另查明,追加原告胡某某、林某某、朱某某的母亲为吴某根,1928年9月26日出生,公民身份证号码为××,户籍地为鄞州区高桥镇秀丰村,于2010年1月21日去世。就吴某根与吴某相之间的身份关系,吴某相生前居住地的村委会已出具证明证实其二人之间为姐弟关系,两被告对此也予以了确认,另根据甬江派出所对吴某相几位邻居的调查走访中得知,吴某相确有三个姐姐,其中两个原、被告均已确认,分别为吴某玲和吴某香,还有一个住在鄞州区的姐姐,与吴某根的户籍地吻合。

第二,被继承人的遗产情况。(1)位于宁波市江北区甬江街道永红村屠家沿×弄×号房屋一栋,现已被拆除,该房屋原归被继承人吴某相所有,根据永红村城中村改造相关政策规定,吴某相的继承人可享受相应的拆迁收益。(2)被继承人吴某相于江北区甬江街道永红股份经济合作社的股权38.5股,现股权凭证由被告钟某甲持有。(3)被继承人吴某相去世后的2006年至2014年间于江北区甬江街道永红股份经济合作社的股权分红及货币资金发放 89,000 元,该款项已由被告钟某甲领取。据两被告陈述,被告钟某甲从被告钟某乙处以 50,000 元的价格购得了吴某相在永红村的股权,故股权分红由被告钟某甲领取。(4)被告钟某甲领取的丧葬费和抚恤金 500 元。

第三,被继承人的遗产处置情况。两被告提出,被继承人吴某相去世前已立下遗嘱,将其遗产留给了两被告,故对被继承人的遗产应按其遗嘱进行处置。原告黄某甲、黄某乙、黄某丙、石某甲、石某乙、黄某丁对被告提出的上述事实不予认可,且认为即使被继承人立下了遗嘱,因其遗嘱不符合继承法的规定,也应系无效遗嘱,对被继承人的遗产应按法定继承处理。追加原告胡某某、林某某、朱某某对两被告提出的事实予以确认。该院认为,对两被告提出的上述事实及主张,主要涉及对 2006 年 6 月 10 日吴某相遗书真实性和效力的认定。根据遗书写明内容,该院确认以下事实:案涉遗书中写明,被继承人吴某相由于年老体弱,生病以来,需要依靠其最亲的小阿姐的大女儿钟某乙和小儿子钟某甲照管,被继承人将二人当作儿女看待,在被继承人去世后,将大队股份给钟某乙,将房产和其他一切财产给钟某甲,因被继承人从小以来不识字,该遗书由被继承人口述,委托外甥女婿代写,并把图章和手印摁上。遗书落款写明时间为 2006 年 6 月 10 日,上面盖有吴某相私章,并捺有吴某相手印,另由程某某、吴某苗和杨某某签字,代书人桑某某未在上面签字。对案涉遗书的效力,该院在下文中另行认定。

第四,被继承人吴某相的生养死葬情况。吴某相去世前由被告钟某甲夫妻送医并支付医疗费,去世后也主要由钟某甲操办其丧事,吴某相墓碑上也仅刻着"钟某甲立碑"的字,该些事实在永红村委会的证明中也得到了印证,故对吴某相生养死葬主要由被告兄弟姐妹承担的事实,该院予以采信和确认。

【法院审判】

宁波市江北区人民法院认为,被继承人吴某相于 2006 年 6 月 10 日请人代书遗嘱,将其个人财产赠给了两被告。原告黄某甲、黄某乙、黄某丙、石某甲、石某乙、黄某丁提出,在该遗嘱中,吴某相未签名,所盖私章和所捺手印也不能确认系吴某相本人的私章和手印,代书人桑某某与两被告的妹妹钟某丙当时系夫妻，且未在遗嘱上签名，由其代书的遗嘱也不能确认是否系吴某相本人的真实意思表示，故该遗嘱即使存在也系无效遗嘱。该院认为，关于遗嘱的真实性问题，该院已在上文进行分析和认定，此处不再赘述。关于遗嘱的效力问题，我国继承法仅明确规定以下几种形式的遗嘱无效：一是无行为能力人或者限制行为能力人所立的遗嘱；二是违反遗嘱人的真实意思，受胁迫、欺骗所立的遗嘱；三是伪造的遗嘱；四是遗嘱被篡改的，篡改的内容无效；五是口头遗嘱在遗嘱人的危急情况解除后，遗嘱人能够用书面或者录音形式立遗嘱的，所立的口头遗嘱无效。从以上我国继承法关于遗嘱无效情形的规定中可以看出，遗嘱是否有效，主要看遗嘱是否反映了遗嘱人的真实意思表示，遗嘱形式上的完备与否仅是佐证遗嘱人意思表示是否真实的一种方式。本案中，并无证据表明遗嘱人吴某相在立遗嘱的时候欠缺意思表达能力，其未在遗嘱上签字，也并非其故意不签字或不愿签字，主要因其不会写字，其以盖私章和捺手印的方式代替签字应与签字具有同等效力，此行为应表明遗嘱人已知晓并认可了遗嘱内容。代书人桑某某，虽未在遗嘱上签字，但其出庭确证了案涉遗嘱由其代书的事实，且无证据表明其本人和其前妻钟某丙从案涉遗产中得到了利益，其代书的遗嘱也得到了无利害关系人程某某的证实，没有证据表明桑某某篡改了遗嘱人的真实意思。从遗嘱人吴某相的生平情况来看，案涉遗嘱对遗产的处分方式也在情理之中。吴某相生前为孤寡老人，无妻无子，两被告作为其外甥子女在其生前对其多有照顾，吴某相将两被告作为其赠与遗产的对象符合正常人的情感观念，也在另一方面佐证了案涉遗嘱的内容符合遗嘱人的真实意思。

综上，该院认为，案涉遗嘱虽形式上存有一定瑕疵和欠缺，但其体现了遗嘱人的真实意思，应系合法有效。原告请求按法定继承处理案涉遗产，该院不予支持。对案涉遗产，根据遗嘱人吴某相所立遗嘱，案涉房产归属被告钟某甲所有，该院认为并不违反法律规定，故就案涉股权及分红和货币资金发放，一并归属被告钟某甲所有。对被告钟某甲领取的500元丧葬费，因被继承人吴某相后事主要由被告钟某甲料理，故该500元理应归属被告钟某甲所有。对原告黄某甲、黄某乙、黄某丙、石某甲、石某乙、黄某丁主张的其他遗产，因无证据支持，该院不予处理。根据《继承法》第十六条、第十七条、第二十二条,《最高人民法院关于贯彻执行〈中华人民共和国继承法〉若干问题的意见》第三十五条,《最高人民法院关于民事诉讼证据的若干规定》第二条之规定,判决如下:驳回原告黄某甲、黄某乙、黄某丙、石某甲、石某乙的诉讼请求;被继承人吴某相名下位于宁波市江北区甬江街道永红村屠家沿×弄×号房屋的拆迁收益、被继承人吴某相于江北区甬江街道永红股份经济合作社的股权38.5股及2006年至2014年间的股权分红及货币资金发放89,782元、吴某相丧葬费500元归属被告钟某甲所有。

原告黄某甲、黄某乙、黄某丙、石某甲、石某乙不服一审判决,向宁波市中级人民法院提起上诉。

宁波市中级人民法院认为,黄某甲、黄某乙、黄某丙、石某甲、石某乙在二审中要求调取2006年6月10日吴某相的住院病程记录,以证明吴某相立遗嘱时欠缺行为能力,但其一审未提出调查取证申请,且现有证据不能推定吴某相行为能力欠缺,故该院对其调查取证申请不予准许。原审法院结合现有证据,认定案涉遗嘱真实,该认定正确。案涉遗嘱形式上的瑕疵不影响其法律效力,一审对此认定正确,据此对涉案遗产的处理亦无不当,该院予以维持。据此判决:驳回上诉,维持原判。

黄某甲、黄某乙、石某甲不服二审判决,向浙江省高级人民法院申请再审。

浙江省高级人民法院认为:一是关于本案遗书的真实性问题。根据原判查明事实,本案遗书落款时间为2006年6月10日,由桑某某代书,见证人程某某签名,遗书内容明确,遗书上有被继承人吴某相的私章和手印。现再审申请人亦未能举证证明该遗书系钟某甲、钟某乙伪造的,或者被继承人吴某相在遗书上加盖私章和捺手印不是其本人真实意思表示。故原判对该遗书的真实性予以确认,并无不当。二是关于本案遗书的效力问题。本案遗书属于代书遗嘱。第一,本案代书遗嘱并不存在我国继承法明确规定的遗嘱无效的情形。第二,虽然遗嘱人吴某相未在代书遗嘱上签名,但从其不会写字、均以加盖私章或捺手印的方式代替签名的一贯行为看,其在代书遗嘱上加盖私章和捺手印应当视为其已经签名,此行为表明其已认可代书遗嘱内容。第三,虽然桑某某代书时与钟某甲、钟某乙存在姻亲关系,但桑某某及其前妻钟某丙不是受益人,且再审申请人亦未举证证明桑某某与钟某甲、钟某乙存在法律上的利害关系,故桑某某可以作为代书人。第四,代书人桑某某虽未在代书遗嘱上签名,但其已出庭作证证实本案遗书由其代书,另一见证人程某某亦出庭作证证明了代书遗嘱的形成过程,这已弥补代书人桑某某未在代书遗嘱上签名的瑕疵。第五,再审申请人未举证证明桑某某代书的内容不是遗嘱人吴某相的真实意思。综上,原判认为案涉遗嘱虽形式上存有一定瑕疵和欠缺,但其体现了遗嘱人的真实意思,应系合法有效,并无不当。

综上,黄某甲、黄某乙、石某甲的再审申请不符合《民事诉讼法》第二百条第(二)项、第(六)项规定的情形。依照《民事诉讼法》第二百零四条第一款,《最高人民法院关于适用〈中华人民共和国民事诉讼法〉的解释》第三百九十五条之规定,裁定如下:驳回黄某甲、黄某乙、石某甲的再审申请。

【本案代理思路评析】

本案诉讼过程中,双方对案涉遗嘱形式上的瑕疵和欠缺是否影响其效力争议非常大。笔者作为被告钟某甲、钟某乙的委托代理人,在对有关代书遗嘱的法律规定进行仔细研究并查阅相关案例后,认为在遗嘱形式瑕疵事后可以弥补的情况下应当认定该瑕疵遗嘱有效,法院采信了该观点。笔者现结合本案就遗嘱的效力确认评析如下。

一、关于本案遗嘱有效性的理由

(1)由于吴某相不识字,其在遗书上捺印、盖章的行为与签名具有同等法律效力,依法有效。《遗嘱公证细则》(2000年司法部令第57号)第十八条第二款规定:“遗嘱人不会签名或者签名有困难的,可以盖章方式代替在申请表、笔录和遗嘱上的签名;遗嘱人既不能签字又无印章的,应当以按手印方式代替签名或者盖章。”《最高人民法院关于适用〈中华人民共和国合同法〉若干问题的解释(二)》第五条规定:“当事人采用合同书形式订立合同的,应当签字或者盖章。当事人在合同书上摁手印的,人民法院应当认定其具有与签字或者盖章同等的法律效力。”况且,本案中又有多位证人证实遗书上的手印为吴某相所捺、私章系吴某相所盖。因此,吴某相在遗书上的捺印、盖章行为符合法律规定，应合法有效。如果仅仅因为吴某相不识字、不会签名而否认其捺印、盖章的效力，那么这将直接剥夺了吴某相立遗嘱的法定权利。

(2)案涉遗书上既盖有吴某相日常使用的私章，也有吴某相的手印，并注明了年、月、日，还有多位见证人在场见证，其中代书人桑某某及见证人程某某、童某某、吴某苗与吴某相、钟某甲、钟某乙没有利害关系。尽管代书人桑某某没有在案涉遗书上签名，但因桑某某已出庭对该遗书出具过程进行详细的陈述，与遗书内容一致，遗书形式上的瑕疵已被现有证据消除。因此，该份遗书符合《继承法》的规定，合法有效。

(3)案涉遗书中已经写明代书人的身份为吴某相的外甥女婿，即钟某甲、钟某乙的前妹夫桑某某，而且桑某某已经认可遗书系其根据吴某相的口述而代写，并且已经出庭作证，详细陈述了遗书形成的整个过程。立法规定代书人签名的目的，主要是明确代书人的身份。桑某某出庭作证的行为，不仅进一步明确了代书人的身份，也进一步证实了遗书的真实性。

(4)代书人桑某某与继承人没有利害关系，其完全可以作为遗嘱见证人及代书人。关于何为"有利害关系的人"，在法律上规定较为简单。在民法领域通常是指近亲属和债权债务人，其中近亲属根据《最高人民法院关于贯彻执行〈中华人民共和国民法通则〉若干问题的意见(试行)》第十二条的规定，即"民法通则中规定的近亲属，包括配偶、父母、子女、兄弟姐妹、祖父母、外祖父母、孙子女、外孙子女"；其他利害关系人泛指与某一特定主体建立有民事法律关系的相对人，如《最高人民法院关于贯彻执行〈中华人民共和国继承法〉若干问题的意见》第三十六条规定，"继承人、受遗赠人的债权人、债务人，共同经营的合伙人，也应当视为与继承人、受遗赠人有利害关系，不能作为遗嘱的见证人"。从以上规定可以看出，利害关系人的认定基本限于以上两类主体，从外观上看主要是有较大经济依存度的关系。由此来看，桑某某并不属于上述范畴，既不属于近亲属范畴，也没有证据证实其与继承人有任何债权债务关系。而且，不管最后被继承人的遗产是按照遗书处理还是按照法定继承处理，桑某某都不会得到任何利益。据此，桑某某可以作为案涉代书遗嘱的代书人和见证人。

(5)同是原告身份的胡某某、林某某、朱某某,他们认可吴某相的遗书,尊重吴某相的遗愿,也进一步证实了涉案遗书的合法、真实。

(6)吴某相膝下无子女,钟某甲、钟某乙等兄弟姐妹对其承担了主要的赡养义务,负责其生养死葬、养老送终。至今,他们仍然坚持每年在清明节、冬至等节日对吴某相进行祭祀、扫墓。就像遗书所述,他们是将吴某相当作父亲来看待的。而黄某甲、黄某乙、黄某丙、石某甲、石某乙,在吴某相生前没有对其进行任何照顾,竟然还不知道吴某相的死亡时间;在吴某相死亡后,没有对其进行任何祭祀,竟然不知道吴某相的坟墓在哪里。无论是从法律规定来看,还是从当地的风俗习惯来看,黄某甲等人均不应继承吴某相的遗产。

(7)司法实践中,法院对于民事案件的处理应当合情合理合法,对法律条文的理解和运用应当考虑适用法律的社会效果。对有关民事行为效力的确定,应当审查民事行为是否违反了法律禁止性规定,只有违反法律禁止性规定的民事行为才能确认无效。本案中,案涉遗书显然不属于《继承法》第二十二条所规定的无效遗嘱情形,因此应当尊重被继承人吴某相的遗愿,妥善执行遗书中对财产的分配。

二、关于形式瑕疵遗嘱的效力确认

法律对一些证据载体规定了形式要件,其目的是保证证据载体所记载的证据内容的真实性和可核实性。同理,法律规定遗嘱的形式要件,也旨在确保遗嘱为立遗嘱人的真实意思表示。遗嘱形式要件是否为遗嘱生效的要件之一,对此存在很大的争议,如2011年12月6日《最高人民法院研究室关于代书遗嘱虽不符合法定形式要件但确系遗嘱人真实意思表示能否认定有效问题的答复》中明确,不符合法定形式要件的代书遗嘱不宜认定为有效。然而,由于民众法律意识参差不齐,所立遗嘱形式的很大部分不符合法律规定要求,即遗嘱形式存在瑕疵。如立遗嘱人没有注明年、月、日,或立遗嘱人所立遗嘱并非亲笔书写而是打印,或立遗嘱时代书人没有签名事后又找不着,或代书遗嘱时没有见证人现场见证或见证人没有签名或者见证人事后签字,等等。立遗嘱时存在的前述形式瑕疵,在农村和落后地区很常见。如果将形式存在瑕疵的遗嘱一律认定为无效,无疑会造成一些不知法不懂法、又在立遗嘱时没有得到咨询帮助的普通民众,在客观上失去了自己订立遗嘱的权利。

任何事物都有其两面性,如果贯彻绝对的遗嘱形式法定主义,就会发生可能体现被继承人真实意思表示的遗嘱无法得到确认的结果,使得遗嘱自由原则很大程度上打了折扣;如果无原则地放任遗嘱形式自由,则无法确保遗嘱的真实性和严肃性,无法有效防止他人伪造、篡改遗嘱内容。对有关民事行为效力的确定,应当审查民事行为是否违反了法律禁止性规定,只有违反法律禁止性规定的民事行为才能确认无效。对形式要件有一定缺陷的,其效力应综合分析判断,笔者认为可按如下方式确认:

1. 对于形式上有欠缺的遗嘱,如内容合法,确为遗嘱人真实意思表示,又有相应证据弥补遗嘱形式上的不足,应认定为有效遗嘱。

对形式上有欠缺的遗嘱,欲作有效认定,我认为应满足三个条件:第一,遗嘱内容合法;第二,有相应证据弥补遗嘱形式上的不足;第三,有相应证据证明确为遗嘱人的真实意思表示。关于遗嘱形式上不足的弥补,需要说明的是,遗嘱非遗嘱人亲笔签名,而是捺印或盖章,若有相应证据证明该捺印或盖章行为是遗嘱人亲为,应认定为有效;遗嘱见证人不符合法律规定,比如见证人没有签名但能够见证遗嘱真实性情形,若有相应证据弥补该不足,应认定为有效;遗嘱记载日期不准确或不全面,若有相应证据证明其准确日期或者证明遗嘱人订立遗嘱时具有遗嘱能力,应认定为有效;等等。如本案中代书人桑某某没有在案涉遗书上签名,但因桑某某出庭对该遗书出具过程进行详细的陈述,该遗书形式上的瑕疵已被弥补,从而被认定为有效。

2. 对于形式上有欠缺的遗嘱,但无法弥补遗嘱形式上的不足,可以认定为无效遗嘱,但利害关系人一致认可该遗嘱为遗嘱人真实意思表示的除外。

对形式上有欠缺的遗嘱,如代书遗嘱的见证人没有在遗嘱上签名,事后见证人也没有出庭作证,该遗嘱形式上的瑕疵无法弥补,进而影响该遗嘱的真实性,故难以确认该遗嘱的效力。再如代书遗嘱的代书人与被继承人、继承人存在利害关系,该等形式上的瑕疵事后也无法弥补,故难以确认该遗嘱的效力。但是,如果代书遗嘱形成后,相关利害关系人均在该遗嘱上签字,由于该遗嘱是被继承人的真实意思表示,前述无法弥补的形式瑕疵也不应影响该遗嘱效力。

本案只是现行司法实践中存在大量的因遗嘱形式瑕疵导致遗嘱效力纠纷的缩影,由于现行法律法规对此没有明确规定界限,当事人持有的遗嘱有可能因形式瑕疵而失效。当处在生命的最后一段时光,绝大多数人无法抗拒对死亡的恐惧;但遗嘱的订立,作为个人一生中最后的愿望,可以使人们在面临死亡时更加从容安定。所以,最大限度保障公民遗嘱的生效,这也是法律对人性温情的尊重。本案判决,无疑是一份说理清晰并充满人文情怀而不失理性的判决!

30 优先购买权的实现

——吕某某、姚某某诉石台县某某镇人民政府、徐某某共有人优先购买权纠纷案

在一个法治的政府之下，善良公民的座右铭是什么？那就是“严格地服从，自由地批判”。

——英国·边沁

【本案提示】

农村集体林地、林权流转是新时期加强森林管护、促进林业发展的重要措施，本是一件利国利民的好事；然而近年来，一些不法商贩和极少数主管部门钻林地、林权流转政策空子，人为设置竞买限制条件，损害林农的合法权益。笔者在代理原告吕某某、姚某某诉石台县某某镇人民政府、徐某某共有人优先购买权纠纷一案时，精细解读了现行法律赋予共有人的权利及优先购买权的实现途径，历经两年多时间的诉讼，最终为当事人取得了最大限度的合法权益。一户农民告赢了主管政府和企业主，在当地引起了强烈反响。

【案例索引】

一审：安徽省石台县人民法院（2007）石民一初字第56号民事判决书（2008年12月8日）

二审：安徽省池州市中级人民法院（2009）池民一终字第86号民事裁定

书(2009 年 6 月 18 日)

重审:安徽省石台县人民法院(2007)石民一初字第 56－1 号民事调解书(2009 年 12 月 4 日)

【诉称辩称】

原告:吕某某、姚某某

被告:石台县某某镇人民政府(以下简称某镇政府)

徐某某

原告吕某某、姚某某诉称:1985 年 8 月 8 日,原告承包了包括石台县某某村大桐坑组莲花形在内的多处山场,并依法取得了石林包字第××号林山承包使用证。1992 年 8 月 22 日,某镇政府与原告就莲花形面积为 120 亩山场共同开发事宜签订了《项目造林联营协议书》,协议约定由吕某某、姚某某投资山场,林木收益后双方按比例分成。2005 年 9 月 20 日,某镇政府在原告毫不知情的情况下,将上述林场对外公开竞买,并于同月 30 日与被告徐某某签订了《林场林地使用权及林木所有权、使用权流转合同》(以下简称《流转合同》)。合同签订后徐某某在上述 120 亩林地里砍伐林木并出售。原告认为某镇政府与徐某某严重侵害了自己的合法权益,为此诉至法院,请求判令:(1)确认两被告签订的《流转合同》中涉及原告部分无效;(2)被告某镇政府将其与原告共同经营的 120 亩林场林木按价款 51,055.01 元优先转让给原告;(3)被告返还其在原告 120 亩林地中砍伐林木出售所得。

被告某镇政府辩称:针对原告持有的林山承包证、两被告之间签订的流转合同等事实不持异议,但林场山林权流转是按照县委县政府的要求,严格按照山林权程序规定进行的,不存在任何单方面擅自主张将林场转让和侵犯任何一位投山农户的合法权益,请求依法驳回原告的诉讼请求。

被告徐某某辩称:2005 年,经石台县林业局调查规划设计室评估,原告山场实际成林面积为 105.8 亩,总材积为 268.40 立方米。在石台县林业局于 2005 年 9 月 20 日组织的公开竞买中被告以 77.9 万元(含投山农户分成)中标。转让合同签订后,在被告某镇政府指导督促下,被告在主持原投山协议的基础上与原投山农户充分磋商,分别与方某勇等 7 户达成一致,一次性兑付了全部投山分成款。但与原告多次协议无果,被告按原项目造林联营协议书履行了义务。

【事实查明】

石台县人民法院经审理查明:1991 年 7 月 1 日,某镇政府为健全世行项目造林的组织机构,组建了石台县某某项目林场。1992 年 8 月 23 日,原告吕某某、姚某某与某镇政府签订了项目造林联营协议书,协议约定本着自愿、平等、互利的原则,经协商将涉及面积为 120 亩的原告莲花形山场纳入世界银行贷款造林项目,共同开发联合经营,山场四至为:东至大沟,南至大岗(黟县山界),西至大岗(南关山界),北至吕某杰生产林山沟,林材收益后按纯收入 15% 分成给原告,木材出售一次性付清,某镇政府负责投资投劳,并承担世行贷款的本金和利息,原告方不承担任何负担,某镇政府在合同规定范围内施工,原告方不得以任何借口阻止施工。该协议对双方的其他权利和义务进行约定,但未设立合同期限。随后某镇政府组织在该山场植栽了杉林木,由林场负责日常的管理。基于管理不便和需归还贷款等因素,2005 年 3 月 29 日被告某镇政府委托石台县林业局全权组织林场竞买活动,随后石台县某某镇林业站张贴了竞买公告,确立了时间、地点、竞买标的展示时间和竞买登记簿。2005 年 9 月 20 日进行竞买活动,被告徐某某以 77.9 万元中买林场。2005 年 9 月 30 日被告某镇政府与被告徐某某签订了《流转合同》。2005 年 10 月 18 日被告徐某某向被告某镇政府申请对竞买的林场世行人工杉木林抚育间伐。2005 年 10 月 29 日被告徐某某与林场吕某林、唐某连等投山户达成投山收益分成权转让,一次性给付了转让款,但与两原告未达成协议。2005 年 11 月 21 日被告徐某某取得林木采伐许可证,对林场杉林进行间伐。为查明被告徐某某在两原告山场上间伐林木的材积,经原告申请,该院委托安徽百友资产评估司法鉴定所对被告徐某某在石台县某某村大桐坑组莲花形 120 亩山场内砍伐林木的净收益进行鉴定,鉴定结论为鉴定标的物在鉴定基准日的价值为 20.33 万元。

【法院审判】

石台县人民法院认为，原告与某镇政府签订的《项目造林联营协议书》是双方当事人的真实意思表示，且内容不违反法律、法规的规定，为合法有效的合同。该合同一经订立，合同当事人应当全面履行自己的义务，不得擅自变更和解除合同。被告某镇政府在将自己的权利和义务通过竞买的方式转让给第三人及本案的被告徐某某时，未征得两原告的同意，故被告某镇政府与被告徐某某签订的《流转合同》中涉及两原告在石台县某某村大桐坑组莲花形 120 亩山场的转让行为无效。从《项目造林联营协议书》约定的内容来看，两原告将该山林承包经营权中的占有和使用权的权利交由某镇政府行使，保留收益权，两原告不参与林场的经营管理，无权决定林场林木何时砍伐和砍伐数量。同时，被告某镇政府是将该林场整体竞买，两原告要求以 51,055.01 元优先取得其在该林山林木所有权的请求无法律依据，该院不予支持。被告徐某某在两原告的山场所砍伐的林木价值为 20.53 万元。根据两原告与某镇政府签订的《项目造林联营协议书》被告徐某某应按纯收入的 15% 向两原告支付收益人民币 30,795 元。据此判决：被告某镇政府与被告徐某某签订的《流转合同》中涉及原告吕某某、姚某某山场的部分无效，被告徐某某于判决生效之日起十日内给付原告吕某某、姚某某林材收益 30,795 元，驳回原告吕某某、姚某某其他诉讼请求。

原告吕某某、姚某某不服一审判决，向安徽省池州市中级人民法院提起上诉。

安徽省池州市中级人民法院经开庭审理后认为，原判决违反法定程序，可能影响案件正确判决，裁定如下：撤销石台县人民法院（2007）石民一初字第 56 号民事判决书，发回石台县人民法院重审。

本案发回重审后，石台县人民法院另行组成合议庭，于 2009 年 8 月 24 日公开开庭审理。经该院主持调解，双方当事人自愿达成如下协议：（1）吕某某户同意将在林场投山分成收益权一次性转让给徐某某，徐某某为此一次性支付吕某某户投山分成款 60,000 元，并补偿吕某某户因诉讼造成的损失 90,000 元。上述费用合计 150,000 元，于 2010 年 4 月 16 日前一次性付清。如到期不予支付，则应另行支付吕某某户 50,000 元。（2）鉴定费

12,000元,由石台县某镇政府负担。(3)案件受理费6510元,减半收取3255元,由吕某某户负担255元,石台县某镇政府负担3000元。

【本案代理思路评析】

本案不仅仅是一个单纯的法律问题,更是一个涉及社会性、政治性的法律问题,是关系农村社会能否长期稳定,关系集体林权改革政策能否正确落实的大事件。笔者接受原告的委托,在两年多时间的诉讼过程中,各级法院均派出强大阵容对本案进行审理,如一审、二审法院均由副院长、庭长等人组成合议庭审理。针对案件中涉及优先购买权所出现的法律争议则越发引人深思,各级法院、每位法官的观点不一。笔者集各方专家观点,提出按份共有人有权按照出卖人与第三人约定的相同条款而强行缔结买卖合同关系从而实现其优先购买权的结论,并得到二审法院的认同。发回重审后,通过调解,原告获得了超越原先期望的诉讼结果。针对本案争议问题,现评析如下。

第一,《流转合同》中所涉林地使用权相互独立可分割,包括原告在内的每户农民均依法取得了林山承包使用证,是该林地的合法承包方;某镇政府对上述林地使用权进行整体流转的行为违反了相关法律规定,不能以整体竞买林场而否定原告依法享有的优先购买权。

从某镇政府和徐某某之间签订的《流转合同》中可以看出,该合同涉及了两层法律关系:一是林场林地使用权流转关系,二是林地上的林木所有权、使用权流转关系。某镇政府无权流转本案所涉林地使用权,且整体流转林地使用权违反了法律规定,侵犯了承包方的合法权益,理由如下:

(1)石台县林山承包使用证和《项目造林联营协议书》可以证实:本案所涉林地使用权仍然属于原告所有,其并没有将林地承包经营权转让给某镇政府,只有原告才有权对该林地承包经营权进行流转。这在某镇政府提交的、与石台县某某村大桐坑组农民签订的系列联营协议中也可以证实,如其与吕某林、方某标、方某明等所签订的《项目造林联营协议书》中就约定,“联营期间,山权归乙方(即上述承包户)所有”。因此,《流转合同》中所涉林地使用权的承包方均是石台县某某村大桐坑组的农民。因该林地使用功能相互独立，石台县人民政府也是向各农户颁发各自相对应的承包使用证，本案《流转合同》中所涉林地使用权证也并不是单独的、不可分割的一本承包使用权证。

(2)《流转合同》中所涉林地使用权的承包方与某镇政府签订的联营协议书所约定的权利义务并不一样：如原告与某镇政府签订的联营协议关于收益的分成约定为，“林木收益后按纯收入85%至15%分成：甲方得85%，乙方得15%”。但在某镇政府与方某标、方某明、方某敖签订的联营协议关于收益的分成却这样约定，“山场林木收益后，按年总毛收入的15:85分成，即甲方得85，乙方得15”；与吕某林签订的联营协议关于收益的分成又有不同的约定，即“山场林木收益后，按年总毛收入75%至25%分成，甲方得75%，乙方得25%”。某镇政府与方某标、方某明签订的联营协议均有“联营期间，乙方木材计划，根据实际情况由甲方负责提供”的约定，但在与原告、吕某林、方某敖签订的联营协议中却没有这样的约定。此外，关于经营管理、联营期限等约定也各不相同。因此，某镇政府与上述农民签订的联营协议书中约定的权利义务是不一样的，各位农民只能依法按照各自联营协议书与某镇政府共有其承包林地上的林木，而该共有权不能扩张到其他农民所承包林地上的林木，故《流转合同》中所涉林地使用权是独立的，林木也是相互独立的。

(3)案涉《流转合同》第一条约定：“经县林业局评估总面积1418亩，有林地面积891亩，详见评估报告书。”而某镇政府、徐某某均辩称：“2005年经石台县林业局调查规划设计室评估，原告山场实际成林面积为105.8亩，总材积为268.40立方米。”可见，石台县林业局在评估时，就是按照每户农民的林山承包使用证所记载的林地上的林木独立进行评估的。因此，《流转合同》中所涉林地使用权是独立的，林木也是相互独立的。

(4)某镇政府提交的协议收据也证实了投山分成转让款是按照每户农民所享有的林地使用权、林木所有权进行分配计算的，且每户每亩山场转让款也不一样，如唐某连的每亩山场转让款为349.21元(44,000元÷126亩)，石某宝等的每亩山场转让款为357.14元(20,000元÷56亩)，方某明、方某勇等的每亩山场转让款为376.32元(178,000元÷473亩)。因此，《流转合同》中所涉林地使用权的承包方是独立的，林地上的林木价值也并不一样，且相互独立。

综上，《流转合同》中所涉林地使用权相互独立可分割，包括原告在内的每户农民均依法取得了林山承包使用证。在与某镇政府联营期间，并没有将林地承包权转让给某镇政府，每户农民仍是该林地的合法承包方。《农村土地承包法》第三十四条规定："土地承包经营权流转的主体是承包方。承包方有权依法自主决定土地承包经营权是否流转和流转的方式。"据此，某镇政府无权流转本案《流转合同》中所涉林地使用权。即便除其他农户在事后同意某镇政府进行流转，因徐某某不是某某村大桐坑组的成员，某镇政府也没有取得村民代表同意的相关证据，根据《土地管理法》第十五条第二款"农民集体所有的土地由本集体经济组织以外的单位或者个人承包经营的，必须经村民会议三分之二以上成员或者三分之二以上村民代表的同意，并报乡（镇）人民政府批准"之规定，本案《流转合同》中所涉林地使用权流转行为自始无效，不存在整体竞买林场的合法行为。

第二，原告和某镇政府联合经营期间，在原告承包的林地上的林木依法属于双方共同共有，某镇政府在原告不知情的情况下就对外竞买林木严重侵犯了原告依法享有的优先购买权。

原告和某镇政府签订的《项目造林联营协议书》在协议总则就明确约定，"由某镇政府和原告共同开发联合经营"。因此，原告和某镇政府依法共同享有联合经营收益即林木收益，该林木也属于双方共同共有。某镇政府在转让其所享有林木份额时，应征得原告的同意，原告在同等条件下享有优先购买的权利，这在《物权法》第一百零一条、《民法通则》第七十八条第三款和《最高人民法院关于贯彻执行〈中华人民共和国民法通则〉若干问题的意见（试行）》第九十二条均有明确的规定。

无论从优先购买权的立法目的角度看，还是从司法实践的角度看，优先购买权都应该具有三项主要法律效力：其一，要能成立买卖合同，否则"购买"便是无稽之谈；其二，合同权利要能优先实现，这是"优先"应有之义；其三，要能实际取得物权，这是权利所蕴利益的最直接体现。这三项主要效力也可分别称为形成效力、优先效力和追及效力。形成效力，即权利人可依单方意思表示使法律关系发生、变更和消灭，并产生各种权利及请求权，而相对人则受到拘束，必须容忍和接受此法律效果。优先购买权的形成效力表现在出卖人与第三人成立买卖合同关系时，权利人主张优先购买权就能使其与出卖人之间按同等条件产生买卖合同关系，并产生债权请求权。优先效力，是指物权优先于债权的效力，债权之间不具优先效力，基于优先效力，优先购买权人可以排在第三人前面，要求出卖人向其转移所有权，以实现其债权，这也是优先购买权在《物权法》作出规定的原因之一，即普遍认为优先购买权是一种准物权。追及效力，是指如果出卖人基于与第三人之间买卖合同向第三人转移了所有权，优先购买权人可主张出卖人与第三人间物权变动行为无效，使物权恢复至该物权变动行为之前的状态。

如上所述，两被告签订的《流转合同》中所涉林地使用权是独立的，而生长在林地上的林木也是相互独立的，某镇政府人为设置整体竞买的行为不影响原告依法享有优先购买权的实现，这在最高人民法院对优先购买权的相关规定也可以证实，如《最高人民法院关于承租部分房屋的承租人在出租人整体出卖房屋时是否享有优先购买权的复函》就规定："从房屋使用功能上看，如果承租人承租的部分房屋与房屋的其他部分是可分的、使用功能可相对独立的，则承租人的优先购买权应仅及于其承租的部分房屋；如果承租人的部分房屋与房屋的其他部分是不可分的、使用功能整体性较明显的，则其对出租人所卖全部房屋享有优先购买权。"而本案中某镇政府与每位农民都签订了权利义务不一样的联营协议，组成了许多各不相同的联营体，在对联营资产进行处分时，不能对所有的联营体组合、整体地进行处分，否则就违背了《最高人民法院关于审理联营合同纠纷案件若干问题的解答》第七条第（三）项"联营体在联营期间购置的房屋、设备等固定资产不能分割的，可以作价变卖后进行分配。变卖时，联营各方有优先购买权"之规定。如果对联营体不好理解，那么完全可以将某镇政府与每位农民签订的每个联营体都看作是一个公司。显然，在转让股权时，是不可以将享有不同公司的股权捆绑转让的。因此，某镇政府人为设置整体竞买的行为，不影响原告依法享有优先购买权。

关于原告诉请"某镇政府将其与原告共同经营的 120 亩林场、林木，以某镇政府出售给徐某某的同等价款优先转让给原告”中的同等价款，是按照两被告签订的《流转合同》中的相关约定计算出来的，即（竞买成交价－投山农户分成款）÷林地总面积×上诉人承包林地面积＝（779,000元－175,700元）÷1418亩×120亩＝425.45839元/亩×120亩＝51,055.01元。

在《流转合同》中就明确：“经县林业局评估总面积1418亩，有林地面积891亩，详见评估报告书。”而两被告也均承认：“2005年经石台县林业局调查规划设计室评估，上诉人山场实际成林面积为105.8亩，总材积为268.40立方米。”可见，在评估报告书中就有每户农民承包地林木的详细评估数据，而竞买成交价（77.9万元）与评估价（77.6万元）仅仅相差3000元，相差率仅为0.39%，且某镇政府应提供而始终未敢提供全部评估报告书。《最高人民法院关于民事诉讼证据的若干规定》第七十五条规定：“有证据证明一方当事人持有证据无正当理由拒不提供，如果对方当事人主张该证据的内容不利于证据持有人，可以推定该主张成立。”因此，原告按照上述方法计算出来的同等价款是合情合理合法的。如果某镇政府能够提供详细的评估报告书，原告也愿意按照评估报告书的评估价值加上相应的竞买成交相差额作为购买价款支付给某镇政府。

第三，本案所涉《流转合同》不仅仅是一项单纯的法律问题，更是一项政治中的法律问题，是关系《农村土地承包法》和党中央国务院规定的要“赋予农民长期而有保障的土地使用权”能否得以切实维护，关系农村社会能否长期稳定的大事件。

早在1993年，国家就将“农村集体经济组织实行以家庭承包经营为基础、统分结合的双层经营体制”写进宪法，将其作为我国农村的一项基本经济制度固定下来。家庭承包经营是在坚持土地等生产资料集体所有的前提下，把土地使用权承包给农户，确立了家庭经营的主体地位，赋予了农民充分的生产经营自主权。农民通过承包本集体的农村土地，得到的是对农村土地的使用权，也就是土地承包经营权。《农村土地承包法》第一条规定：“为稳定和完善以家庭承包经营为基础、统分结合的双层经营体制，赋予农民长期而有保障的土地使用权，维护农村土地承包当事人的合法权益，促进农业、农村经济发展和农村社会稳定，根据宪法，制定本法。”因此，依法维护农民长期而有保障的土地使用权，才能保证农村的长期稳定。党中央国务院高度重视“三农问题”。在党中央国务院进行林权改革时，就将“还山于民”作为新的集体林产权改革原则。如《中共中央　国务院关于全面推进集体林权制度改革的意见》中强调：“在坚持集体林地所有权不变的前提下，依法将林地承包经营权和林木所有权，通过家庭承包方式落实到本集体经济组织的农户，确立农民作为林地承包经营权人的主体地位。”但某镇政府的违法流转行为，通过所谓的整体竞买，人为排斥了大量农户参与竞买活动，就在原告递交以同等价格购买林场林木的申请报告后也仍置之不理，其目的使林权集中在少数新的“林主”手中，被媒体普遍赞誉的“第二次农村生产关系变革”的集体林权改革，最终也成为少数“林主”真正获益的机会。2008年发生在福建大王村“6·10”群体信访事件、江西铜鼓林权纠纷事件、贵州瓮安林权纠纷事件等，造成了不良的社会影响，但发生在这些地方的林权纠纷绝非个案。因此，本案带有很强的政治性和社会效应。

综上所述，笔者认为一种权利的性质如何，直接涉及权利行使的方式和效果。如何实现优先购买权，如何对优先购买权进行定性并将抽象的权利规定具体化，使得法院据此作出强制履行的判决，是优先购买权得以实现的基础。稍显遗憾的是，由于本案最终是以调解方式结案，故法院没有对如何实现优先购买权进行释理。但通过上述对优先购买权的性质、优先购买权的实现原因进行系统法理分析后，可以得出吕某某、姚某某有权按照某镇政府与徐某某约定的相同条款而强行缔结买卖合同关系从而实现其优先购买权。

后　记

在本书成稿之际，回首自己十年的律师执业生涯，回顾选入本书的30起建筑房地产案件的办案历程，思绪万千。一路走来，尝试着酸甜苦辣，确实付出了许多努力和艰辛，我对韩愈所著的名句“书山有路勤为径，学海无涯苦作舟”也有了更加深刻的体会。同时，我也在思考，如何才能做好律师工作。

律师工作，它是一项“良心活”。律师不能直接裁决案件的胜负，故不能对案件结果打包票，但可以通过严格的办案流程和敬业负责的精神努力去争取有利于当事人的案件结果。如我办理的本书案例13吕某甲、邵某甲诉吕某乙、阮某所有权确认纠纷一案中，一审法院判决案涉房屋归属吕某甲、邵某甲夫妇所有，但二审法院却改判驳回吕某甲、邵某甲的诉讼请求，认为案涉房屋应归属吕某乙、阮某所有。这种截然相反的裁判结果，普通人都难以接受，更何况对于身患白血病的吕某甲呢？为此，我虚心诚恳地与二审承办法官进行沟通交流，了解到二审法院业务庭内部对处理这类所有权确认纠纷案件的裁判思路为：如果借名购房发生在家庭内部之间，那么在家庭内部有书面约定房屋归属的情况下才会依照书面约定确定房屋权属归属；如果借名购房不是发生在家庭内部的，那么可以根据出资、房屋使用情况等综合因素确定房屋权属归属。在清楚了二审改判的主要原因后，我在原来准备案件的基础上再详细查找全国各地处理此类纠纷案件的裁判要旨后，我认为在家庭内部之间的借名购房同样可以适用推定原则。为此，我代理吕某甲、邵某甲夫妇向浙江省高级人民法院申请再审,再审法院撤销了二审判决,维持一审判决,最终确认案涉房屋归属吕某甲、邵某甲夫妇所有。本案胜诉后,吕某甲、邵某甲非常激动,向我赠送了锦旗;吕某甲曾说其在有生之年完成了自己最大的心愿。律师用良心去工作,无论案件结果如何,也要让当事人知道"官司,赢要赢得堂堂正正,输也要输得明明白白"的道理。

律师工作,它是一项"技术活"。律师不仅要研究法律条文乃至立法本意,还要了解乃至精通与办理案件相关领域的知识。如我办理的本书案例01吴某某诉台州市某某水利水电工程有限公司、台州市路桥区某某养殖场开发有限公司建设工程合同纠纷一案,该案既涉及合同效力、合同相对性原则、举证责任分配等法律问题,又涉及工程量、工程增量优惠、管理费等专业技术问题。在工程量鉴定过程中,不仅需要与鉴定人员进行不断沟通,还要对鉴定初稿进行核实、提出既符合专业规定又有利于当事人的书面异议。由于我对建设工程类法律知识的不断研究和对工程类专业知识的不断学习,最终取得了当事人满意甚至超出其原先期望的诉讼结果。

律师工作,它是一项"体力活"。律师不仅要坐在办公室研究法律条文,起草法律文书,而且还要到处奔波去调查取证、庭审诉讼。如果没有一个健康的体魄,很难长期胜任律师工作。如我办理的本书案例28何某某诉王某某、某某市农村信用合作联社合伙协议纠纷一案,由于该案在临安法院诉讼,一审就进行了六次庭审、二次取证,再加上其他事务,来回杭州、临安两地就达十余次。有时候清晨开车到临安后,还要与当事人沟通庭审注意事项,告知他们庭审程序。此外,还要听取证人对其了解案情的陈述,告知其应实事求是作证。同时,还要将与当事人、证人的沟通情况做成书面记录。这样的工作强度,需要身强体壮才行。

不同的对象,对律师要求也不同。对于当事人而言,他很可能首选一位有良心、有责任心的律师来托付他的案件,以免因极少数的无良律师而走"弯路";对于法官或律师同行而言,很可能希望碰到一位专业的律师,以保证沟通顺畅;对于律师的家人而言,身体健康是第一位的,否则将累及乃至拖垮整个家庭。

以上是我对律师职业的一些感想,愿与各位读者尤其是准备从事律师工作的准同行进行分享。本书是我在办案之余,利用节假日及平时夜深人静之时著成的,在此特别感谢家人的大力支持!

陈晓忠于杭州

2020 年 4 月

图书在版编目(CIP)数据

建筑房地产案件代理实操与技巧：评析30案/陈晓忠编著. -- 北京：法律出版社，2020
ISBN 978-7-5197-4395-6

Ⅰ. ①建… Ⅱ. ①陈… Ⅲ. ①建筑工程-民事纠纷-案例-中国②房地产-民事纠纷-案例-中国 Ⅳ. ①D922.297.5②D922.181.5

中国版本图书馆CIP数据核字(2020)第060589号

建筑房地产案件代理实操与技巧——评析30案
JIANZHU FANGDICHAN ANJIAN DAILI SHICAO YU JIQIAO — PINGXI 30 AN

陈晓忠 编著

策划编辑 林 蕊
责任编辑 林 蕊 周 洁
装帧设计 鲁 娟

编辑统筹 司法实务出版分社

出版 法律出版社
总发行 中国法律图书有限公司
经销 新华书店
印刷 永清县金鑫印刷有限公司
责任印制 胡晓雅

开本 710毫米×1000毫米 1/16
印张 21.5
字数 298千
版本 2020年5月第1版
印次 2020年5月第1次印刷

法律出版社/北京市丰台区莲花池西里7号(100073)
网址/www.lawpress.com.cn
投稿邮箱/info@lawpress.com.cn
举报维权邮箱/jbwq@lawpress.com.cn
销售热线/400-660-8393
咨询电话/010-63939796

中国法律图书有限公司/北京市丰台区莲花池西里7号(100073)
全国各地中法图分、子公司销售电话：
统一销售客服/400-660-8393/6393
第一法律书店/010-83938432/8433
西安分公司/029-85330678
重庆分公司/023-67453036
上海分公司/021-62071639/1636
深圳分公司/0755-83072995

书号:ISBN 978-7-5197-4395-6
定价:72.00元